高职高专电子商务类系列教材

电子商务物流配送与供应链管理

（微课版）

主　编　关善勇

副主编　陈方昕　李伯源　周庆强　赵春燕

参　编　宇华龙　林　萍　周　瑛　黄庞钊

　　　　黄卓婧

西安电子科技大学出版社

内 容 简 介

本教材根据电子商务物流配送与供应链管理教学的规范和要求，遵循理论知识"适度、必需、够用"的原则编写而成。

本教材分为三篇、九个项目、二十九个任务，主要内容包括电子商务物流配送合理化、电子商务物流配送选择策略、物流配送中心进货作业、物流配送中心理货作业、物流配送中心送货作业、物流配送中心信息处理、物流配送中心成本控制、供应链管理、现代电子商务物流配送发展新趋势等。

本教材可作为高职高专院校电子商务、现代物流管理、连锁经营与管理、跨境电子商务等专业的教学用书，也可供工商管理类、经济学类等相关专业选用，还可作为社会从业人士的业务参考书及培训用书。

图书在版编目(CIP)数据

电子商务物流配送与供应链管理：微课版 / 关善勇主编. -- 西安：西安电子科技大学出版社，2024.10

ISBN 978-7-5606-7278-6

Ⅰ. ①电⋯ Ⅱ. ①关⋯ Ⅲ. ①电子商务—物资配送—高等职业教育—教材②电子商务—供应链管理—高等职业教育—教材 Ⅳ.①F713.365.1②F252.1

中国国家版本馆 CIP 数据核字(2024)第 103451 号

策　　划　明政珠　姚　磊
责任编辑　赵远璐
出版发行　西安电子科技大学出版社(西安市太白南路 2 号)
电　　话　(029)88202421　88201467　　邮　编　710071
网　　址　www.xduph.com　　　　　　电子邮箱　xdupfxb001@163.com
经　　销　新华书店
印刷单位　陕西精工印务有限公司
版　　次　2024 年 10 月第 1 版　2024 年 10 月第 1 次印刷
开　　本　787 毫米×1092 毫米　1/16　印张 13
字　　数　307 千字
定　　价　37.00 元

ISBN 978-7-5606-7278-6 / F

XDUP　7580001-1

如有印装问题可调换

前　言

本教材汲取电子商务的理论和管理实践经验，结合我国电子商务物流配送市场的实际情况，系统地阐述了电子商务物流配送与供应链管理的知识和技能。

本教材采用项目教学模式，以任务驱动方式对电子商务物流配送与供应链管理相关知识进行梳理，首先明确项目目标，然后通过各任务的实施介绍物流配送等相关知识，最后通过实训练习巩固所学知识，提高实践能力。

本教材应用数字信息化技术，对接行业企业标准，将实际解决方案和岗位能力要求融入教材内容。同时重视培养学习者的物流配送职业道德，提高其电子商务物流与供应链管理专业知识和技能、自动化作业场景设计等相关素养，使其掌握理货和包装等劳动技能。本教材充分体现了教学改革要求及高素质技术技能人才培养特色。

本教材的特点是采用项目(任务)驱动方式，基于工作过程编写，校企合作开发。编者重视课程内容与职业标准对接，结合近年来各类相关教材的优点和特色，广泛收集、整理、分析各兄弟院校一线教师及学生对以往教材的反馈意见，教材编写组反复论证，优化和改进体系结构，充实了现代物流配送管理合理化和供应链发展新趋势等内容。教材中的各项任务涉及物流配送合理化、策略选择、备货、理货、送货、信息处理、成本控制、供应链管理及发展新趋势等内容。此外，本教材将德育、美育、劳育等思政内容融入具体任务，教师可以通过配送职业道德等开展"以德育人"教育，通过现代配送中心作业场景等开展"以美育人"教育，通过装卸搬运等开展"以劳育人"教育。

本教材编写力求博采众长，编者参阅了许多国内外相关论著，引用了一些观点和见解。同时我们也得到了广州浩睿洋诚信息科技有限公司、苏宁云商物流有限公司、广东省电子商务协会、广东省物流行业协会、广州市商业储运公司、德邦物流股份有限公司、广州市昇永农业有限公司等合作单位的支持，并通过调研获取了大量的第一手资料，编者在此一并表示感谢。

本教材由广东科贸职业学院关善勇担任主编，制订编写大纲，并负责全书的总体设计；广东科贸职业学院陈方昕、广州市昇永农业有限公司李伯源总经理、广州浩睿洋诚信息科技有限公司周庆强总经理、广东科贸职业学院赵春燕担任副主编；广东科贸职业学院孛华龙、林萍、周瑛、黄庞钊和黄卓婧参与编写。其中关善勇撰写了项目一、二，陈方昕撰写了项目八，李伯源、周庆强撰写了项目三，赵春燕撰写了项目四，孛华龙撰写了项目五，林萍撰写了项目六，周瑛撰写了项目七，黄庞钊撰写了项目九，黄卓婧负责视频制作与剪辑。全书由关善勇统稿。在这里，编者还要对一直以来关心和指导本教材编写工作的审稿人表示感谢。

由于编者水平有限，书中难免存在不当和疏漏之处，敬请各位专家和读者批评指正。

编　者

2024 年 5 月

目　录

决 策 篇

项目一　电子商务物流配送合理化

项目目标

(1) 了解"四流合一"。
(2) 熟悉配送作业流程。
(3) 熟悉配送加工作业。
(4) 熟悉包装作业。
(5) 掌握配送合理化策略。

任务一　配送作业流程

导　读

连锁企业要积极打造商流、物流、资金流和信息流"四流合一"平台,完善基础设施建设,增强综合实力,努力建设促进区域经济社会发展的现代配送中心。

随着互联网技术和电子商务的快速发展,电子商务物流与供应链成为现代商业发展的重要领域。目前,全世界销售额前 20 名的流通企业都是连锁企业。连锁企业的实质是五个统一,即统一采购、统一配送、统一核算、统一标志和统一管理。其中,统一配送是连锁企业核心竞争力的一个重要组成部分。

20 世纪 80 年代末期,随着互联网技术的快速发展和商业模式的创新,电子商务(简称电商)开始蓬勃发展。1995 年，亚马逊公司成立，标志着电子商务进入了成熟发展阶段。此后，电子商务迅速普及，涌现出一大批优秀的电子商务企业和电子商务平台，如阿里巴巴、京东、淘宝等。电子商务是指通过互联网等信息技术手段进行的商务活动，包括商品交易、服务提供、支付结算、信息传递等一系列商业活动。它具有全球化、互动性、实时性、低成本等特点，已经成为现代商业发展的重要方向和趋势。

一、电子商务模式

电子商务模式是指电子商务企业进行商业活动的方式。目前主要的电子商务模式包括B2B、B2C、C2C、O2O 等。

1. B2B

B2B(Business to Business，企业对企业)模式指电子商务企业面向其他企业提供商品或服务的商业模式，主要包括供应链管理、在线交易、物流配送等方面。

2. B2C

B2C(Business to Consumer，企业对消费者)模式指电子商务企业直接面向消费者提供商品或服务的商业模式，主要包括电子商城、在线支付、物流配送等方面。

3. C2C

C2C(Consumer to Consumer，消费者对消费者)模式指消费者之间直接进行商品或服务交换的商业模式，主要包括二手交易、拍卖、租赁等方面。

4. O2O

O2O(Online to Offline，线上到线下)模式指通过线上平台为线下商家提供流量、支付、预订等服务的商业模式，主要包括外卖、打车、旅游等方面。

二、电子商务物流

电子商务的快速发展已经深刻地改变了人们的购物方式和消费习惯，同时也加速了物流行业的发展。电子商务物流与供应链管理是电子商务的重要组成部分，通过物流和供应链的协同作用，可以满足消费者对商品的快速交付需求，从而提高电商企业的竞争力和盈利能力。

1. 电子商务物流模式的分类

电子商务物流模式分为以下两种：

(1) 自营电子商务物流。这是一种由电商企业自己组织物流配送的模式，这种模式的优点是电商企业能够掌握整个物流过程，提高物流的服务质量和效率，但需要承担较高的物流成本和风险。

(2) 第三方电子商务物流。这是一种由专业的物流企业或物流平台提供物流服务的模式，电商企业只需支付相应的物流费用，即可享受专业的物流服务。这种模式可以降低物流成本和风险，但可能影响物流的服务质量和效率。

2. 电子商务物流与传统物流的比较

与传统物流相比较，电子商务物流具有以下特点：

(1) 配送时间要求高。消费者对商品的配送时间要求较高，一般希望能够在较短时间内收到商品，因此电子商务物流需要快速响应和高效率。

(2) 配送范围广。电商企业的销售渠道通常是全国性的，因此电子商务物流需要面对不同地区的物流环境和特点，同时也需要覆盖广泛的配送范围。

(3) 物流服务细节要求高。电子商务物流的成功与否，往往与物流服务的细节有关。因此，电子商务物流需要注重细节。

三、供应链分类

供应链(Supply Chain)是围绕核心企业，通过对信息流、物流、资金流的控制，将原材料供应商、生产商、分销商、零售商和最终消费者连成一个整体的功能网链结构。根据不同的划分标准，供应链可以分为不同的类型。

(一) 根据范围不同分类

根据范围不同，供应链可以分为内部供应链和外部供应链。

1. 内部供应链

内部供应链指的是企业内部的订单—计划—采购(生产)—出货的一套流程。既然是供应链，那么各个环节都是息息相关的，需要共同拥有一个资源共享的平台，实行信息及时共享，以便各部门紧密协调、互相合作。

2. 外部供应链

外部供应链指企业外部与企业相关的产品生产和流通过程中涉及的由原材料供应商、生产商、分销商、零售商以及最终消费者组成的供需网络。

内部供应链和外部供应链二者共同组成了企业产品从原材料到成品再到消费者的供应链。可以说，内部供应链是外部供应链的缩小化。如对于生产商，其采购部门就可看作外部供应链中的供应商。它们的区别只在于外部供应链范围大，涉及企业众多，企业间的协调更困难。

(二) 根据稳定性不同分类

根据稳定性不同，供应链可以分为稳定的供应链和动态的供应链。在实际管理运作中，需要根据不断变化的需求，相应地改变供应链的组成。

1. 稳定的供应链

稳定的供应链是基于相对稳定、单一的市场需求而组成的供应链，其稳定性较强。

2. 动态的供应链

动态的供应链是指构成供应链的节点企业不断变更，即节点企业之间的供需关系不紧密。

(三) 根据容量与需求的关系不同分类

根据供应链容量与用户需求的关系不同，供应链可以分为平衡的供应链和倾斜的供应链。

1. 平衡的供应链

一个供应链一般具有相对稳定的设备容量和生产能力(供应商、生产商、分销商、零售商等企业能力的综合)，但用户需求处于不断变化的过程中。当供应链的容量能满足用户需求时，供应链处于平衡状态。平衡的供应链可以实现采购成本低、生产规模效益好、分销运输成本低、市场产品多样化和财务资金运转快等。

2. 倾斜的供应链

当市场变化加剧，出现供应链成本增加、库存增加、浪费增加等现象时，企业不是在最优状态下运作，供应链则处于倾斜状态。

(四) 根据功能性不同分类

根据功能性(物理功能、市场中介功能和用户需求功能)不同，供应链可以分为三种：有效性供应链、反应性供应链和创新性供应链。

1. 有效性供应链

有效性供应链主要体现供应链的物理功能，即以最低的成本将原材料转化成零部件、半成品、产品等。

2. 反应性供应链

反应性供应链主要体现供应链的市场中介功能，即把产品分配到满足用户需求的市场，对未预知的需求做出快速反应等。

3. 创新性供应链

创新性供应链主要体现供应链的用户需求功能，即根据最终消费者的喜好或时尚的引导，调整产品内容与形式来满足用户需求。

(五) 根据企业地位不同分类

根据供应链中企业地位的不同，供应链可以分为盟主型供应链和非盟主型供应链。

1. 盟主型供应链

盟主型供应链指作为供应链中某一成员的节点企业在整个供应链中占据主导地位，对其他成员具有很强的辐射能力和吸引能力，通常称该企业为核心企业或主导企业。如：

以生产商为核心的供应链——奇瑞汽车有限公司；

以中间商为核心的供应链——中国烟草、香港利丰集团；

以零售商为核心的供应链——沃尔玛、家乐福。

2. 非盟主型供应链

非盟主型供应链指供应链中企业的地位差距不大，对供应链的重要程度相同。

四、商流、物流、资金流和信息流"四流合一"

近年来，物流常常与商流、资金流和信息流联系在一起。商流、物流、资金流和信息流从不同的角度描述了流通过程,"四流合一"构建了一个完整的市场运行机制。

"四流"互为依存,密不可分,相互作用。它们既独立存在,又相互作用。将商流、物流、资金流和信息流作为一个整体来考虑和对待,会产生更大的能量,创造更大的经济效益。

电子商务中的商流、物流、资金流、信息流的关系如图 1.1 所示。

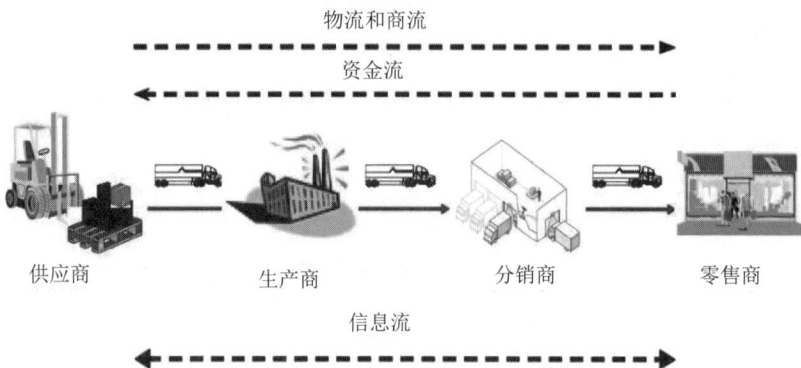

图 1.1   电子商务中的商流、物流、资金流、信息流的关系

(1) 商流是物流、资金流和信息流的前提。商流是一种买卖活动,或者说是一种交易过程,通过商流活动可以进行商品所有权的转移。商流是物流、资金流和信息流的起点,一般情况下,没有商流就不太可能发生物流、资金流和信息流。反过来,没有物流、资金流和信息流的匹配和支撑,商流也不可能达到目的。"四流"之间有时互为因果关系。

(2) 商流是动机和目的,资金流是条件,信息流是手段,物流是过程。商流即商品买卖,由于需要而产生购买欲望,这就是动机和目的;因为想购买或决定购买某种商品,才考虑购买资金的来源或筹措资金,如不付款,商品的所有权就不归自己,这就是条件;又因为决定购买,也有了资金,然后才付诸行动,这就是买主要向卖主传递的一个信息,或去商店向售货员传递购买信息,或电话购物、网上购物,这些都是信息传递的过程,但这种过程只是一种手段;同时,商流、资金流和信息流产生后,必须有一个物流的过程,否则商流、资金流和信息流都没有意义。

(3) 物流发展的空间比商流、资金流和信息流要大。在竞争激烈的商品经济社会,要加强对物流问题的研究和对信息技术等现代科学手段的利用。商流和资金流是传统的经济活动,规则性强。信息流主要利用计算机技术和互联网,涉及电子化传输和软件开发等问题。物流发展的空间比商流、资金流和信息流要大,合理化、科学化管理的余地也大,节约费用的潜力更大。

五、电子商务物流配送特点

电子商务物流配送与连锁企业物流配送相似,其特点如下:

(1) 商品种类繁多,配送和仓储要求多样化,进货价格变动快;

(2) 配送作业复杂,时间要求严格;

(3) 门店分散，配装、配车要求高；

(4) 物流作业速度慢，对员工要求高；

(5) 超过 90%的商品有严格的保质期，要求商品周转时间短；

(6) 商品销售有明显的周期特征，淡旺季明显。

现代连锁经营物流配送系统的运作如图 1.2 所示。

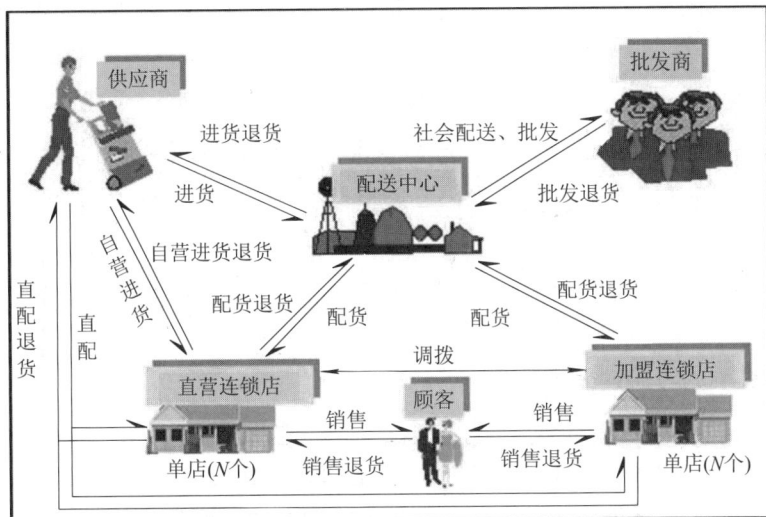

图 1.2　现代连锁经营物流配送系统的运作

六、电子商务物流配送作业流程

电子商务物流配送作业流程包括接单、进货、验收入库、储存、分拣、配货、配装、送货等环节，如图 1.3 所示。

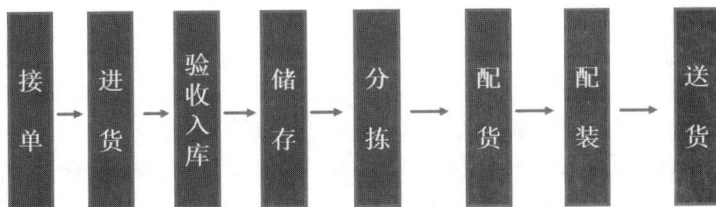

图 1.3　电子商务物流配送作业流程

相 关 链 接

物流系统的功能要素一般认为有运输、包装、装卸搬运、仓储、流通加工、配送、物流信息处理等。

1. 运输

运输包括供应及销售物流中的车(公路、铁路)、船、飞机等方式的运输,生产物流中的管道、传送带等方式的运输。选择何种运输手段对物流效率具有十分重要的意义。运输是物流最主要的功能之一。

2. 包装

包装包括产品的出厂包装,生产过程中的在制品、半成品包装以及物流过程中的换装、分装、再包装等活动。

3. 装卸搬运

装卸搬运包括对输送、保管、包装、流通加工等物流活动进行的衔接活动,以及在保管等活动中为进行检验、维护、保养所进行的装卸活动。

4. 仓储

仓储包括堆存、保管、保养、维护等活动。

5. 流通加工

流通加工又称为流通过程的辅助加工活动。

6. 配送

配送作为一种现代流通方式,集经营、服务、社会集中库存、分拣、装卸搬运于一体,已不是单单一种送货运输能包含的,所以将其作为独立功能要素。

7. 物流信息处理

在物流过程中,伴随着物流的进行,大量的、反映物流过程的有关输入、输出物流的结构、流量与流向、库存动态、物流费用、市场情报等信息将产生出来并不断传输和反馈,形成物流信息。同时,应用计算机进行加工处理,获得实用的物流信息,将有利于及时了解和掌握物流动态,协调各物流环节,有效地组织好物流活动。

实训练习

班级组建 4 个模拟小组,确定组长。以小组为单位,利用周末时间调研某超市某种商品的配送渠道(流通渠道),分析并提出改进意见,制作 PPT。一周后,由小组选定一名同学进行调研情况分享。

任务思考

1. 什么是"四流合一"?
2. 电子商务物流配送特点有哪些?
3. 电子商务物流配送作业流程是怎样的?

任务二　配送加工作业

导　读

配送加工是流通加工的一种，但配送加工有其自身的特点，即配送加工一般只取决于客户的要求，其加工目的较为单一。

配送加工是按照配送客户的要求所进行的流通加工。在配送中，配送加工这一功能要素不具有普遍性，但往往具有重要作用。这是因为通过配送加工，可以大大提高客户的满意程度。

一、配送加工的含义

配送加工是指企业为促进销售、维护产品质量和提高物流效率，对商品进行粗(初)加工，使商品发生物理、化学变化。

配送加工不同于生产加工，二者的主要区别如下：

(1) 对象不同。配送加工的对象是进入流通过程的商品，生产加工的对象是原材料、半成品。

(2) 复杂程度不同。配送加工大多是简单的、初级的加工，生产加工是复杂加工。

(3) 目的不同。配送加工的目的在于流通并完善商品使用价值，生产加工的目的在于消费并创造物料价值及使用价值。

(4) 组织者不同。配送加工由商业或物资流通企业完成，而生产加工则由生产企业完成。

二、配送加工的类型

配送加工的类型如下所述。

1. 为弥补生产领域加工不足而进行的深加工

对许多产品在生产领域的加工只能达到一定程度，这是由于许多因素限制了在生产领域对产品完全实现终极的加工。例如，木材如果在产地制成木制品，就会给运输带来极大困难，所以在生产领域只能将木材加工到圆木、板方材的程度，进一步的下料、切裁、处理等加工则由配送加工完成。这种配送加工实际上是生产的延续，是生产加工的深化，对弥补生产领域加工不足具有重要意义。连锁企业的这种配送加工较少。

2. 为满足需求而进行的服务性加工

需求存在多样化和多变化两个特点。为此，用户经常自己设置加工环节，如生产消费型用户的再生产往往从原材料初级处理开始。就用户来讲，现代生产的要求是生产型用户尽量集中力量从事较复杂的、技术性较强的劳动，而不是将大量初级加工包揽下来。这种初级加工带有服务性，应由配送加工来完成。这样，生产型用户可以缩短自己的生产流程，提高生产技术密集程度。对一般消费者而言，这种初级加工可为其省去烦琐的预处置工作，使其能够集中精力从事较高级且能直接满足需求的劳动。

3. 为保护产品而进行的加工

在产品投入使用前，都应对产品进行保护，防止产品在运输、储存、装卸搬运、包装等过程中遭到损失，保证其使用价值能顺利实现。和前两种加工不同，这种加工并不改变进入流通领域的"物"的外形及性质。这种加工主要采取稳固、改装、冷冻、保鲜、涂油等方式进行。

4. 为方便物流而进行的加工

一些产品本身的形态导致难以对其进行物流操作，进行配送加工可以使物流各环节易于操作。这种加工往往改变"物"的物理状态，但不改变其化学特性，最终产品能恢复原物理状态。

5. 为促进销售而进行的加工

为促进销售而进行的加工诸如将大包装或散装物(这是提高物流效率所要求的)分装成适合一次销售的小包装；将原来以保护产品为主的运输包装改换成以促进销售为主的装潢性包装，以起到吸引消费者和指导消费的作用；将零配件组装成用品等，便于直接销售；将蔬菜、肉类洗净切块，以满足消费者要求等。这种配送加工可能不改变"物"的本体，只对"物"进行简单的改装，也有许多是组装、分块等深加工。

6. 为提高加工效率而进行的加工

许多生产企业的初级加工效率不高，也难以投入先进的科学技术。集中加工形式可以克服单个企业加工效率不高的弊病。这种配送加工以一家加工企业代替了若干生产企业的初级加工工序，提高了生产水平。

7. 为提高原材料利用率而进行的加工

这种配送加工利用其综合性强、用户多的特点，实行合理规划、合理套裁、集中下料的办法，可以有效地提高原材料利用率，减少损失浪费。

8. 衔接不同运输方式，使物流合理化的加工

在干线运输及支线运输的节点设置配送加工环节，可以有效地解决大批量、低成本、长距离干线运输和多品种、小批量、多批次末端运输与集货运输之间的衔接问题。例如，在加工点与大生产企业之间形成大批量、定点运输的渠道，又以加工中心为核心，组织对多用户的配送；也可以在加工点将运输包装转换为销售包装，从而有效衔接不同的运输方式。

9. 生产与配送一体化的加工

依靠生产企业与配送企业的联合，或者生产企业涉足配送，或者配送企业涉足生产，从而形成合理分工、合理规划、合理组织和统筹安排的生产与配送加工，这就是生产与配送一体化的配送加工形式。这种形式可以促成产品结构及产业结构的调整，充分发挥企业

集团的经济技术优势，是目前配送加工领域的新形式。

三、连锁企业常用的配送加工方式

连锁企业常用的配送加工方式包括以下几种：

(1) 冷冻加工。这是为解决鲜肉、鲜鱼或药品等在流通中的保鲜及装卸搬运问题而采取低温冷冻方式的加工。

(2) 分选加工。这是针对农副产品规格、质量离散较大的情况，为获得一定规格的产品，采取人工或机械分选方式的加工。

(3) 精制加工。这是在农牧副渔等产品的产地和销地设置加工点，去除无用部分，甚至进行切分、洗净、分装等的加工。

(4) 分装加工。这是为了方便销售，在销售地区按所要求的零售起点进行新的包装、大包装改小包装、散装改小包装、运输包装改销售包装的一种加工方式。

四、实现配送加工合理化

配送加工是流通领域对生产的辅助性加工，也是生产本身或生产工艺在流通领域的延续。这个延续可能具有正、反两方面的作用：一方面，配送加工可能对生产起到补充完善的作用；另一方面，配送加工的各种不合理之处会产生抵消经济效益的负效应。

(一) 配送加工的不合理之处

配送加工的不合理之处包括以下几方面。

1. 配送加工地点设置不合理

配送加工地点的设置情况即布局状况，这是决定整个配送加工能否有效的重要因素。一般而言，为衔接单品种、大批量生产与多样化需求的配送加工，配送加工地点设置在需求地区，这样才能发挥大批量的干线运输与多品种末端配送的物流优势。如果将配送加工地点设置在生产地区，那么多样化需求的多品种、小批量产品由产地向需求地的长距离运输不合理；另外，在生产地区增加一个加工环节的同时，也增加了近距离运输、装卸、储存等一系列物流活动。

通常，为方便物流，配送加工环节应设在产地，即设置在进入物流之前。如果将其设置在物流之后，即设置在需求地，则不但不能解决物流问题，还在流通中增加了一个中转环节，因而也是不合理的。

即使在产地或需求地设置配送加工的选择是正确的，也要考虑配送加工在小地域范围的正确选址问题，如果这个问题处理不善，仍然会出现不合理状况。这种不合理主要表现在交通不便、配送加工地点与生产企业或用户之间距离较远、配送加工地点的投资过高(如受选址的地价影响)、配送加工地点周围社会与环境条件不良等。

2. 配送加工方式选择不当

配送加工方式的选择主要考虑加工对象、加工工艺、加工技术、加工程度等。配送加工方式的确定实际上是对配送加工与生产加工进行合理分工。分工不合理，如本来应由生产加工完成的任务却错误地由配送加工完成，或者本来应由配送加工完成的任务却错误地由生产加工完成，会造成配送加工的不合理。

配送加工不是对生产加工的代替，而是对生产加工的补充和完善。所以，一般而言，如果工艺复杂、技术装备要求较高，或者加工可以由生产过程延续或轻易解决，都不宜再设置配送加工环节，尤其不宜与生产过程争夺技术要求较高、效益较高的最终生产环节，更不宜利用一个时期的市场压力使生产者完成初级加工或前期加工，而流通企业完成装配或最终形成产品的加工。如果配送加工方式选择不当，就会出现与生产夺利的恶果。

3. 配送加工作用不大，形成多余环节

有的配送加工过于简单，或者对生产和消费作用都不大，甚至有时出现盲目的配送加工，这非但不能解决品种、规格、质量、包装等问题，反而增加了环节，这也是配送加工不合理的重要表现。

4. 配送加工成本过高，效益不好

配送加工之所以能够具有生命力，重要原因之一是其具有较大的产出投入比，因而对生产起着有效的补充完善的作用。如果配送加工成本过高，则不能达到以较低投入实现更高使用价值的目的。除一些必需的、从政策要求上讲即使亏损也应该进行的加工外，其他都应看作不合理的加工。

(二) 配送加工合理化

配送加工合理化的含义是实现配送加工的最优配置，不仅要避免各种不合理，使配送加工有存在的价值，而且要做到最优选择。实现配送加工合理化可以从以下几个方面入手。

1. 加工和配送相结合

这是指将配送加工设置在配送点上。这样做可以按配送的需要进行加工，无须单独设置一个加工的中间环节，使配送加工有别于独立的生产，即使配送加工与中转流通巧妙地结合在一起。同时由于配送之前有加工，配送服务水平可以大大提高。

2. 加工和配套相结合

在对配套要求较高的流通中，配套的主体来自各个生产单位。但是，完全配套有时无法全部依靠现有的生产单位，而适当的配送加工可以有效促成配套，提高流通作为桥梁与纽带的能力。

3. 加工和合理运输相结合

配送加工能有效地衔接干线运输与支线运输，促进两种运输形式的合理化。在支线运输转干线运输或干线运输转支线运输这个本来就必须停顿的环节，不进行一般的支转干或干转支，而是按照干线运输或支线运输的合理要求进行适当加工，即进行配送加工，可以大大提高运输及运输转载水平。

4. 加工和合理商流相结合

通过加工有效促进销售，使商流合理化，这也是实现配送加工合理化需要考虑的方向之一。加工和配送结合，通过加工，提高了配送水平，强化了销售，这是加工与合理商流相结合的一个成功例证。此外，通过简单地改变包装，形成方便的购买形态，或者通过组装加工解决用户使用产品前进行组装、调试的难处，都是有效促进商流的例子。

5. 加工和节约相结合

节约能源、节约设备、节约人力、节约耗费是配送加工合理化需要考虑的重要内容，也是目前我国设置合理化的配送加工的普遍形式。

对于配送加工是否合理化的最终判断，需要看其是否能够实现社会和企业本身两个效益，而且是否取得了最优效益。配送加工企业与一般生产企业的一个重要不同之处是，配送加工企业更应树立社会效益第一的观念，懂得只有在以补充完善为己任的前提下，自身才有生存的价值。如果只是追求企业的微观效益，不恰当地进行加工，甚至与生产企业争利，就违背了配送加工的初衷，或者其本身已经不属于配送加工范畴。

相 关 链 接

经过多年的发展，我国火锅业的产业链条已具雏形。内蒙古、四川、山东、河北等地面向全国火锅餐饮市场，组建了羊肉、辣椒、花椒、香油、芝麻酱、粉丝、固体酒精等火锅常用原料、调料、燃料等的生产、加工、销售基地，可为连锁火锅企业提供统一采购配送，使其缩小经营成本，创造更大经济利益。

实训练习

请仔细观察图 1.4，将下面的配送加工作业与对应图片代码用直线正确连接起来。

(a)

(b)

(c)

(d)

分拣作业　　　图(a)

计量作业　　　图(b)

贴标签作业　　图(c)

分割作业　　　图(d)

图 1.4　实训练习用图

任务思考

1. 配送加工与生产加工的区别有哪些？
2. 配送加工的类型有哪些？
3. 连锁企业常用的配送加工方式有哪些？
4. 实现配送加工合理化有哪些具体措施？

任务三　包装作业

导　读

包装作业开始于19世纪末20世纪初。在20世纪三四十年代，包装由原先的单纯具有保护商品的作用逐渐发展到具有产品促销、方便物流等作用。

新型包装材料、新型包装形式和新型包装技术的出现为包装工业拓展了新的发展空间。随着物流新技术的不断开发和应用，尤其是商品配送被当作一个整体受到重视和研究以后，市场对包装又提出了更高更新的要求。事实证明，包装在商品配送合理化进程中起着非常重要的作用。

一、包装的功能

包装的功能包含以下几方面。

(一) 保护功能

一件商品要经过多次流通才能进入商场或其他场所，最终到达消费者手中。这期间，需要经过装卸、运输、储存、陈列、销售等环节。在储运过程中，很多外因(如撞击、潮湿、光线、气体、细菌等因素)都会威胁到商品的安全。因此，要通过包装对商品进行保护。保护功能是包装最基本的功能，它能够保证商品不受各种外力的损坏。

1. 防止商品发生破损变形

商品的包装必须能够承受装卸、运输、储存等物流过程中的各种冲击、震动、颠簸、压缩和摩擦，具备对外力的防护作用。所以，包装材料或包装容器必须具备相应的强度，以便抵御或减缓这些外力的影响。

2. 防止商品发生化学变化

为防止商品发生受潮、发霉、变质、生锈等化学变化，商品包装必须能在一定程度上起到阻隔水分、潮气、光线及空气中各种有害气体的作用，避免商品受到外界不良因素的影响。

3. 防止有害生物对商品产生影响

鼠、虫及其他有害生物对商品具有很大的破坏性。包装封闭不严会给细菌、鼠、虫提供入侵机会，导致商品变质、腐烂，特别会对食品造成较大危害。因此，包装要封闭严密。

4. 防止异物污染

商品包装可防止异物混入、污物污染等。

(二) 便利功能

所谓便利功能，就是商品的包装便于使用、携带、存放等。合理的包装可以为物流全过程的所有环节提供操作上的方便，有助于物流效率的提高和物流成本的降低。

1. 方便商品的装卸、搬运

商品经适当的包装后可为装卸与搬运作业提供方便，有利于各种装卸、搬运机械的使用，从而提高装卸、搬运机械的使用效率。包装的规格尺寸标准化为集合包装提供了条件，能够极大地提高装卸、搬运效率。

2. 方便商品的运输

包装的规格、形状、质量等与货物运输的效率密切相关。如果包装的尺寸与各种运输工具的空间相吻合，就能够极大地方便运输，提高运输效率。

3. 方便商品的储存

因为包装可以方便商品的装卸与搬运，所以它能大大提高储存的出入库作业速度。从保管的角度看，包装对商品保持本身的原始使用价值有利，为保管工作提供了便利条件，包装物的各种标志、标记使仓库管理者易于进行识别、存取和盘点，有特殊要求的商品容易引起仓库管理者的注意；从商品验收的角度看，易于开包或可以重新打包的包装方式为验收工作提供了方便。此外，包装的集合性和定量性也对节约验收时间、加快验收速度起到了十分重要的作用。

(三) 促销功能

常言道，"酒香不怕巷子深""一等产品、二等包装、三等价格"，这其实是说，只要产品质量好，就不愁卖不出去。而在市场竞争日益激烈的今天，人们已经感觉到"酒香也怕巷子深"。想让自己的产品从琳琅满目的商品中"脱颖而出"，只靠产品的质量与媒体的轰炸是远远不够的。因为在各种超市与自选卖场如雨后春笋般纷纷涌现的今天，直接面对消费者的是产品自身的包装。好的包装能直接吸引消费者的视线，让消费者产生强烈的购买欲，从而达到促销的目的。

(四) 信息传递功能

通过商品的包装，可以对商品进行识别、跟踪和管理。随着商品配送的发展，包装的信息传递功能日益明显，包装已成为配送系统重要的一环。包装的信息传递功能主要体现在可以通过包装识别里面的商品。信息通常包括制造厂商、商品名称、容器类型、商品个数、通用的商品代码等。通过商品包装能在收货、储存、取货、出运等各个环节进行商品跟踪，对商品实施积极控制以减少商品的货差。此外，使用扫描设备和标准化代码能够提高商品跟踪能力和效率。

二、包装材料

包装材料运用是否得当，对包装的作用、效果及环境具有很大影响。常用的包装材料有金属、玻璃、木材、纸、塑料、纤维、复合材料等。

(一) 金属包装材料

把金属压制成薄片可用于产品包装。金属包装材料主要指钢材和铝材，其形式为薄板和金属箔，薄板为刚性材料，金属箔为软性材料。在超市或卖场中，巧克力、茶叶等一般采用金属箔包装。

金属材料用于包装的优点有：① 金属材料牢固结实、不易破碎、不透气、防潮、避光，可有效地保护内装物；② 金属材料具有良好的延展性，容易加工成形；③ 金属材料加工技术成熟，金属表面有特殊的光泽，使金属包装容器具有良好的装潢效果；④ 金属材料易于再生使用。但是，金属材料在包装上的应用受到成本高、能耗大、在流通中易发生变形、易生锈等因素的限制。

下面介绍几种常用的金属包装材料。

1. 镀锡薄板

镀锡薄板俗称马口铁，是表面镀有锡层的薄钢板。镀锡薄板除了具有良好的延展性、刚性和加工性能，还具有很强的耐腐蚀性。镀锡薄板的钢基成分和钢板工艺使其具有不同的调质加工性能，可以加工成各种形状的容器。镀锡薄板具有防水、防潮、防污染等优点，主要用来制造高档罐容器，如各种饮料罐、食品罐等。

2. 涂料铁

涂料铁是在镀锡薄板与食品接触的一面涂上涂料，经过烘烤、干燥制造而成。利用涂料铁生产的罐容器耐腐蚀能力增强，可以进一步保持内装物的质量。

3. 铝合金

在铝中加入一定比例的其他金属可以制成各种铝合金。按照其他金属元素的种类及含量不同，铝合金可分为许多型号，分别可制成铝箔、铝板等型材，利用这些型材可制成各种包装物，如牙膏皮、饮料罐、食品罐、航空集装箱等。铝合金包装材料的主要特点是隔绝水、气及一般腐蚀性物质的能力较强，强度质量比大，因而包装材料轻、无效包装较少、无毒、外观性能好、易于装饰美化。

(二) 玻璃包装材料

玻璃凭借其自身的优良特性及不断进步的加工技术成为现代包装的主要材料之一。玻璃材料用于销售包装，主要是玻璃瓶和平底杯式的玻璃罐，用来存装酒、饮料、药品、化学试剂、化妆品和文化用品等。玻璃用于包装的优点有：

(1) 保护性能良好。玻璃不透气、不透湿，有紫外线屏蔽性，化学稳定性高，耐风化、不变形、耐热、耐磨、耐酸、无毒无异味，有一定的强度，能有效地保护内装物。

(2) 透明性好。玻璃易于造型，透明性好，具有特殊的传达商品信息和美化商品的效果。

(3) 易于加工。玻璃可制成各种规格式样，易于加工。

(4) 适应性强。玻璃的强化、轻量化技术及复合技术的发展加强了其用于产品包装的适应性，尤其在一次性使用的包装材料中具有较强的竞争力。

(5) 无公害。玻璃包装容器易于反复使用、回收，便于洗刷、灭菌，能保持良好的清洁状态，一般不会造成公害。

(6) 价格便宜。玻璃作为包装原材料，其资源丰富，价格较为稳定且便宜。

但是，玻璃包装材料存在耐冲击强度低、碰撞时易破碎、自身重量大、运输成本高、能耗大等缺点，这些缺点限制了玻璃的应用。

(三) 木材包装材料

木材是包装工业中一种重要的包装材料。它的应用较为普遍，长期以来，一直被用于运输包装。常用的木材一般有杉木、松木等。以木材为原料制成的胶合板、纤维板、刨花板等板材也用于制作包装箱、桶等。木材是一种天然材料，由于树种不同、生长环境不同、树干部位不同，材料的性质也会存在很大差异，因此使用时应进行合理的选择和处理。木材用于包装的优点有：

(1) 具有弹性。木材具有弹性，能承受冲击、震动、重压等。

(2) 取材方便。木材资源广泛，可以就地取材。

(3) 加工方便。木材加工方便，不需要复杂的机械加工设备。

但是，木材易吸收水分、易变形开裂、易腐蚀、易受白蚁蛀蚀、常有异味，还不便于成批机械化加工。这是木材作为包装材料的不足之处。受资源的限制，国家已经采取了限制使用木材的措施。因此，木材作为包装材料，前景不佳，使用比重也在不断下降。不过虽然有逐步被其他材料所替代的趋势，但木材至今在包装材料中仍占有十分重要的地位。

(四) 纸质包装材料

纸质包装材料主要是纸和纸板。它的品种最多，耗量也最大，在包装材料中应用最为广泛。它既被广泛应用于运输包装，又被广泛应用于销售包装，在现代包装中占有重要地位。纸属于软性薄片材料，无法形成固定形状的容器，常用作裹包衬垫和口袋。纸板属于刚性材料，能形成固定形状的容器。

1. 纸和纸板用于包装的优点

(1) 纸和纸板的成形性和折叠性优良,便于加工,并能高速连续生产,适合包装生产的机械化。

(2) 纸和纸板容易达到卫生要求。

(3) 纸和纸板易于印刷,便于介绍和美化商品。

(4) 纸和纸板的价格较低,不论单位面积价格还是单位容积价格,与其他材料相比都是有优势的。

(5) 纸和纸板本身重量轻,能降低运输费用。

(6) 纸和纸板质地细腻均匀,耐摩擦、耐冲击,容易黏合,不受温度影响,无毒、无味,易于加工,能够满足不同包装的需要。

(7) 纸和纸板的废弃物容易处理、可回收利用、可再生、可降解,不会造成公害,可以节约资源。

(8) 纸板具有适宜的坚固度、耐冲击性和耐摩擦性,能安全有效地保护内装物。

但是,纸质包装也有一些缺点,如难以封口,受潮后强度下降,以及气密性、防潮性、透明性差等。

2. 常用的包装纸类制品种类

(1) 牛皮纸。牛皮纸的用途比较广泛,可用作铺衬、内包装和外包装,可制成纸袋,还可以用作瓦楞纸面层。牛皮纸的主要特点是柔韧结实、富有弹性,有较高的耐破度和一定的抗水性。它能防止内装物受潮,是包装纸中最结实的一种纸张。

(2) 玻璃纸。玻璃纸是透明或半透明的防油纸。它用于内包装、小包装及包装盒外、瓶外的封闭包装,有装饰、防潮、防尘的作用。其主要特点是具有抗静电性能,有一定的挺括度,易于印刷且印刷性能好,美观、透明,有很强的装饰性。其缺点是强度较低。

(3) 硫酸纸。硫酸纸是经过硫酸处理的半透明纸。它主要用于带一定装饰性的小包装,如食品、药品等包装,可防止物品在长时间存放中受潮、干硬、走味、变质。硫酸纸的特点是纸张紧密、硬挺而富有弹性,不透油,不能透过紫外线,不易燃。

(4) 板纸。板纸分为以稻草及其他植物纤维为原料制成的档次比较低的草板纸(又称为黄板纸)、有多层结构而面层用漂白纸浆制成的高档白板纸和密度较高的箱板纸三种类型。草板纸用来制作包装衬垫物及不讲究外观效果的包装盒;白板纸用来制作价值较高的商品的内包装及中、小包装的外包装;箱板纸用来制作强度要求较高的纸箱、纸盒、纸桶及各种衬垫。

(5) 沥青纸、油纸及蜡纸。它们是指包装原纸经过浸渍沥青、油或蜡而制成的纸。它们有较强的防水、防潮、防油、耐磨等性能,主要用来制作商品的个体包装、内包装及包装箱、盒的内衬,在工业品包装中较多采用。

(6) 瓦楞纸板。瓦楞纸板是目前世界上常用的一种包装纸板,由面层纸板和瓦楞芯纸黏合而成。它的面层一般用箱板纸。面层纸板的作用是使瓦楞纸板具有一定的强度,它的质量在很大程度上决定了瓦楞纸板的应变性能。瓦楞芯纸的主要功能是在瓦楞纸板受力的情况下隔开上、下两层面层纸板,使瓦楞纸板具有一定的厚度,提高其抗压强度。瓦楞芯纸可制成不同形状,主要有 U 形、V 形和 UV 形三种。瓦楞纸板按其构成的层数分为单层、三层、五层和七层四种类型。和相同厚度的其他纸制品相比，瓦楞纸板的主要特点是质量轻、强度性能好、有很好的抗震性及缓冲性、生产成本较低、面层有一定的装饰和促销作用。因此，瓦楞纸板被广泛应用于运输包装的各个领域。

(五) 塑料包装材料

塑料用作包装材料大大改变了商品包装的面貌，塑料在包装中的应用已成为现代商品包装的重要标志之一。各种塑料容器(塑料瓶、塑料袋和塑料箱)的使用范围十分广泛。塑料在整个包装材料中所占的比例仅次于纸和纸板，并有逐步取代纸、木材、金属和玻璃的趋势。塑料包装在现代包装中所处的地位越来越重要。

1. 塑料用作包装材料的优点

(1) 塑料具有良好的物理机械性能，如有一定的强度、弹性，具有耐折叠、耐摩擦、抗震动、防潮等性能。

(2) 塑料的化学稳定性好。它的耐酸、耐药剂、耐油性能好，能防腐蚀且无毒。

(3) 塑料属于轻质、节能材料。

(4) 塑料加工成型简单，可以制成薄膜、片材、管材、编织布、无纺布、发泡材料等。

(5) 塑料具有良好的透明性和表面光泽，印刷和装饰性良好，能很好地传达商品信息和美化商品。

2. 塑料用作包装材料的缺点

(1) 塑料的强度不如钢铁，耐热性不如玻璃，在外界因素长期作用下容易老化。

(2) 有些塑料有异味。

(3) 有些塑料的内部分子有可能渗入内装物。

(4) 塑料易产生静电。

(5) 塑料的废弃物难处理，易产生公害。

(6) 塑料的价格受石油价格影响而波动。

塑料的品种很多，用于包装的主要有聚乙烯、聚丙烯、聚氯乙烯、聚苯乙烯、酚醛树脂、氨基塑料等。

(六) 纤维包装材料

纤维包装材料主要指用各种纤维制作的袋状容器材料。天然的纤维材料有黄麻、红麻、大麻、青麻、罗布麻、棉花等，经工业加工的纤维材料有合成树脂、玻璃纤维等。

(七) 复合包装材料

复合包装材料就是将两种或两种以上具有不同特性的材料通过各种方法复合在一起，以改进单一包装材料的性能，发挥包装材料更多优点的材料。常见的复合材料有三四十种，使用最广泛的是塑料与玻璃纸复合材料，塑料与塑料复合材料，金属箔与塑料复合材料，金属箔、塑料、玻璃纸复合材料等。

三、包装容器技术

包装容器是以方便储存、运输、销售为目的而使用的任何容纳、限制或封闭物品(或内包装件)的器具,如袋、盒、箱、瓶、罐等。其中,用金属、木材、玻璃、硬质塑料等刚性材料制成的容器在装填或取出物品后,其形状和尺寸不发生变化,我们把这种容器称为刚性容器;用软质塑料、瓦楞纸板等制成的容器,其受到一定外来压力后会发生变形,压力取消后会恢复或基本恢复成原样,我们把这种容器称为半刚性容器;用纸、塑料薄膜、铝箔或布等挠性材料制成的容器具有柔软性,在装填或取出物品后其形状和尺寸发生变化,我们把这种容器称为挠性容器。下面具体介绍包装袋、包装盒、包装箱、包装瓶和包装罐等。

(一) 包装袋

包装袋是用挠性材料制成的筒管状结构的容器。包装袋可用任何一种挠性材料(如纸、塑料薄膜等)制成,可以是单层材料,也可以由多层同种材料或不同的挠性材料复合而成。包装袋所使用的挠性材料一般具有较高的韧性、抗拉强度和耐磨性。包装袋一般是筒管状结构,一端预先封死,包装结束后再封装另一端,包装操作一般采用充填操作。

根据所装物品的性质及使用要求,包装袋所盛装的重量及其尺寸可相应变动,以便获得最好的经济效益。就包装容器自身的重量与其所能盛装的物品的重量比来说,包装袋是各种包装容器中成本最低的。包装袋可以完全密封,因此能较好地防止外界的污染。包装袋在储存和运输过程中所占空间较少,但其比较柔软,缺乏一定的硬度,因此易碰撞、损坏,没有盒、箱等容器坚固。

(二) 包装盒

包装盒通常用纸板、金属、硬质塑料及纸板与塑料、铝箔等复合成的材料制成。它不易变形,有较高的抗压强度,其刚性高于袋装材料。可以运用多种印刷技术装饰美化包装盒的外观,促进商品销售。

1. 固定包装盒

这种包装盒外形固定,在使用过程中不能折叠变形。它通常由盒体和盒盖两个主要部分组成,有时也包括其他附件,如隔板、内衬盒等。固定包装盒的特点是易于开启和关闭,适宜在货架上布置陈列,一般装饰美观,但制作成本较高,体积较大。

2. 折叠式包装盒

折叠式包装盒的盒体在未盛装物品时可以折叠变形。它一般由纸板或以纸板为基材的复合材料制成,外形以长方体最为普遍。折叠式包装盒的使用范围最广,用量最大。它所占空间较小,既方便运输,又节省费用。

(三) 包装箱

包装箱是一种刚性或半刚性容器。它的结构与包装盒相同,只是容积、外形都大于包装盒,两者以 10 升为界。包装箱有以下几种类型。

1. 瓦楞纸箱

瓦楞纸箱是用瓦楞纸板制成的箱形容器。瓦楞纸箱是纸制容器中应用最广泛的一种包装容器，具有轻便、牢固、便于机械化生产的特点。它可以回收利用，有利于环境保护，也有利于装卸运输。它既可以用于运输包装，也可以用于销售包装。按外形结构分类，瓦楞纸箱可以分为折叠式瓦楞纸箱、固定式瓦楞纸箱和异形瓦楞纸箱三种。按箱体的构成材料分类，瓦楞纸箱可以分为普通瓦楞纸箱和钙塑瓦楞纸箱。

2. 木箱

木箱是流通领域中常用的一种包装容器，其用量仅次于瓦楞纸箱。木箱主要有木板箱、框板箱和框架箱三种。

(1) 木板箱一般用作小型运输包装容器，能装载多种性质不同的物品。作为运输包装容器，木板箱具有很多优点，如有抗碰裂、溃散、戳穿的性能，有较大的耐压强度，能承受较大负荷，制作方便等。其缺点是箱体较重，体积也较大，本身没有防水性。

(2) 框板箱是先由条木与人造板材制成箱框板，再经钉合装配而成的。框板箱的特点是：对于具有相同容量的包装箱箱体，框板箱比木板箱轻，但箱体的外径尺寸比木板箱大；由于框板有条木加固，因此框板箱具有良好的耐压强度；框板箱箱体均由整块板材制成，因此它具有一定的密封能力，但是耐戳穿强度较小。

(3) 框架箱是由一定截面的条木构成的箱体骨架，根据需要也可在骨架外面加木板覆盖。无木板覆盖的框架箱称为敞开式框架箱，有木板覆盖的框架箱称为覆盖式框架箱。框架箱由于有坚固的骨架结构，因此具有较好的抗震和抗扭力，有较强的耐压能力，而且装载量大。

3. 塑料箱

塑料箱一般用作小型运输包装容器，其优点是重量轻、耐腐蚀性好、可装载多种商品、整体性强、强度和耐用性能满足反复使用的要求、可制成多种颜色以对装载物分类、手握搬运方便、没有木刺、不易伤手。

(四) 包装瓶

包装瓶是瓶颈尺寸有较大差别的小型容器，是刚性包装容器的一种。它有较强的抗变形能力，刚性、韧性一般也较强。个别包装瓶介于刚性材料与柔性材料之间，瓶在受外力时虽可发生一定程度的变形，但外力一旦撤除，它仍可恢复为原来的形状。包装瓶的结构是瓶颈口径远小于瓶身，且在瓶颈顶部开口。其包装操作是填灌操作，然后将瓶口用瓶盖封闭。包装瓶一般包装量不大，适合美化装饰，主要用作商业包装、内包装，用来包装液体、粉状物体等。包装瓶按外形可分为圆瓶、方瓶、高瓶、矮瓶、异形瓶等。瓶口与瓶盖的封闭方式有螺纹式、凸耳式、齿冠式、包封式。

(五) 包装罐

包装罐是罐身各处横截面形状大致相同，罐颈短、罐颈内径比罐身内径稍小或无罐颈的一种包装容器，是刚性包装容器的一种。包装罐主要有以下三种类型。

1. 小型包装罐

这种包装罐的特点是：外形是典型的罐体，可用金属材料或非金属材料制成，且制造量不大；一般用作销售包装、内包装；罐体可采用各种方式装潢美化，如罐装可口可乐。

2. 中型包装罐

这种包装罐的外形也是典型的罐体，不过容量较大，一般用作化工原材料、土特产的外包装，起运输包装的作用。

3. 集装罐

这是一种大型包装罐，其外形有圆柱形、圆球形、椭球形，形式有卧式、立式等。集装罐罐体大而罐颈小，采取灌填式作业，灌进作业和排出作业往往不在同一罐口进行(另设卸货出口)。集装罐是典型的运输包装，适合包装液状、粉状及颗粒状货物。

四、包装保护技术

产品的种类繁多，性能各异，所以必须根据产品的类别、性能及聚集状态等因素采用正确的包装方法及相应的包装技术，这样才能保证以最低的货物消耗将产品完整地送到消费者手中。

(一) 一般包装方法

1. 内包装方法

产品经过包装后置于包装容器之内，并适当增加衬垫，即完成内包装。其目的是吸收震动，防止产品在容器内发生移动和摩擦，避免产品与包装容器相撞，保护产品安全。内包装容器外表面应粘贴适当标志，标志上尽可能按需要说明产品名称、规格型号、数量、单位、合同号码、生产单位名称及地址、包装日期、包装方法等。

2. 外包装方法

外包装的目的是方便储运，使产品获得足够保护。外包装主要包括挡塞与支撑、衬垫、防水设施、包装容器、捆扎标志等。先使用内包装容器再装入外包装容器的产品通常可省去挡塞与支撑。

(二) 防震包装技术

防震包装又称为缓冲包装，在各种包装技术中占有重要地位。产品从生产出来到开始使用，要经历运输、保管、堆码和装卸等一系列过程，这些过程中的每个环节都会有力作用在产品之上，可能使产品发生机械性损坏。为了防止产品遭受损坏，就要设法减小外力的影响。防震包装就是为了防止产品在运输过程中受到冲击和震动，在内装材料中插入各种防震材料以吸收外部冲击，使产品免受损坏所采取的具有一定防护措施的包装。防震包装一般包括以下三种形式。

1. 全面防震包装

全面防震包装是指内装物和外包装之间全部用防震材料填满以进行防震的包装方法。

2. 部分防震包装

对于整体性好的产品和有内装容器的产品，仅在产品或内包装的拐角或局部地方使用防震材料作为衬垫即可。所用防震材料主要有泡沫塑料防震垫、充气型塑料薄膜防震垫和橡胶弹簧等。

3. 悬浮式防震包装

对于某些贵重易损的物品，为了有效地保证其在流通过程中不被损坏，不仅要求外包装容器比较坚固，还要用绳、带、弹簧等将被装物悬吊在包装容器内。在物流过程中，无论是什么操作环节，此类内装物都被稳定地悬吊而不与包装容器发生碰撞，从而减少损坏。

(三) 防破损包装技术

防震包装具有较强的防破损能力，是防破损包装技术中十分有效的一类。此外，还有以下两种防破损包装技术。

1. 捆扎及裹紧技术

这种技术使杂货、散货形成一个牢固的整体，可以有效减少或防止散堆带来的破损。

2. 集装技术

集装可以减少流通过程中人、物等与货物的直接接触，从而防止破损。

(四) 防锈蚀包装技术

防锈蚀包装技术是采用一定的工艺，将防锈蚀材料涂在被包装的金属制品上，防止其锈蚀损坏的一种包装技术。一般的防锈蚀包装技术先对待包装的金属制品表面进行清洗处理，涂封防锈材料，再选用透湿率小且易封口的防潮包装材料进行包装。下面具体介绍两种防锈蚀包装技术。

1. 防锈油防锈蚀包装

大气锈蚀是空气中的氧、水蒸气及其他有害气体等作用于金属表面引起化学反应的结果。如果使金属表面与引起大气锈蚀的各种因素隔绝(将金属表面保护起来)，就可以起到防止金属被大气锈蚀的作用。防锈油包装就是根据这一原理将金属涂封起来防止锈蚀的。用防锈油封装金属制品，要求油层具有一定厚度，油层的连续性好，涂层完整。不同类型的防锈油要采用不同的方法进行涂覆。连锁超市中销售的剪刀等金属制品表面通常都会附着防锈油。

2. 气相防锈蚀包装

气相防锈蚀包装是指用气相缓蚀剂(挥发性缓蚀剂)在密封包装容器中对金属制品进行防锈处理的技术。气相缓蚀剂是一种能够使金属在侵蚀性介质中的破坏过程减慢或完全停止的物质，在常温下具有挥发性。在密封包装容器中，它挥发或升华产生的缓蚀气体在很短的时间内就能充满整个包装容器，同时吸附在金属制品的表面，从而起到抑制大气对金属锈蚀的作用。

(五) 防霉腐包装技术

防霉腐包装技术是通过劣化某一不利的环境因素，从而达到抑制或杀死微生物、防止内装物霉腐、保证产品质量等目的的一种包装技术。这种技术主要适用于需要保鲜的水果、食品和粮食等。防霉烂变质的措施通常是采用冷冻包装、真空包装或高温灭菌方法。冷冻包装的原理是使产品能较长时间地存放在低温条件下,从而减慢细菌活动和化学变化的过程,以延长储存期,但不能完全防止产品变质;高温灭菌方法可消灭引起产品腐烂的微生物,可在包装过程中用高温处理防霉。有些经干燥处理的产品包装,应防止水汽浸入,以防霉腐,可选择防水汽和气密性好的包装材料,采取真空或充气包装。

(六) 防虫害包装技术

防虫害包装技术一般通过采用驱虫剂,即在包装中放入具容易遭受一定毒性和嗅味的药物,利用药物在包装中挥发的气体来杀灭和驱除各种害虫。常用的驱虫剂有对位二氯化苯、樟脑精等。也可采用真空包装、充气包装、脱氧包装等技术,使害虫无生存环境,从而防止虫害。

此外,为了防止虫害,包装材料和包装容器应当不用容易遭受虫蛀的木材,使用的竹片或条筐必须经过消毒或蒸煮,糊纸盒的浆糊中应放入防腐剂,防止蛀虫的滋生。

(七) 特种包装技术

特种包装技术包含的内容如下。

1. 充气包装

充气包装是指采用二氧化碳气体或氮气等不活泼气体置换包装容器中空气的一种包装技术,也称为气体置换包装。这种包装技术根据好氧性微生物需氧代谢的特性,在密封的包装容器中改变气体的组成成分,降低氧气的浓度,抑制微生物的生理活动、酶的活性和鲜活商品的呼吸强度,达到防霉、防腐和保鲜的目的。薯片等易碎食品皆采用此种包装。

2. 真空包装

真空包装是指将物品装入气密性容器后,在容器封口之前抽成真空,使密封后的容器内基本没有空气的一种包装技术。一般的肉类商品、谷物加工商品及某些容易氧化变质的商品都可以采用真空包装。采用这种技术不但可以避免或减少脂肪氧化,而且可以抑制某些霉菌和细菌的生长。同时,在进行高温杀菌时,由于容器内部气体已排出,因此可以加快热量的传导,提高高温杀菌效率,同时避免由于气体的膨胀而使包装容器破裂的现象发生。

3. 收缩包装

收缩包装就是先用收缩薄膜包裹物品(或内包装件),然后对薄膜进行适当加热处理,使薄膜收缩而紧贴于物品(或内包装件)的一种包装技术。收缩薄膜是一种经过特殊拉伸和冷却处理的聚乙烯薄膜,它在定向拉伸时产生残余收缩应力,这种应力受到一定热量后便会消除,从而使其横向和纵向均发生急剧收缩(收缩率通常为30%~70%,收缩应力在冷却阶段达到最大值,并能长期保持),同时使其厚度增加,以达到保护物品的目的。

4. 拉伸包装

拉伸包装是 20 世纪 70 年代开始采用的一种新型包装技术，它由收缩包装发展而来。拉伸包装是依靠机械装置，在常温下将弹性薄膜围绕被包装件拉伸、紧裹，并在其末端进行封合的一种包装技术。拉伸包装不需要进行加热，所以消耗的能源只有收缩包装的 1/20。拉伸包装可以捆包单件物品，也可用于托盘之类的集合包装。

5. 脱氧包装

在密封的包装容器中，脱氧包装可使脱氧剂与氧气发生化学反应，从而除去氧气。脱氧包装是继真空包装和充气包装之后出现的一种新型除氧包装技术，它通过脱去包装容器中的氧气，达到保护内装物的目的。脱氧包装适用于某些对氧气特别敏感的物品，对那些即使有微量氧气也会使品质变坏的食品非常有用。

无论是在理论上还是在实践中，连锁企业的农产品物流仍处于起步阶段，物流形式仍以常温物流或自然物流为主，农产品在流通过程中损失很大。据统计，我国粮食产后损失占粮食总产量的 12%～15%，如能挽回此项损失的 50%，便可供 2000 万人口消费 4 年，相当于开发数百万公顷的"无形粮田"；我国每年在运送路上腐烂的果蔬达 3.7 万吨，可供 2 亿人食用。这就要求我们在农产品的流通加工和包装方面进行改进。

相 关 链 接

利润是企业经营效果的综合反映，也是其最终经营成果的具体体现。利润主要是从省钱和挣钱两方面来获取的。企业的三大利润来源分别是资源、劳动力和物流。因此可以说节约原材料是"第一利润源泉"，提高劳动生产率是"第二利润源泉"，而建立高效的物流系统(包括运输、包装、装卸搬运、仓储、流通加工、配送和物流信息处理等)被誉为企业建立竞争优势的"第三利润源泉"。只要能够很好地控制成本，科学合理地运用资源、劳动力和物流这三者之间的关系，企业就能很大程度地提高利润。

实训练习

包装标志是指在运输包装外部制作的，以特殊图形、符号和文字来传达一定信息的标志。其主要作用是便于在货物的收发管理中识别各种货物，从而针对不同种类的货物采取不同的防护措施，以保证货物在物流各环节中的安全。

1. 收发货标志

收发货标志是指把事先规定的商品分类图示标志和附加说明印制在货物的外包装件上，来说明商品的流转信息及须注意的问题。收发货标志规定：中文用仿宋体字，代号用汉语拼音大写字母，数字用阿拉伯数字，英文用大写的拉丁文字母。在实际应用中，按照运输包装容器的不同形式，可以通过印刷、刷写、粘贴、拴挂等方式来呈现物品的收发信息。

(1) 常见的纸箱、纸袋、钙塑箱、塑料等适于在物品外包装上印刷收发货标志。一些通用的收发货标志则在包装容器制造过程中，按标志颜色的规定将需要的项目印刷在包装容器上。对于不固定的标志，通常的做法是在包装物品后，根据具体的情况填写相关内容。

(2) 木箱、桶、麻袋、布袋、塑料编织袋通常采用刷写的方式呈现物品的收发信息。刷写的收发货标志一定要醒目、牢固，尤其要确保其在受到外界的环境影响，如雨淋、风沙侵蚀时不会发生变化。

(3) 粘贴通常用于不固定的标志。对于临时的信息变更，如在收货单位和到达站需要临时确定的情况下，先将需要的项目印刷在 60 克牛皮纸上或白纸上，然后粘贴在包装件相关栏目上。

(4) 对于不便印刷、刷写的运输包装件，如筐、篓、捆扎件，可将需要的项目印刷在不低于 120 克的牛皮纸或布、金属片上，拴挂在包装件上(不得用于出口商品)。

2. 包装储运图示标志

包装储运图示标志是根据产品的某些特性，如怕湿、怕震、怕热、怕冻等确定的。其目的是在货物运输、装卸和储存过程中，引起作业人员的注意，使他们按图示标志的要求进行操作。根据我国《包装储运图示标志》(GB/T 191—2008)国家标准，包装储运图示标志应符合以下要求：

(1) 包装储运图示标志图形应按规定的颜色印刷。

(2) 需要涂打的标志，如因货物包装关系不宜按规定的颜色涂打时，可根据各种包装物的底色，选配与其底色不同的符合要求的其他颜色。

(3) 印刷时外框线及标志名称都要印上，涂打时外框线及标志名称可以省略。

(4) 印刷标志用纸应采用厚度适当、有韧性的纸张。

(5) 使用包装储运图示标志时，对于箱状包装，粘贴的标志应位于包装两端或两侧的明显处；对于袋、捆包装，粘贴的标志应位于包装明显的一面；对于桶形包装，粘贴的标志应位于桶盖或桶身上。

(6) 对于涂打的标志，可用油漆、油墨或墨汁，以镂模、印模等方式在粘贴标志的位置处涂打或书写。

(7) 对于钉附的标志，应将涂打有标志的金属板或木板钉在包装的两端或两侧的明显处。

根据上述内容，请举例说明商品"包装不足"或"包装过度"的情形。

任务思考

1. 包装的功能有哪些？
2. 包装材料有哪些？
3. 包装容器技术有哪些？
4. 包装保护技术有哪些？

任务四　物流配送合理化策略

导　读

　　配送必须有利于物流合理，以降低了物流费用、减少了物流损失、加快了物流速度、发挥了各种物流方式的最优效果、有效衔接了干线运输和末端运输、不增加实际的物流中转次数、采用了先进的技术手段等为合理标志。物流合理化是配送要解决的大问题，也是衡量配送本身的重要标志。

　　中华人民共和国国家标准《物流术语》(GB/T 18354—2021) 规定：配送是指根据客户要求，对物品进行分类、拣选、集货、包装、组配等作业，并按时送达指定地点的物流活动。配送是物流中一种特殊的、综合的活动形式，是商流与物流紧密结合，既包含了商流活动和物流活动，也包含了物流中若干功能要素的一种形式。

一、配送作业的类型

　　按照不同的标准进行分类，配送作业包括不同的类型。

　　(1) 按实施配送的节点不同进行分类，配送分为配送中心配送、仓库配送和商店配送。

　　(2) 按配送商品的种类和数量的多少进行分类，配送分为单(少)品种大批量配送、多品种小批量配送和配套成套配送。

　　(3) 按配送时间和数量的多少进行分类，配送分为定时配送、定量配送、定时定量配送、定时定路线配送和即时配送。

　　(4) 按经营形式不同进行分类，配送分为销售配送、供应配送、销售-供应一体化配送和代存代供配送。

二、配送作业的要素

　　配送作业的要素如下。

(一) 集货

　　为了满足特定客户的配送要求，有时需要把从几家甚至数十家供应商处预订的物品集中起来，并将要求的物品分配到指定容器和场所。集货就是将分散的或小批量的物品集中起来，以便进行运输、配送的作业，它是配送的重要环节。集货是配送的准备工作或基础工作，配送的优势之一就是可以进行一定规模的集货。

(二) 分拣

分拣是将物品按品种、出入库先后顺序进行分门别类堆放的作业。分拣是配送不同于其他物流形式的功能要素，也是配送成功的一项重要支持性工作。它是完善送货、支持送货的准备性工作，是不同配送企业在送货时进行竞争和提高自身经济效益的必然延伸。所以，也可以说分拣是送货向高级形式发展的必然要求。有了分拣，送货服务水平就会大大提高。

(三) 配送加工

配送加工是按照配送客户的要求所进行的流通加工。在配送中，配送加工这一功能要素不具有普遍性，但往往具有重要作用。这是因为通过配送加工，可以大大提高客户的满意程度。配送加工是流通加工的一种，但配送加工有不同于流通加工的特点，即配送加工一般只取决于客户要求，其目的较为单一。

(四) 配货

配货是使用各种拣选设备和传输装置，将存放的物品按客户要求分拣出来，配备齐全，送入指定发货地点。

(五) 配装

当单个客户配送数量不能达到车辆的有效运载负荷时，就存在如何集中不同客户的配送货物进行搭配装载以充分利用运能、运力的问题，这就需要配装。与一般送货相比，配装送货可以大大提高送货水平并降低送货成本，所以配装是配送系统中有现代特点的功能要素，也是现代配送与以往送货的重要区别之一。

(六) 配送运输

配送运输是短距离、小规模、高频率的运输形式，一般使用汽车作为运输工具。配送运输的路线选择问题是一般干线运输所没有的，干线运输的干线是唯一的运输路线，而配送运输配送客户多，一般城市交通路线又较复杂，因此如何组合成最佳路线，如何使配装和路线有效搭配等，是配送运输中难度较大的工作。

(七) 送达服务

将配好的货物运输给客户还不算配送工作的结束，这是因为送达货和客户接货往往还会出现不协调，使配送前功尽弃。因此，要圆满地实现运到之货的移交，并有效地、方便地办理相关手续且完成结算，还应选择合适的卸货地点、卸货方式等。送达服务也是配送作业独具的特点。

三、实现配送作业合理化的途径

实现配送作业合理化的途径如下。

实现配送作业
合理化的途径

(一) 推行一定综合程度的专业化配送

通过采用专业设备、设施及操作程序，取得较好的配送效果并降低配送综合化的复杂程度及难度，从而实现配送合理化。

(二) 推行加工配送

通过加工和配送结合，充分利用本来应有的这次中转，而不增加新的中转，使得配送合理化。同时，借助于配送，加工的目的更明确，和客户联系更紧密，有效避免了盲目性。这两者有机结合，投入不需增加太多却可得到两个优势、两种效益，是实现配送合理化的重要经验。

(三) 推行共同配送

通过共同配送可以以最近的路程、最低的配送成本完成配送，从而实现配送合理化。

(四) 推行送取结合

若配送企业与客户建立了稳定、密切的协作关系，则配送企业不仅成了客户的供应代理人，而且承担客户储存据点的工作，甚至成为产品代销人，在配送时，将客户所需物资送到，再将客户生产的产品用同一车运回，这种产品也成了配送中心的配送产品之一，或者作为代存代销，免去了生产企业库存包袱。这种送取结合的方式，使运力充分利用，也使配送企业的功能有更大程度的发挥，从而实现配送合理化。

(五) 推行准时配送系统

准时配送是配送合理化的重要内容。配送做到了准时，客户才有资源把握，可以放心地实施低库存或零库存，可以有效地安排接货的人力、物力，以追求高效率的工作。另外，供应保证能力也取决于准时供应。从国外的经验看，推行准时配送系统是现在许多配送企业实现配送合理化的重要手段。

(六) 推行即时配送

作为计划配送的应急手段，即时配送是最终解决客户断供之忧、大幅度提高供应保证能力的重要手段。即时配送是配送企业快速反应能力的具体化，是配送企业能力的体现。即时配送成本较高，但它是整个配送合理化的重要保证手段。此外，客户实行零库存，即时配送也是重要保证手段。

相 关 链 接

物流配送系统通过广泛的信息支持，实现以信息为基轴的物流系统化，是一个经济行为系统。其按照主要机能可划分为作业子系统和信息子系统。前者包括输送、装卸、保管、流通、加工、包装等机能,力求省力化和效率化;后者包括订货、发货、出库管理等机能,力求完成商品流动全过程的信息活动。而人们普遍认为的现代物流配送系统的内在特征,在目的上表现为实现物流的效率化和效果化,以较低的成本和优良的客户服务完成商品实体从供应地到消费地的活动;在运作上表现为通过作业子系统和信息子系统的有机联系与相互作用,来实现物流系统优化的目的。通过整合我国的物流配送系统并提高其营运水平,C-ERP(即云ERP)模式可以最大限度地利用物流企业内外的各种资源,产生协同效应和规模优势,实现将正确的产品,在正确的时间,按正确的数量,保证正确的质量,以正确的态度,抵达正确的地点(简称6R),并使总成本最小,同时确保运转过程的顺畅、时效和快速,实现资本的循环和增值。

实训练习

物流中央化的美国物流模式强调"整体化的物流管理系统",是一种以整体利益为重,冲破按部门分管的体制,从整体进行统一规划的管理模式。联邦快递作为现代美国第三方物流的一面旗帜,其物流中央化的内核正是C-ERP管理。"永远不要去做已经有人做过的事情,尤其是在现代商业社会,更是如此,你必须是第一个发明者,或者必须是最快的发展者,或者是最高附加值的提供者",联邦快递的创始人弗雷德•史密斯是这样说的,亦是这样做的。在客户管理方面,联邦快递的探索是卓有成效的,他们努力朝着做客户"全球运筹专家"的角色迈进。为了实现这一理想,联邦快递构建了完整紧密的客户关系管理体系。其运作机制如下:

(1) 运用"客户服务联机操作系统"及相关的自动运送软件为客户提供最实时、完整的在线咨询与服务;

(2) 以FedEx Asia One打造紧密的亚洲运筹网络,以提高服务范围与客户满意度;

(3) 通过员工理念与素质的提高强化客户关系管理;

(4) 为客户量身定做全球运筹方案;

(5) 构建高度集中化和自动化的客户服务信息系统。

问题:联邦快递的成功经验告诉我们,现代物流配送系统要达到什么样的条件,才可以实现可持续性双赢发展?

任务思考

1. 配送作业的类型有哪些?

2. 配送作业的要素有哪些?

3. 实现配送作业合理化的途径有哪些?

项 目 小 结

　　本项目从配送作业流程、配送加工作业、包装作业及物流配送合理化策略等方面介绍了电子商务物流配送合理化的内容。做好物流配送合理化工作，需要确定适合本企业的配送作业流程，开展配送加工作业合理化和包装作业合理化，进而制定物流配送合理化策略。

项目二　电子商务物流配送选择策略

项目目标

(1) 掌握物流配送模式的选择策略。
(2) 掌握物流配送路线的选择策略。
(3) 了解物流配送服务商的选择策略。
(4) 能够进行电子商务物流配送中心地址选择。

任务一　物流配送模式的选择

导　读

配送模式是企业对配送所采用的基本战略和方法。在当今我国市场经济发展中，极其需要创建配送业务平台，支持商品流转，满足生产和消费需要。

配送模式是指构成配送运动的诸要素的组合形态及其运动的标准形式，是适应经济发展需要并根据配送对象的性质、特点及工艺流程而相对固定的配送规律。

物流配送模式的划分多样，选择一种正确的配送模式，不但能节约配送成本，而且能加快货期。

连锁企业通过自有配送或外包的形式，将电商仓库和实体店仓库的商品配送到实体店或服务站，顾客可以到实体店或服务站购买、自提商品，也可以要求实体店或服务站送货上门。具体配送架构图如图 2.1 所示。

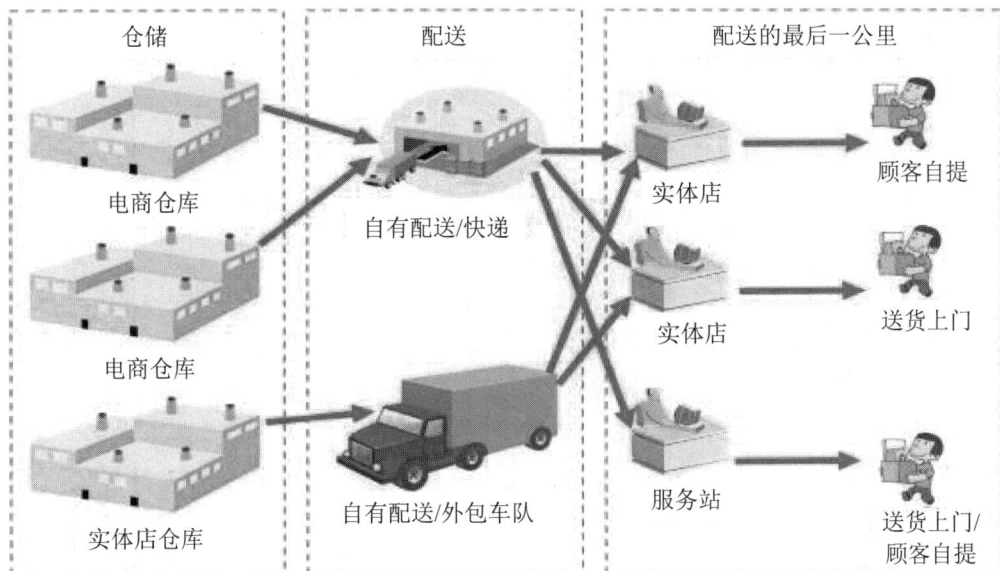

图 2.1　电子商务物流配送架构图

一、物流配送模式的分类

(一) 按自营与外包来划分

按自营还是外包来划分，物流配送模式的分类如下。

1. 自建配送中心配送

这种方式主要适用于实力强大的连锁企业。配送中心由企业独立出资兴建，并进行独立经营管理，为本企业整个连锁网络和其他企业提供货物。

2. 供应商配送

供应商配送指供应商(如生产企业)送货上门或负责找车送货上门。这些供应商可以通过自己的配送系统进行配送，而不需要再将产品发运分配到配送中心进行配送。

3. 第三方外包配送

第三方外包配送是指由物流劳务的供方、需方之外的第三方完成物流服务的物流运作方式。第三方就是指物流交易双方的部分或全部物流功能的外部服务提供者，是物流专业化的一种体现。采用这种物流配送模式，企业不拥有自己的任何物流实体，而将商品采购、储存和配送都交由第三方完成。

4. 共同配送

共同配送即集中配送，一般由几个物流据点共同协作制订计划，共同组织车辆设备，对许多企业一起进行配送或对同一地区的用户进行统一配送。这样可以提高车辆的利用率，提高配送效率，有利于降低配送成本。共同配送追求的目标是使配送合理化。

(二) 按配送时间及数量来划分

按配送时间及数量来划分,物流配送模式的分类如下。

1. 定时配送

定时配送是指在相同的时间间隔内进行物品配送,如日配、看板方式配送等。每次配送的物品的品种和数量可以按照计划执行,也可以按签订合同规定的方式进行。

2. 定量配送

定量配送是指按规定的数量在固定时间范围内进行物品配送。这种配送模式每次配送的物品的品种和数量固定,配货作业较为简单。

3. 定时定量配送

定时定量配送是指按规定的时间、品种和数量进行配送作业。这种配送模式结合了定时配送和定量配送的特点,服务质量较高,但也使配送组织工作难度增大,因而通常只针对固定用户进行这项服务,适用范围很有限。

4. 即时配送

即时配送是指配送平台接到门店或用户通过 PC 或者移动互联网渠道即时提出的配送到达时间、数量等方面的要求,在短时间内响应并进行配送的模式。

二、物流配送模式的选择

电子商务物流配送模式的选择取决于连锁企业对配送中心的要求程度和对配送中心的管理能力两个维度。一般来说,A 类连锁企业对配送中心的要求高且对配送中心的管理能力强,可以自建配送中心;B 类连锁企业对配送中心的要求高但对配送中心的管理能力弱,可以自建配送中心或外包;C 类连锁企业对配送中心的要求低且对配送中心的管理能力也弱,可以不建配送中心或外包;D 类连锁企业对配送中心的要求低但对配送中心的管理能力强,可以自建配送中心或共同配送。具体如图 2.2 所示。

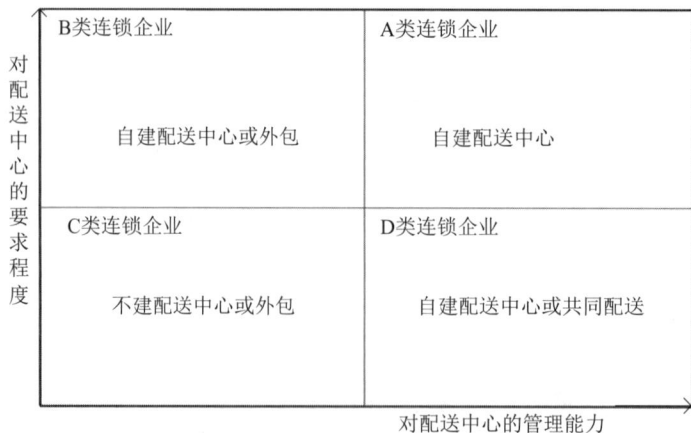

对配送中心的要求程度	B类连锁企业 自建配送中心或外包	A类连锁企业 自建配送中心
	C类连锁企业 不建配送中心或外包	D类连锁企业 自建配送中心或共同配送
	对配送中心的管理能力	

图 2.2　电子商务物流配送模式的选择

相 关 链 接

影响配送模式选择的因素包括以下几个。

1. 配送成本

配送成本是连锁企业管理者在选择配送模式时考虑的核心要素。

2. 配送服务

选择配送模式要以通过适合的质量、适合的数量、适合的时间、适合的地点、适合的价格、适合的商品来满足门店的需求为目标。

3. 商品特点

选择配送模式时要注意商品运输时间和商品特殊配送要求。

4. 地区经济

地区经济发展好，恰当的配送模式能够保证连锁企业经营目标的实现。

5. 政府政策

如果政府给予某种配送模式一定的政策扶持(如制订相应的法规，实行贷款、税收优惠政策等)，那么连锁企业会倾向于选择政府政策扶持的配送模式。

6. 物流服务市场

物流服务市场还不规范，连锁企业所能控制配送流程的范围较小。

实训练习

加工配送是指对货物进行部分加工后，再按客户要求进行配送的活动。这种配送活动可以将加工和配送合为一体，使加工目的明确、针对性强，因此可以大幅度提高配送服务质量及作业效率。

请举出生活中属于加工配送的实例。

任务思考

1. 物流配送模式按自营与外包来划分的类型有哪些？
2. 物流配送模式按配送时间及数量来划分的类型有哪些？
3. 物流配送模式的选择策略是什么？

任务二 物流配送路线的选择

导 读

物流配送路线选择就是整合影响配送运输的各种因素，适时适当地利用现有的运输工具和道路状况，及时、安全、方便、经济地将客户所需的商品准确地送到客户手中。

选择正确的物流配送路线，不仅有利于提高配送效率，更好地为客户服务，还有利于节约企业成本，有助于企业的长远发展。

一、配送路线目标的选择

目标是根据配送的具体要求、配送中心的实力及客观条件来确定的。由于目标有多个，因此可以有多种选择，具体如下：

(1) 选择以效益最高为目标，就是指计算时以利润的数值最大化为目标。

(2) 选择以成本最低为目标，实际上也是选择了以效益最高为目标。

(3) 选择以路程最短为目标。

(4) 选择以吨公里数最小为目标。

(5) 选择以准时性最高为目标。准时性是配送中心重要的服务指标。

此外，还可以选择以运力利用最合理、劳动消耗最低等为目标。

二、配送路线约束条件的确定

一般配送路线的约束条件有：

(1) 满足所有收货人对货物品种、规格、数量的要求；

(2) 满足收货人对货物发到时间范围的要求；

(3) 在允许通行的时间内进行配送；

(4) 各配送路线的货物量不超过车辆容积和载重量的规定；

(5) 在配送中心现有运力允许的范围内进行配送。

三、配送路线的选择

在配送路线选择中，需根据不同客户群的特点和要求，选择不同的路线设计方法，最终达到节省时间、缩短运输距离和降低配送运输成本的目的。

(一) 配送路线的类型

配送路线的类型包括以下几种。

(1) 往复式行驶路线：在货物运输过程中车辆在两个物流节点之间往返运行的行驶路

线，具体根据车辆的载运情况，又可分为单程载往复式、回程载往复式和双程载往复式行驶路线。

(2) 环形式行驶路线：车辆在由若干个物流节点组成的封闭回程路线上进行连续单向运行的行驶路线，具体有简单环形式、交叉或三角形式和复合环形式行驶路线。

(3) 汇集式行驶路线：车辆沿分布于运行路线上的各个物流节点依次完成相应的装卸作业，且每次的货物装(卸)量均小于该车核定载货量，直到整个车辆装满(卸空)后返回出发点的行驶路线。一般情况下，汇集式行驶路线为封闭路线，具体有三种形式：分送式、收集式和分送-收集式。

(二) 配送路线的目标

选择配送路线可以采取各种数学方法以及在数学方法的基础上发展和演变出来的经验方法。无论采用何种方法，首先应建立试图达到的目标，再考虑实现此目标的各种限制因素，在有约束的条件下寻找最佳方案，实现试图达到的目标。目标要根据配送的具体要求，配送中心的水平、实力及客观条件而定，可以有以下几种选择。

1. 以效益最高为目标

在选择效益最高为目标时，一般以企业当前的效益为主要考虑因素，同时兼顾长远的效益。效益是企业整体经营活动的综合体现，可以用利润来表示，因此在计算时以利润的数值最大化为目标。然而由于效益是综合的反映，在拟定数学模型时，很难与配送路线之间建立函数关系，因此一般很少采用这一目标。

2. 以成本最低为目标

计算成本比较困难，但成本和配送路线之间有密切关系。在成本对最终效益起决定作用时，选择成本最低为目标实际上就是选择了效益最高为目标，但却有所简化，比较实用，因此是可以采用的。

3. 以路程最短为目标

如果成本和路程相关性较强，而和其他因素是微相关时，可以采取路程最短的目标，这样可以避免许多不易计算的影响因素，从而大大简化计算。需要注意的是，有时候路程最短并不见得成本就最低，如果道路条件、道路收费影响了成本，单以最短路程为最优解就不合适了。

4. 以吨公里数最小为目标

吨公里数最小在长途运输时常作为目标选择。在有多个发货站和多个收货站，又是整车发到的情况下，选择吨公里数最小为目标是可以取得满意结果的。在配送路线选择中，一般情况下不以吨公里数最小为目标。但在采取共同配送方式时，也可以吨公里数最小为目标。在采用"节约里程法"计算时，所确定的配送目标是吨公里数最小。

5. 以准时性最高为目标

准时性是配送中心重要的服务指标，以准时性最高为目标选择配送路线就是要将各用户的时间要求和路线先后到达的安排协调起来，这样有时难以顾及成本问题，甚至需要牺牲成本来满足准时性要求。当然，在这种情况下成本也不能失控，应有一定限制。

6. 以运力利用最合理为目标

在运力非常紧张，运力与成本或效益又有一定相关关系时，为节约运力，充分运用现有运力而不外租车辆或新购车辆，也可以运力利用最合理为目标，选择配送路线。

7. 以劳动消耗最低为目标

以油耗最低、司机人数最少、司机工作时间最短等劳动消耗最低为目标选择配送路线也有所应用，这主要是在特殊情况下(如供油异常紧张、油价非常高、意外事故引起人员减员、某些因素限制了配送司机人数等)选择的。

(三) 确定配送路线的方法

1. 方案评价法

综合评定配送路线方案以确定最优配送路线的步骤如下：

(1) 拟定配送路线方案。首先以某一项较为突出和明确的要求作为依据，例如以某几个点的配送准时性或司机习惯行驶路线等为依据拟定出几个不同方案，要求方案提供路线发、经地点及车型等具体参数。

(2) 对各方案涉及的数据进行计算。如进行配送距离、配送成本、配送行车时间等数据计算，并作为评价依据。

(3) 确定评价项目。决定从哪几方面对各方案进行评价，如动用车辆数、司机数、油耗、总成本、行车难易、准时性及装卸车难易等，都可作为评价项目。

(4) 对方案进行综合评价。

2. 直送式配送运输

直送式配送是指由一个供应点对一个客户专门送货。从物流优化的角度看，直送式客户的基本条件是其需求量接近或大于可用车辆的额定载重量，需专门派一辆或多辆车一次或多次送货。因此，直送情况下，货物配送追求的是多装快跑，以节约时间、费用，提高配送效率。也就是说，直送式配送的物流优化问题，主要是寻找物流网络中的最短路线问题。

目前解决最短路线问题的方法有很多，现以位势法为例，介绍如何解决物流网络中的最短路线问题。已知物流网络如图 2.3 所示，各节点分别表示为 *A*、*B*、*C*、*D*、*E*、*F*、*G*、*H*、*I*、*J*、*K*，各节点之间的距离如图 2.3 所示，试确定各节点间的最短路线。

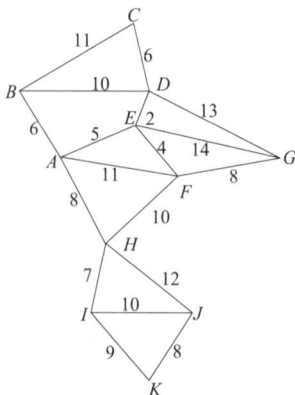

图 2.3　物流网络示意图

利用位势法寻找最短路线的步骤如下：

第一步：选择货物供应点为初始节点，并取其位势值为"零"，如令 $V_I = 0$。

第二步：考虑与初始节点直接相连的所有路线节点，如设初始节点 I 的位势值为 V_I，则终止节点 J 的位势值可按下式确定：

$$V_J = V_I + L_{IJ}$$

式中：L_{IJ}——I 点与 J 点之间的距离。

第三步：从所得到的所有位势值中选出最小者，此值即从初始节点到该节点的最短距离，将其标注在该节点旁的方框内，并用箭头标出该连线(如 $I{\rightarrow}J$)，以此表示从初始节点到该节点(如从 I 点到 J 点)的最短路线走法。

第四步：重复以上步骤，直到物流网络中的所有节点的位势值均达到最小为止。此时，各节点的位势值表示从初始节点到该节点的最短距离，带箭头的各条连线则组成了从初始节点到其余节点的最短路线。

第五步：分别以各点为初始节点，重复上述步骤，即可得各节点间的最短路线。

例：在图 2.3 中，试寻找从供应点 A 到客户 K 的最短路线。

解：根据位势法的步骤，计算如下。

(1) 取 $V_A = 0$。

(2) 确定与 A 点直接相连的所有节点的位势值：

$$V_B = V_A + L_{AB} = 0 + 6 = 6$$
$$V_E = V_A + L_{AE} = 0 + 5 = 5$$
$$V_F = V_A + L_{AF} = 0 + 11 = 11$$
$$V_H = V_A + L_{AH} = 0 + 8 = 8$$

(3) 从所得的所有位势值中选出最小值 $V_E = 5$，即

$$\min\{V_B, V_E, V_F, V_H\} = \min\{6,5,11,8\} = V_E = 5$$

将其标注在对应节点 E 旁边的方框内，并用箭头标出连线 AE。

(4) 以 E 为初始节点，计算与之直接相连的 D、G、F 点的位势值(如果同一节点有多个位势值，则只保留最小者)，得

$$V_D = V_E + L_{ED} = 5 + 2 = 7$$
$$V_G = V_E + L_{EG} = 5 + 14 = 19$$
$$V_F = V_E + L_{EF} = 5 + 4 = 9$$

(5) 从所得的除 V_E 外的剩余位势值中选出最小值 $V_B = 6$，即

$$\min\{V_B, V_H, V_D, V_G, V_F\} = \min\{6,8,7,19,9\} = V_B = 6$$

将其标注在对应节点 B 旁边的方框内，同时用箭头标出连线 AB。

(6) 以 B 为初始节点，与之直接相连的节点有 D、C，它们的位势值分别为 16 和 17。

从所得的除 V_E、V_B 外的剩余位势值中选出最小值 $V_D = 7$，即

$$\min\{V_H, V_D, V_G, V_F, V_C\} = \min\{8, 7, 19, 9, 17\} = V_D = 7$$

将其标注在对应节点 D 旁边的方框内，并用箭头标出连线 ED。

如此继续计算，可得最短路线如图 2.4 所示，且从供应点 A 到客户 K 的最短距离为 24。

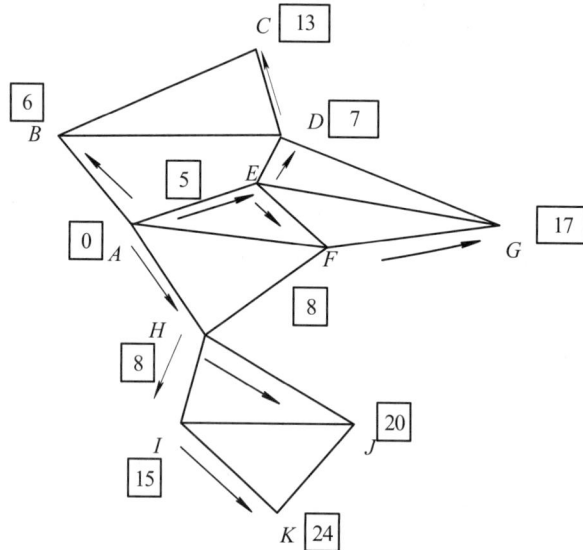

图 2.4　最短路线图

依照上述方法，分别将物流网络中的每一节点当作初始节点，并使其位势值等于"零"，然后进行计算，可得所有节点之间的最短路线。

3. 分送式配送运输

分送式配送是指由一个供应点对多个客户共同送货。其基本条件是同一条路线上所有客户的需求量总和不大于一辆车的额定载重量。送货时，由一辆车装着所有客户的货物，沿着一条精心挑选的最佳路线依次将货物送到各个客户手中。这样既保证了按时按量将客户需要的货物送到，又节约了车辆，节省了费用，缓解了交通紧张的压力，并减少了运输对环境造成的污染。

4. 节约里程法

节约里程法的基本原理是几何学中三角形两边之和大于第三边。在物流配送中，巡回发货车辆行走距离小于往返发货车辆行走距离。设 P_0 为配送中心，分别向用户 P_i 和 P_j 送货。P_0 到 P_i 和 P_j 的距离分别为 d_{0i} 和 d_{0j}，用户 P_i 和 P_j 之间的距离为 d_{ij}。配送方案只有两种，即配送中心 P_0 向用户 P_i、P_j 分别送货(方案 1)和配送中心 P_0 向用户 P_i、P_j 同时送货(方案 2)。比较两种配送方案：

方案 1 的配送路线为 $P_0 \rightarrow P_i \rightarrow P_0 \rightarrow P_j \rightarrow P_0$，配送距离为 $d_1 = 2d_{0i} + 2d_{0j}$；

方案 2 的配送路线为 $P_0 \rightarrow P_i \rightarrow P_j \rightarrow P_0$，配送距离为 $d_2 = d_{0i} + d_{0j} + d_{ij}$。

显然，d_1 不等于 d_2。我们用 s_{ij} 表示里程节约量，则方案 2 比方案 1 节约的配送里程为

$$s_{ij} = d_{0i} + d_{0j} - d_{ij}$$

四、配送路线的优化

随着配送的复杂化，一般要结合数学方法及计算机求解的方法进行配送路线的优化。目前优化配送路线的较成熟的方法是节约法，也叫节约里程法。利用节约法优化配送路线的主要出发点是：根据配送中心的配送能力(包括车辆的多少和载重量)和配送中心到各个用户的距离以及各个用户之间的距离来制订使总的车辆运输吨公里数最小的配送方案。利用节约法制订出的配送方案除了使配送总吨公里数最小，还应确保以下几点：

(1) 能满足所有用户的要求；

(2) 不使任何一辆车超载；

(3) 每辆车每天的总运行时间或行驶里程不超过规定的上限；

(4) 能满足用户到货时间的要求。

实际上配送路线的优化就是采用最优化理论和方法，如线性规划的单纯形法、非线性规划、动态规划等建立相应的数学模型，再利用计算机进行求解，最后得出最优方案。

五、配送路线选择分析

配送路线的选择影响到运输设备的利用和人员的分配，正确地确定合理的配送路线可以降低运输成本。尽管配送路线选择问题种类繁多，但可以将其归为以下几个基本类型。

(一) 起讫点不同的单一路线选择

对于分离的、单一始发点和终点的配送路线选择问题，最简单和直观的解决方法是最短路线法，也叫"n 次迭代法"。此时配送网络由节点和线组成，节点与节点之间由线连接，线代表节点之间的运输成本(距离、时间或时间和距离加权的组合)。

例：如图 2.5 所示为"n 次迭代法"配送网络示意图。其中 A 是始发点，J 是终点，B、C、D、E、F、G、H、I 是网络中的节点，节点与节点之间以统一路线连接，路线上标明了两个节点之间的运输成本，以运行时间(单位：分)表示。要求确定一条从始发点 A 到终点 J 的最短配送路线。

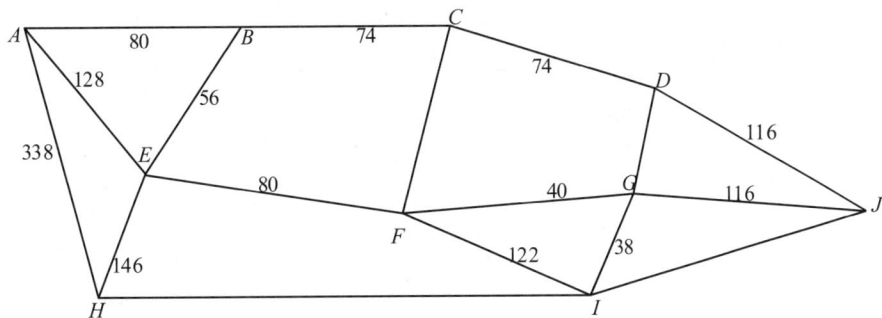

物流配送路线选择分析——n 次迭代法

图 2.5 "n 次迭代法"配送网络示意图

首先，第一个已解节点就是始发点 A，与 A 点直接连接的未解节点有 B、E、H 点。我们可以看到 B 点是距 A 点最近的节点，二者连线记为 AB。由于 B 点是唯一选择，所以它成为已解节点。

随后，找出距 A 点和 B 点最近的未解节点 E，列出其与各个已解节点的连线，我们有 AE、BE。注意从始发点经过已解节点到达某一节点所需的时间应该等于始发点到达这个已解节点的最短时间加上已解节点到达未解节点所需的时间。也就是说，从 A 点经过 B 点到达 E 点的时间为 $AB + BE = 80 + 56 = 136$(分)。而从 A 点直达 E 点的时间为 128 分，则 E 点也成了已解节点。

接着，找到与各已解节点直接连接的最近的未解节点。有三个候选点，分别为 H、C、F 点，从始发点 A 到 H、C、F 点所需的时间相应为 338 分、154 分、208 分，其中从始发点 A 到 C 点所需的时间最短，因此 C 点就是第三次迭代的结果。

重复上述过程直至到达终点 J。整个过程对应的最短路线计算表如表 2.1 所示。由表 2.1 可知，最小的运输成本是 344 分，最短配送路线为 $A \rightarrow B \rightarrow C \rightarrow D \rightarrow J$。

表 2.1 最短路线计算表

步骤	直接连接到未解节点的已解节点	与已解节点直接连接的未解节点	相关总成本/分	最近节点	最小成本/分	最新连线
1	A	B	80	B	80	$AB*$
2	A B	E E	128 $80 + 56 = 136$	E	128	AE
3	A B	H C	338 $80 + 74 = 154$	C	154	$BC*$
4	A E C	H F D	338 $128 + 80 = 208$ $154 + 74 = 228$	F	208	EF
5	A E C F	H H D G	338 $128 + 146 = 274$ $154 + 74 = 228$ $208 + 40 = 248$	D	228	$CD*$
6	A E F D	H H G J	338 $128 + 146 = 274$ $208 + 40 = 248$ $228 + 116 = 344$	G	248	FG
7	A E F G D	H H I I J	338 $128 + 146 = 274$ $208 + 122 = 330$ $248 + 38 = 286$ $228 + 116 = 344$	H	274	EH
8	G D	J J	$248 + 116 = 364$ $228 + 116 = 344$	J	344	$DJ*$

注：*表示最小成本线。

在节点很多时用手工计算比较繁杂，此时如果把网络的节点和连线的有关数据存入数据库中，就可用计算机求解。绝对的最短距离路线并不能代表穿越网络的最短时间，因为该方法没有考虑各条路线的运行质量。因此，对运行时间和距离设定权数才可以得出比较具有实际意义的路线。

(二) 多起讫点的路线选择

如果由多个供货地服务多个目的地，那么我们面临的问题是：要确定各目的地的供货地，同时要找到供货地、目的地之间的最佳路线。该问题经常在多个供应商、工厂或仓库服务于多个客户的情况下发生。如果各供货地能够满足的需求数据有限，则问题会更复杂。解决这类问题通常可以运用一类特殊的线性规划算法，即最小元素法。

最小元素法是表上作业法，是确定配送运输方案的一种简便而有效的方法。具体操作就是找出运价表中最小的元素，在运量表内对应的格填入允许取得的最大数。在统筹兼顾的情况下，需要经过最优性检验和改进。

1. 一般模型(供求均衡模型)

货物运输的一般模型即供求均衡模型，其具体形式如下：

要将某类商品从 m 个产地 P_1, P_2, $\cdots$, P_m 运往 n 个销地 Q_1, Q_2, $\cdots$, Q_n。产地 P_i($i = 1$, 2, $\cdots$, m)的供应量为 p_i($i = 1$, 2, $\cdots$, m)，销地 Q_j($j = 1$, 2, $\cdots$, n)的需求量为 q_j($j = 1$, 2, $\cdots$, n)，并且已知从产地 P_i 到销地 Q_j 的单位运价为 C_{ij}($i = 1$, 2, $\cdots$, m; $j = 1$, 2, $\cdots$, n)，运输里程为 L_{ij}($i = 1$, 2, $\cdots$, m; $j = 1$, 2, $\cdots$, n)，则从产地 P_i 运往销地 Q_j 的商品运量应满足：

$$\sum_{i=1}^{m} p_i = \sum_{j=1}^{n} q_j \text{(总供应量与总需求量平衡)}$$

例：甲、乙、丙三个仓库向 A、B、C、D 四个工地调拨物资，各仓库的供应量、各工地的需求量及各仓库至各工地的单位物资运费(单位：元)已列出(见表2.2)。采用最小元素法确定合理的运输路线和运量。

物流配送路线
选择分析——
最小元素法

表2.2 供求均衡模型相关数据

仓库	工　地						
	A	B	C	D	供应量/t	修正值	修正值
甲	15	18	19	13	50		
乙	20	14	15	17	30		
丙	25	12	17	22	70		
需求量/t	30	60	20	40	150		
修正值							

解：采用最小元素法确定运输路线和运量的具体操作，即供求均衡表上作业法如表2.3所示。

表 2.3 供求均衡表上作业法

仓库	工 地						
	A	B	C	D	供应量/t	修正值	修正值
甲	15③/10	18	19	13②/40	50	10	
乙	20⑤/10	14	15④/20	17	30	10	
丙	25⑥/10	12①/60	17	22	70	10	
需求量/t	30	60	20	40	150		
修正值	20						

注：序号①～⑥表示第一步到第六步。

所以，对按照最小元素法确定的运输路线和运量的描述是：甲仓库分别向 A、D 工地调拨 10 t 和 40 t 物资，乙仓库分别向 A、C 工地调拨 10 t 和 20 t 物资，丙仓库分别向 A、B 工地调拨 10 t 和 60 t 物资。运费为

$$15 \times 10 + 13 \times 40 + 20 \times 10 + 15 \times 20 + 25 \times 10 + 12 \times 60 = 2140(元)$$

2. 供求不均衡模型

供求不均衡模型有两种情况：供过于求和供不应求。

(1) 供过于求。将上例中的供应量做适当修正，使之成为供过于求的情况。为了建立运输表，设一个虚销地点(E 工地)，用来接收超过的供应量，并规定从任何一个发货点运往这个虚销地点的单位物资运费为零。假定需求量不变，供应量修正如表 2.4 所示。

表 2.4 供过于求表上作业法

仓库	工 地							
	A	B	C	D	虚 E	供应量/t	修正值	修正值
甲	15③/10	18	19	13②/40	0	50	10	
乙	20⑤/20	14	15④/20	17	0⑥/15	55(原30)	35	15
丙	25	12①/60	17	22	0⑦/10	70	10	
需求量/t	30	60	20	40	25	175		
修正值	20							

注：序号①～⑦表示第一步到第七步。

在这个方案中，乙仓库和丙仓库分别安排 15 t 和 10 t 物资到 E 工地，但 E 工地是虚设的，并不存在真正的运输。所以，实际方案是乙仓库、丙仓库的总运量不足 55 t、70 t，分别还有 15 t、10 t 的物资仍保留在原地。因此，对按照最小元素法确定的运输路线和运量的描述是：甲仓库分别向 A、D 工地调拨 10 t 和 40 t 物资，乙仓库分别向 A、C 工地调拨 20 t 和 20 t 物资，丙仓库向 B 工地调拨 60 t 物资。运费为

$$15 \times 10 + 13 \times 40 + 20 \times 20 + 15 \times 20 + 12 \times 60 = 2090 \, (元)$$

(2) 供不应求。将上例中的供应量做适当修正，使之成为供不应求的情况。为了建立运输表，设一个虚发货点(丁仓库)，用来接收超过的需求量，并规定由这个虚发货点运往任何销地的单位物资运费为零。假定供应量不变，需求量修正如表 2.5 所示。

表 2.5 供不应求表上作业法

仓库	工 地				供应量 / t	修正值
	A	B	C	D		
甲	15③/10	18	19	13②/40	50	10
乙	20	14	15④/30	17	30	
丙	25	12①/60	17⑤/10	22	70	10
虚丁	0⑦/20	0	0⑥/5	0	25	
需求量 / t	30	60	45(原20)	40	175	
修正值	20		15			

注：序号①~⑦表示第一步到第七步。

在这个方案中，丁仓库分别安排 20 t 和 5 t 物资到 A 工地和 C 工地，但因为丁仓库是虚设的，所以实际上这 25 t 的物资不存在。A 工地只由甲仓库调拨 10 t 物资，另外 20 t 物资无法满足；C 工地由乙仓库调拨 30 t 物资、由丙仓库调拨 10 t 物资，另外 5 t 物资无法满足。因此，对按照最小元素法确定的运输路线和运量的描述是：甲仓库分别向 A、D 工地调拨 10 t 和 40 t 物资，乙仓库向 C 工地调拨 30 t 物资，丙仓库分别向 B、C 工地调拨 60 t 和 10 t 物资。运费为

$$15 \times 10 + 13 \times 40 + 15 \times 30 + 12 \times 60 + 17 \times 10 = 2010(元)$$

(三) 起讫点重合的路线选择

物流管理人员经常遇到的一类路线选择问题是：始发点就是终点的路线选择。这类问题通常在运输工具是私人所有的情况下发生。例如，配送车辆从仓库送货至零售点，然后返回仓库，再重新装货；当地的配送车辆从零售点送货给顾客，再返回；接送孩子上学的学校巴士的运行路线；报送车辆的运行路线；垃圾收集车辆的运行路线等。求解这类问题的目标是确定访问各点的次序，以求运行时间或距离最小化。始发点和终点相重合的路线选择问题通常称为"旅行推销点"问题，对这类问题应用节约里程法求解比较有效。

物流配送路线
选择分析——
节约里程法

根据节约里程法的基本思想，如果一个配送中心 P_0 分别向 n 个客户 $P_j (j = 1, 2, \cdots, n)$ 配送货物，则在汽车载重能力允许的前提下，每辆汽车的配送路线上经过的客户个数越多，里程节约量越大，配送路线越合理。此基本思想可通过如图 2.6 所示的往返送货和巡回送货体现出来。

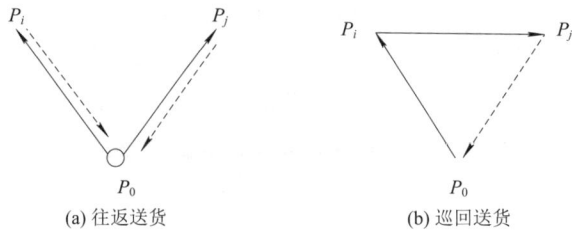

图 2.6　往返送货和巡回送货

下面举例说明如何利用节约里程法求解起讫点重合的路线选择问题。

例：某一配送中心 P_0 向 10 个客户 P_j ($j=1$, 2, …, 10)配送货物，其配送网络示意图如图 2.7 所示。图中括号内的数字表示客户的需求量(t)，路线上的数字表示两节点之间的距离(km)。配送中心有 2 t 和 4 t 两种车辆可供使用，试制订最优的配送方案。

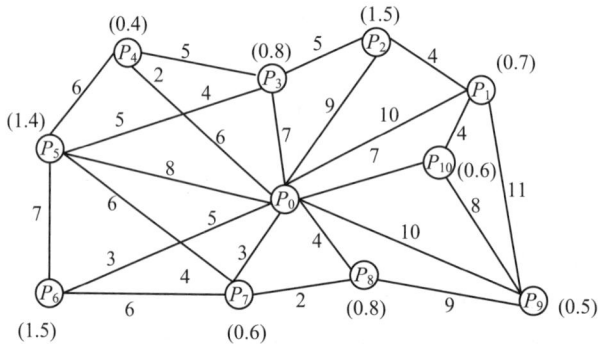

图 2.7　节约里程法配送网络示意图

解：利用节约里程法制订最优配送方案的步骤如下。

第一步：计算最短距离。根据配送网络提供的已知条件，计算配送中心与客户及客户之间的最短距离，结果如表 2.6 所示。

表 2.6　配送中心与客户及客户之间的最短距离计算结果

P_0										
10	P_1									
9	4	P_2								
7	9	5	P_3							
8	14	10	5	P_4						
8	18	14	9	6	P_5					
8	18	17	15	13	7	P_6				
3	13	12	10	11	10	6	P_7			
4	14	13	11	12	12	8	2	P_8		
10	11	15	17	18	18	17	11	9	P_9	
7	4	8	13	15	15	15	10	11	8	P_{10}

第二步：计算节约里程。根据前文给出的公式，计算节约里程 s_{ij}，结果如表 2.7 所示。

表 2.7　节约里程计算结果

P_1									
15	P_2								
8	11	P_3							
4	7	10	P_4						
0	3	6	10	P_5					
0	0	0	3	9	P_6				
0	0	0	0	1	5	P_7			
0	0	0	0	0	4	5	P_8		
9	4	0	0	0	1	2	5	P_9	
13	8	1	0	0	0	0	0	9	P_{10}

第三步：确定节约里程分类。对节约里程 s_{ij} 进行分类，并按从大到小的顺序排列，所得结果如表 2.8 所示。

表 2.8　节约里程分类结果

序号	路线	节约里程	序号	路线	节约里程
1	P_1P_2	15	13	P_6P_7	5
2	P_1P_{10}	13	13	P_7P_8	5
3	P_2P_3	11	13	P_8P_9	5
4	P_3P_4	10	16	P_1P_4	4
4	P_4P_5	10	16	P_2P_9	4
6	P_1P_9	9	16	P_6P_8	4
6	P_5P_6	9	19	P_2P_5	3
6	P_9P_{10}	9	19	P_4P_6	3
9	P_1P_3	8	21	P_7P_9	2
9	P_2P_{10}	8	22	P_3P_{10}	1
11	P_2P_4	7	22	P_5P_7	1
12	P_3P_5	6	22	P_6P_9	1

第四步：确定配送路线。根据表 2.8，按节约里程大小顺序，组成路线图。

(1) 初始方案：对每一客户分别单独派车送货，配送路线如图 2.8 所示。

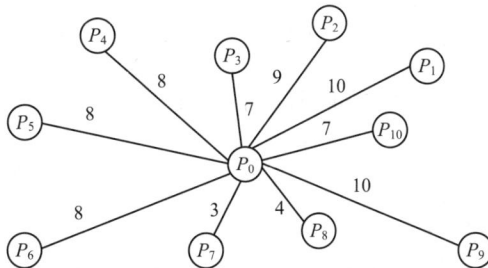

图 2.8　初始方案配送路线

配送路线：10 条

配送距离：$S_0 = 148$ km

配送车辆：2 t × 10

(2) 修正方案 1：按节约里程 s_{ij} 由大到小的顺序，连接 P_1 和 P_2、P_1 和 P_{10}、P_2 和 P_3，得配送路线如图 2.9 所示。

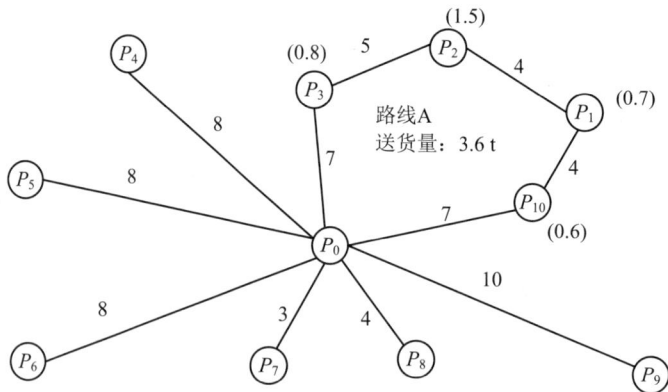

图 2.9　修正方案 1 配送路线

配送路线：7 条

配送距离：$S_1 = 109$ km

配送车辆：2 t × 6 + 4 t × 1

(3) 修正方案 2：在剩余的 s_{ij} 中，最大的是 s_{34} 和 s_{45}，此时 P_4 和 P_5 都有可能并入路线 A 中，但考虑到车辆的载重量及路线均衡问题，所以连接 P_4 和 P_5 形成一个新的路线 B，得配送路线如图 2.10 所示。

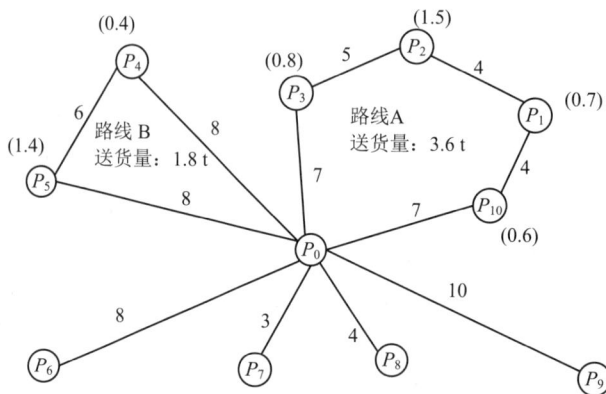

图 2.10　修正方案 2 配送路线

配送路线：6 条

配送距离：$S_2 = 99$ km

配送车辆：2 t × 5 + 4 t × 1

(4) 修正方案 3：接下来最大的 s_{ij} 有 s_{19} 和 s_{56}，因此时 P_1 已属于路线 A，若将 P_9 并入路线 A，则车辆会超载，故只将 P_6 并入路线 B 形成一个新的路线 C，得配送路线如图 2.11

所示。

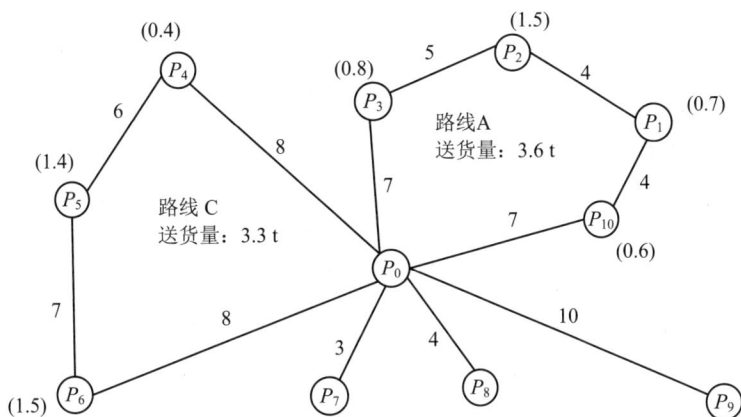

图 2.11　修正方案 3 配送路线

配送路线：5 条

配送距离：$S_3 = 90$ km

配送车辆：$2\,\text{t} \times 3 + 4\,\text{t} \times 2$

(5) 修正方案 4：再继续按 s_{ij} 由大到小排出 $s_{9(10)}$、s_{13}、$s_{2(10)}$、s_{24}、s_{35}，由于与其相应的客户均已包含在已完成的路线里，因此不予考虑。将 s_{67} 对应的 P_7 并入路线 C 形成一个新的路线 D，得配送路线如图 2.12 所示。

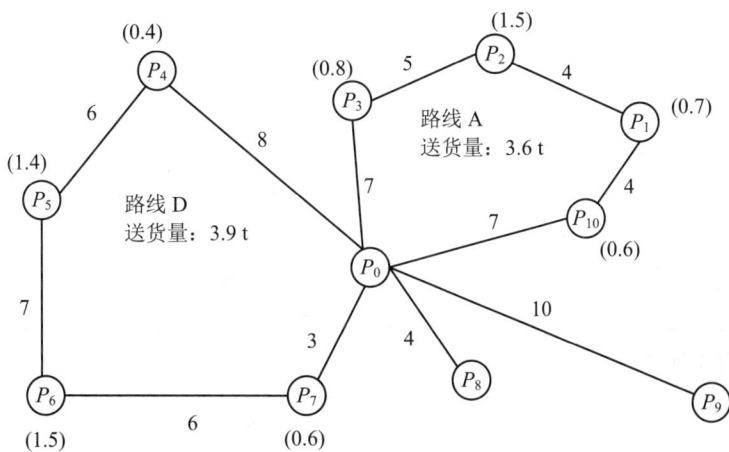

图 2.12　修正方案 4 配送路线

配送路线：4 条

配送距离：$S_4 = 85$ km

配送车辆：$2\,\text{t} \times 2 + 4\,\text{t} \times 2$

(6) 最终方案：剩下的是 s_{78}，考虑到配送距离的平衡和载重量的限制，不将 P_8 并入路线 D 中，而是连接 P_8 和 P_9，组成新的路线 E，得配送路线如图 2.13 所示。

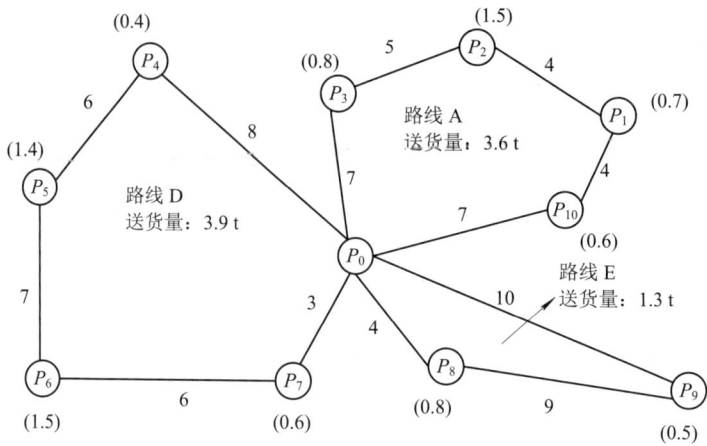

图 2.13　最终方案配送路线

配送路线：3 条

配送距离：$S = 80$ km

配送车辆：$2\,t \times 1 + 4\,t \times 2$

这样配送方案已确定：配送路线共存在 3 条，总的配送距离为 80 km，需要的配送车辆为 2 t 车 1 辆、4 t 车 2 辆。3 条配送路线分别为

配送路线 A：$P_0 \rightarrow P_3 \rightarrow P_2 \rightarrow P_1 \rightarrow P_{10} \rightarrow P_0$，使用一辆 4 t 车。

配送路线 D：$P_0 \rightarrow P_4 \rightarrow P_5 \rightarrow P_6 \rightarrow P_7 \rightarrow P_0$，使用一辆 4 t 车。

配送路线 E：$P_0 \rightarrow P_8 \rightarrow P_9 \rightarrow P_0$，使用一辆 2 t 车。

综上所述，节约里程法的步骤如下：

第一步：计算配送中心到各配送点、各配送点之间的最短距离。

第二步：计算各配送点组合的节约里程数。

第三步：对节约里程进行分类，并按从大到小排序。

第四步：从节约里程最大的三角形开始，按照题中给出的条件推理，确定最优配送方案。

例：配送中心 P 向 A、B、C、D、E 五个用户配送物料(如图 2.14 所示，图中数字表示两节点之间的距离，单位为 km)，这五个用户的需求量分别为 4.5 t、2.3 t、1.7 t、0.8 t 和 3 t。另外，配送中心有 5 t 和 10 t 载重量的汽车，且汽车一次巡回走行里程不能超过 30 km。请用节约里程法确定该配送中心的最优配送方案。

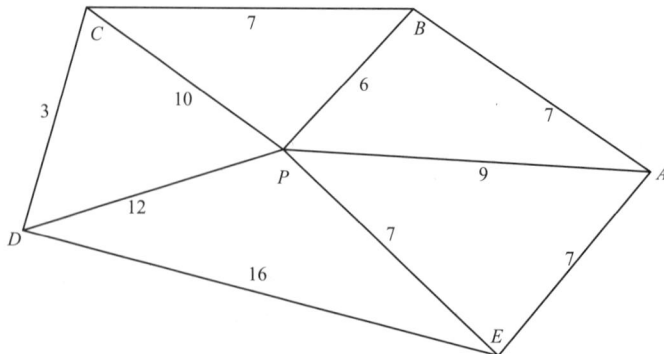

图 2.14　节约里程法例题用图

解：配送路线优化后确定为两条，即 $P \rightarrow B \rightarrow C \rightarrow D \rightarrow P$ 和 $P \rightarrow A \rightarrow E \rightarrow P$，总的配送距离为 $28 + 23 = 51(\text{km})$，分别使用 5 t 和 10 t 的货车各一辆，节约里程总数是 $9 + 19 + 9 = 37(\text{km})$。

相 关 链 接

在电子商务中，与物流配送相关的最重要的运营决策是送货路线规划和送货日程安排。管理人员必须决定向客户送货的先后顺序，对送货路线进行规划，尽可能地降低送货成本。如果某家商店的进货规模较小，配送中心就可以使用"送奶路线"进行送货，通过联合小批量运送降低送货成本。

实训练习

全家便利店配送要考虑的最重要的问题是时效和成本问题。为此，全家便利店对配送进行了全面升级，使其可以自动设计送货流程，涵盖从货车的积载率、车程到成本计算、新门市的送货流程设计等内容。利用网络导入店面送货管理系统后，各部门可以直接在网络上查询配送的路线、流程改变等信息，简化了繁杂的联络手续。全家便利店物流配送中心从上午 10:00 门店订货开始，每项作业流程分秒必争，各流程紧密衔接，确保门店订货后，物流配送中心在 24 小时内将商品配送到门店，为顾客创造最大价值。

问题：如图 2.15 所示是某市全家便利店门店分布情况，其中 P 代表配送中心，$A \sim J$ 代表门店，括号内的数字代表门店的需求量，路线上的数字代表两节点之间的距离。如表 2.9 所示为配送中心到各门店及两门店之间的成本最低路线数值表，配送中心有 2 t 和 4 t 两种车型可供使用。请运用本任务相关知识描述全家便利店的配送路线选择策略。

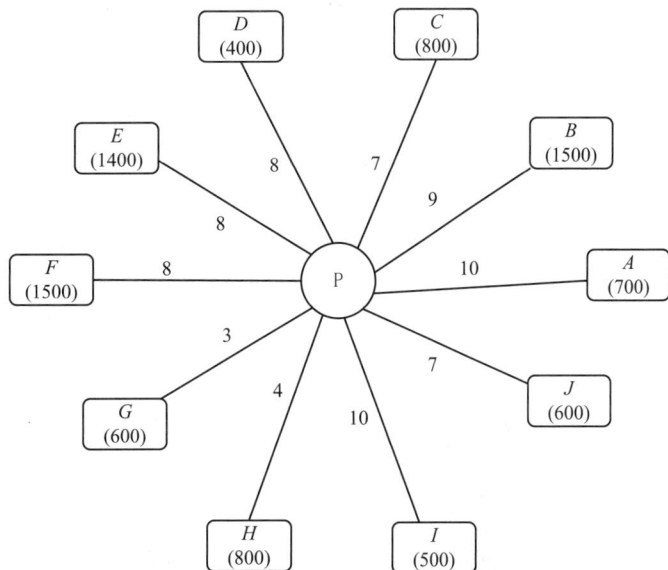

图 2.15　某市全家便利店门店分布情况

表 2.9   配送中心到各门店及两门店之间的成本最低路线数值表

	P								
A	10	A							
B	9	4	B						
C	7	9	5	C					
D	8	14	10	5	D				
E	8	18	14	9	6	E			
F	8	18	17	15	13	7	F		
G	3	13	12	10	11	11	6	G	
H	4	14	13	11	12	12	8	2	H	
I	10	11	15	17	18	18	17	11	9	I
J	7	4	8	13	15	15	15	10	11	8

任务思考

1. 配送路线目标如何确定?
2. 配送路线如何优化?
3. 配送路线的选择策略有哪些?

任务三   物流配送服务商的选择

导 读

选择合适的物流配送服务商对企业来说至关重要,因为它关系到产品能否及时、安全地送到客户手中。

配送需求包括量和质两个方面,可从配送规模和配送服务质量中综合反映出配送的总体需求。配送规模是配送活动中订单处理、储存、运输、装卸搬运、流通加工等配送作业量的总和,其中运输是配送过程中实现货物空间转换的中心环节。配送服务质量是配送服务效果的集中反映,可以用配送时间、配送费用、配送效率来衡量,其变化突出表现在降低配送时间、降低配送成本、提高配送效率等方面。

企业在选择物流配送服务商时一般采用服务质量比较法、配送价格比较法、综合选择法等。

一、服务质量比较法

客户在支付同等运费的情况下，总是希望得到好的服务。因此，服务质量往往成为客户选择配送服务商的首要标准。

（一）配送质量

配送是把货物从一个地方送到另一个地方，完成地理上的位移，而无需对货物本身进行任何加工。但如果配送保管不当，就会对货物的质量产生影响。因此，客户在选择配送服务商时会将其配送质量作为一个重要因素来考虑。配送质量通常从这几个方面来体现：该配送公司提供的配送工具的完好状态，该公司所雇用的装卸公司的服务质量，该公司所雇用的从业人员的工作经验以及工作责任心，该公司的货物配送控制流程等。

（二）服务理念

随着各服务商配送质量的提高，客户对配送服务的要求也越来越高。于是客户在选择配送服务商时还会考虑其他的服务理念，如配送的准时率、配送的时间间隔、单证的准确率、信息查询的方便程度、配送纠纷的处理速度等。

由于配送技术以及配送工具的发展，目前各配送服务商之间的配送质量差异正在缩小。而为了吸引客户，配送服务商不断地更新服务理念，以求与其他服务商有所差异，实现服务个性化，为客户提供高附加值的服务，从而稳定自己的市场份额，增强竞争力。这也为客户选择不同的配送服务商提供了更多的空间，客户可以根据自己的需求确定选择目标。

二、配送价格比较法

正如前文所述，各配送服务商为了稳定自己的市场份额，都会努力提高服务质量，而随着竞争的日趋激烈，对于某些货物来说，不同的配送服务商所提供的服务质量已近乎相同。因此，降低运价很容易成为各配送服务商的最后手段。于是，客户在面对几乎相同的服务质量进行选择时，或有些客户对服务质量要求不高时，配送价格就成为另一个重要的决策准则。

三、综合选择法

当然会有更多的客户在选择配送服务商时同时考虑多个因素，如同时考虑服务质量和配送价格，以及配送服务商的品牌、配送服务商的经济实力、配送服务商的服务网点数量等。如果以公式来表示，则有

$$S = \frac{K_1 Q}{K_2 P} + K_3 B + K_4 C + K_5 N + \cdots + K_n O$$

式中：S——综合因素；

K_n——不同因素的权数，$n=1, 2, 3, \cdots$；

Q——服务质量；

P——配送价格；

B——配送服务商的品牌；

C——配送服务商的经济实力；

N——配送服务商的服务网点数量；

O——其他因素。

客户可以根据自己的需求，调整不同因素的权数，然后做出决策。

相 关 链 接

不同配送行业的配送服务商的特点各不相同，具体如下。

1. 传统运输业(B to B)

传统运输业从机能上而言是单纯货物运输，它的运输功能仅止于 B to B。

2. 路线货运业(B to B、B to C)

路线货运通常定时发车，通过收集、发送、转运等方式将货物送达目的地，但货物在收集、发送、转运的作业过程中容易损坏；同时由于司机均为标准作业，因此无法弹性提供额外服务。

3. 专业物流配送业(B to B、B to C)

所谓专业物流配送，是指车队受过专业配送训练，配送作业程序标准化，并实行严格的司机管理制度及专业的调度，能充分满足客户的需求。它不同于传统运输，亦不同于路线运输。

4. 快递业(B to C、C to C)

快递业是沿袭邮局的做法，将客户零星货物于各城镇用小货车收集后，以定期、定时发车方式分送至目的地。它主要强调的是快。

5. 宅配业(B to C、C to C)

宅配业强调的是量少。宅配业的兴起，改变了人们的消费习惯及行为模式。企业可根据以上了解的各种运输形态的特性来选择适当的运输方式。

实训练习

近些年，电子商务可算得上是"热火朝天"，在促进快递、物流行业高速发展的同时，也突显出"最后一公里"同城配送业务的欠缺。如成都市场调查结果显示：目前成都同城配送业务非常不足，大多物流企业均以从 A 城市到 B 城市的货运运输服务为主。很多物流企业认为，同城配送业务主要针对城市内的一个配送，其收益不及城际货运。专注于同城配送业务的企业可谓是少之又少，即使有的企业开展同城配送业务，也是将其作为长途货运运输的一项增值服务。当再有这类业务时，由于没有市区入城证，一般转交给第三方个人来承运。在成都，除了蚂蚁物流，想找一家同样专注于同城配送业务的企业几乎不可能。同城配送业务的特点是运输距离短，配送时间因道路拥堵等很难准确预估(送货效率又影响企业收益)，同时还受城市交通管制(大型货运车辆白天不得入城，除非具有车辆"入城证"，同时不得是超长货车)，这样就使得其运输成本较高。

问题：为什么客户想通过互联网寻求"同城配送企业"却很难直接寻得一家中意的大中型同城配送企业？

任务思考

1. 请描述一下物流配送服务商的选择方法。
2. 请向同学们介绍一家你熟悉的物流配送服务商。

任务四　物流配送中心地址的选择

导　读

配送中心是现代物流的重要组成部分，它在整个物流系统中起着承上启下的作用，其上游是制造商，下游是用户。选择合理的配送中心地址可以有效地节约费用，促进生产和消费两种流量的协调与配合，保证物流系统的高效和平衡发展。

配送中心的地址直接影响配送中心各项活动的成本，同时也关系到配送中心的正常运作和发展。因此，必须在充分调查分析的基础上，综合考虑自身经营的特点、商品特性及交通状况等因素，对配送中心进行选址。

一、配送中心的类型

按照不同的标准进行分类，配送中心包括不同的类型。

1. 按配送中心的设立者分类

按配送中心的设立者分类，配送中心包括以下几种：

(1) 制造商型配送中心；

(2) 批发商型配送中心；

(3) 零售商型配送中心；

(4) 专业物流配送中心。

2. 按配送中心的运营主体分类

按配送中心的运营主体分类，配送中心包括以下几种：

(1) 自用型配送中心；

(2) 公用型配送中心，如美国 50%仓库和配送中心由 3PL 经营；

(3) 公共配送的配送中心。

3. 按配送范围分类

按配送范围分类，配送中心包括以下几种：

(1) 城市配送中心；

(2) 区域配送中心，如加拿大大都会公司食品配送中心，日配 8 小时；

(3) 国际配送中心，如荷兰国际配送中心 3~4 天配送欧盟国。

4. 按配送中心的功能分类

按配送中心的功能分类，配送中心包括以下几种：

(1) 储存型配送中心；

(2) 流通型配送中心，如日本某连锁店配送中心，每天 9:30 前将所有货物配送到各门店，9:30 后仓库是整洁、空荡的；

(3) 加工配送的配送中心。

5. 按配送货物的属性分类

按配送货物的属性分类，配送中心包括以下几种：

(1) 食品配送中心；(2) 日用品配送中心；(3) 医药品配送中心；(4) 化妆品配送中心；(5) 家电品配送中心；(6) 电子产品配送中心；(7) 书籍产品配送中心；(8) 服饰配送中心；(9) 汽车零件配送中心；(10) 生鲜配送中心。

6. 按配送中心的自动化程度分类

按配送中心的自动化程度分类，配送中心包括以下几种：

(1) 人力配送中心；

(2) 计算机管理配送中心；

(3) 自动化、信息化配送中心；

(4) 整合化、智能化配送中心。

二、配送中心的设立时机

企业不一定自建配送中心，但必须有配送中心。我国连锁企业的配送中心建设宜走"共同配送→社会配送→自行配送"的渐进之路。具体是否建立配送中心要视企业规模而定。

(1) 连锁便利店：如果有 20 家分店、总面积达 4000 m^2，则可以建立配送中心；

(2) 连锁超市：如果有 10 家分店、总面积达 5000 m^2，则可以建立配送中心；

(3) 连锁特级市场：开店的同时建立配套的配送中心。

三、配送中心的类型选择

配送中心的类型选择策略如下：

(1) 确定是何种功能的配送中心(功能选择);

(2) 确定配送何种商品(商品选择);

(3) 确定辐射多大的范围与区域(范围选择)。

四、配送中心的选址考虑因素

配送中心的选址考虑因素包含以下几部分。

1. 交通运输条件

配送中心地址应选择靠近交通运输枢纽,以保证配送服务的及时性、准确性。

2. 用地条件

配送中心建设须占用大量的土地资源,土地的来源、地价及土地的利用程度等要充分考虑并落实。

3. 门店(顾客)分布情况

准确掌握配送中心现有服务对象的分布情况以及未来一段时间内的发展变化情况,因为门店(顾客)分布情况的改变、配送商品数量的改变及门店(顾客)对配送服务要求的改变都会对配送中心的经营和管理产生影响。

4. 政策法规条件

掌握政府对配送中心建设的法律法规要求,明确哪些地区政府不允许建设配送中心、哪些地区政府有优惠政策等。

5. 附属设施条件

配送中心周围的服务设施也是考虑的因素之一,如外部信息网络技术条件、水电及通信等辅助设施、北方地区的供暖保温设施等。

6. 其他

不同类别的配送中心对选址的需求是不同的。如有些配送中心所保管的商品需要有保温设施、冷冻设施、危险品设施等,这些对选址都有特殊要求。

五、我国商业配送中心发展的问题及对策

我国商业配送中心发展的问题及对策介绍如下。

1. 问题

我国商业配送中心发展遇到的问题如下:

(1) 采购规模受企业规模影响,采购成本很难降低;

(2) 总体配送比率较低,商业连锁优势未能充分发挥;

(3) 系统化的配送技巧不足,影响配送效率;

(4) 现代化程度低、信息化水平不高。

2. 对策

在我国商业配送中心发展中所遇到问题的解决对策如下:

(1) 加快现代物流基础设施建设,提高整体物流配送能力;

(2) 大力推进"共同配送中心"的发展；

(3) 鼓励大型商业企业进行强强联合或资产重组，推进自建配送中心的发展；

(4) 在商业物流领域加大外资引进力度，提升商业物流配送的国际化水平；

(5) 更新传统观念，为我国商业物流配送中心发展提供人才保障；

(6) 在大力发展第三方物流的同时，积极推动第四方物流的发展。

相 关 链 接

现代饭店的鼻祖斯塔特勒在总结成功经验时有一句至理名言："第一是地点，第二是地点，第三还是地点。"连锁经营企业配送中心选址也是如此，配送中心的正确选址不仅是其成功的先决条件，也是其实现经营标准化、简单化、专业化的前提条件和基础。

实训练习

最近，小李想加盟"台湾手抓饼连锁店"，投资大概在 1.5 万左右。情况说明：小李是在沿海的一个中型城市，该城市现在已经有一家这样的连锁店。现在最重要的问题是店面的地址选择问题，目前有几个地址供选择，其中小李比较看好的是一所大学旁，该大学是一所大概有 6 千名学生的重点大学，而且学校对面刚好是一个大型的小区，只是小区的人均收入感觉并不乐观，同时周围也有一些其他小摊小贩参与竞争。

小李这样的选址如果合适，是否马上要建立配送中心？如果不合适，那么在店面的地址选择方面应该注意哪些因素？

要求：班级分成四个小组，选出组长，分组完成任务，组长负责安排代表发言，时间为 30 分钟。

任务思考

1. 配送中心的设立时机有哪些？

2. 配送中心的类型选择策略有哪些？

3. 配送中心的选址考虑因素有哪些？

项 目 小 结

本项目从"物流配送模式的选择、物流配送路线的选择、物流配送服务商的选择、物流配送中心地址的选择"四个方面介绍了电子商务物流配送选择策略，可运用合理化策略，选择配送模式、配送路线、配送服务商和配送中心地址等。

作业篇

项目三 物流配送中心进货作业

项目目标

(1) 掌握备货作业。

(2) 熟悉接货验收作业。

(3) 能够进行搬运堆码作业操作。

任务一 备货作业

导 读

从总体上看，配送是由备货、理货和送货三个基本环节组成的。备货作业是指在接受订货指令、发出货票的同时，备货人员按照发货清单在仓库内寻找、提取所需货物的作业。

备货是配送的基础工作，是配送中心根据客户的需要，为配送业务的顺利实施而从事的组织货源和进行货物储存的一系列活动。

一、备货作业的作用

(一) 备货可使配送中心的配送活动得以顺利开展

作为配送中心实施经营活动的基础，备货作业是配送中心各项具体业务活动的第一步。任何配送活动，如果没有相应的货物作保证，再科学的管理方法、再先进的配送设施，也无法完成配送任务，配送也变得没有任何意义，可谓"巧妇难为无米之炊"。作为"炊中之米"，备货作业开展的好坏，直接影响配送活动和其他后续活动的开展。如果备货人员拥有各类商品的供货信息，熟悉各供货商的供货能力、供货成本、供货时间，能够及时地按照客户的订单组织货源，根据客户的需求补充库存，就可使企业的配送业务顺利地开展下去，并通过良好的配送服务赢得客户的认可，获得良好的企业信誉，为企业的进一步发展打下基础。

(二) 备货可使社会库存结构合理、降低社会总成本

企业的原材料、零部件及产成品由配送中心统一提供，可使企业用于购买原材料、零部件及进行销售的资金有所减少，进而降低企业的生产总成本，使企业的产品在市场上更具有竞争力。同时企业不需要投入过多的人力、物力用于原材料的购进和产成品的储运，这样就能拥有更强的生产能力和市场销售能力，可以生产出更多更好的产品销售到更广泛的地区。

配送中心的出现，为企业的发展创造了更大的空间，使"零库存"成为可能。但订单的多少，直接取决于企业的备货能力。企业备货能力强，能够根据市场的需要和客户的要求，及时、准确、保质、保量地将产品安全地配送到指定地点，就会赢得客户和市场的信赖，同时也使自己获得利益。

(三) 备货可使配送中心节约库存空间、减少配送成本、增加经济效益

通过科学的备货方式，配送中心可以确定适当的库存商品数量、合理的库存结构，在减少不必要库存占用的前提下，使库存成本下降，从而降低货物的配送成本。与此同时，由于调整了库存结构，剔除了不合理的库存占用，企业拥有了扩大业务的空间；新业务的增加，又增强了企业适应市场变化的能力，从而提高了企业的整体经济效益。

二、备货作业的内容

作为配送活动的准备环节，备货作业包括两方面基本内容，即组织货源和储存货物。

(一) 组织货源

组织货源又称为筹集货物或采购货物，是配送中心开展后续配送业务活动的前提。组织货源包括以下几步。

1. 制订货源需求计划

根据客户的配送需求，制订货源需求计划，包括货物的品种、数量、规格、进货时间等。

2. 选择供应商

对供应商的资格、供应商的能力等进行评价，选择合适的供应商。

3. 发出采购订单

供应商确定后，向供应商发出采购订单，签订购货合同。

4. 货物入库验收

对供应商运达的货物进行验收，以确保购进货物的数量和质量。

5. 评价货源组织工作

对整个货源组织工作进行评价，不断进行改进，同时与满足企业要求的供应商建立长期的联系。

影响配送中心组织货源的因素很多，包括配送中心的类型、规模，能够接受的进货成本，购进货物的种类、产地、数量及具体备货人员的能力等。备货人员要根据经济发展的需要，不断更新自己的观念，调整备货方式，为企业找到合适的供应商，组织好货源。

(二) 储存货物

储存货物是配送中心组织完货源之后完成进货活动的延续。在配送中心，适量的库存可保证客户的需求，使配送工作得以顺利进行。配送中心的货物储存有以下两种表现形态。

1. 暂时储存

暂时储存即按照配货作业的要求，在拣选场地储存少量的货物。

2. 储备形态

储备形态即按照一定时期配送活动的要求和货源到货周期有计划地储备货物。储备形态是使配送持续运作的资源保证，储备是否合理，直接影响到配送的整体效果，通常要确保以下几个方面。

1) 合理的储存数量

合理的储存数量是指在一定条件下，根据企业的具体经营情况，为了保证配送业务正常进行所制定的合理的储存标准。确定合理的储存数量要考虑客户的需求量、配送中心的条件、配送周期、配送过程的需要及配送企业的管理水平等因素的影响。

储存数量由经常储存数量和保险储存数量两部分构成。经常储存是指配送中心为了满足日常配送需要而进行的货物储存；保险储存是为了防止因货物需求变动而造成影响，避免货物脱销，保证连续不间断地配送而建立的储存。两种储存数量要在考虑各种影响因素的基础上运用科学的方法计算得出。

2) 合理的储存结构

储存结构是指不同品种、规格的货物之间储存数量的比例关系。由于配送中心需要配送的货物品种多、数量大，特别是大型的综合配送中心，货物种类更是千差万别，同时客户对不同货物的需求量是不同的，并且各种需求在不断地变化。因此确定合理的储存结构尤为重要。

3) 合理的储存时间

储存货物的目的是满足客户订货需要。因此，配送中心在确定货物合理的储存时间时要注意该种货物的生产周期和物理、化学及生物性能，保证既能使货物不脱销断档，又能最大限度地减少货物的损耗，确保货物的质量。

4) 合理的储存空间

使货物储存空间合理的方法就是在仓库内合理地摆放货物。货物的摆放要有利于货物的配送。拥有较大库存的配送中心一般规模较大，经营货物品种较多，有条件的配送中心可以建立高架自动立体仓库，按不同类别、不同配送客户的需要设置多个出货点。在合理布置货物存放货架时，要注意为机械设备的作业留有足够的通道，还要保证仓库有一定的安全空间。

在货物的储存期间，货物表面是处于静止状态的，但从物理、化学及生物角度分析，货物内部是在不断变化的，这种变化可能影响货物的使用价值。同时，环境的因素可能使这种变化加速。因此，配送中心的管理人员要时刻注意储存场所温度、湿度等条件的变化，防止或减少外界不利因素的影响，延缓货物质量的变化过程，降低货物的损耗。

三、备货作业的方式

备货作业的方式包含以下两种。

(一) 与 MRP 系统相结合的备货方式

MRP(物资需求计划)系统是一种以物资需求计划为核心的生产管理系统。在为生产企业实施原材料、零部件配送时，配送中心可以针对其多品种、小批量的特点，利用资源共享的优势，使客户、配送中心及供应商三位一体，运用 MRP 系统进行备货。在 MRP 系统中，针对物资需求在品种、数量和交货期等方面的细化所带来的管理复杂性而开发了计算机信息管理系统，配送中心可以利用这一系统，将客户的需求计划、供应商的供货信息和自己的配送计划集成起来，实行同步性一次生成采购计划。如果需求有变化，只要将相关数据输入计算机信息管理系统，经过系统运算，就可重新编排采购计划。

运用 MRP 系统进行备货的主要步骤如下。

1. 查询商品

打开 MRP 系统，通过商品快速分类查询，对每一商品，按需用的额度，保持一定批量以争取优惠，确定采购商品种类和数量。

2. 编制计划

编制周密的计划，保证既可以按需采购，又可以有足够的采购提前期和采购预算，防止因突发性采购而增加额外的采购费用。

3. 控制采购权限，规范采购管理

在系统中设置每一个采购员的采购范围和支付权限，规定超过限额的审批层次和权限内容。

4. 控制库存量

对每一种商品规定最大储存量和最长储存期限，超过最大值时，系统将发出提示信号。

5. 建立文件认证目标

建立供应商文件认证目标，以保证购进商品的质量。对没有建立相关文件的供应商，系统将拒绝向其采购。

6. 提供多种查询途径

通过提供多种查询途径，如采购单号、供应商号等，跟踪采购订单以及采购合同的执行情况。

7. 控制付款程序

付款前，系统将自动进行一系列对比，检查商品性能、合格数量、交货日期与采购单是否一致，报价单与发票金额是否一致，各项相符后才能执行付款程序。

运用 MRP 系统进行备货，可以使配送中心简化采购计划和调配流程，形成批量采购，

进而简化运输管理，减少库存，降低配送成本，提高整体配送效率。

(二) 以 JIT 方式为主的备货方式

JIT(just in time)的理念是"在恰当的时候，把恰当的商品以恰当的质量、恰当的数量送到恰当的地点"，体现在生产上就是准时进货、准时生产、准时销售，体现在配送中就是准时进货、准时配货、准时送货。恰时恰量的准时进货是 JIT 方式的关键。如果进货太多太早，就会增加企业库存，提高库存成本，降低企业效益；而进货太少太迟，又会影响生产和配送进度，同样也会影响企业效益。利用 JIT 方式进行备货，一方面可以保证各种商品订货量的准确性及相应的商品质量，另一方面可使企业得到准确和及时的批量运输。以下是利用 JIT 方式备货的主要步骤。

1. 实施看板管理

所谓"看板"，就是一种用来传递信息或指令的卡片，应用于配送过程的各个环节，是控制各环节的生产数量、时间、进程的一种凭证。看板管理是将看板作为生产指令、取货指令、运输指令，以控制生产量和调节生产计划的一种管理方法。它是在生产过程中，由下道工序(要货单位)根据看板规定的品种、数量和时间，到上道工序(供货单位)领取原材料或物品，确保各环节准时、合理、协调地进行生产的一种控制方法。

看板管理把传统的由前工序向后工序送货制改为由后工序向前工序取货制，省去了各环节中不必要的商品储存，达到了准时化生产的要求，减少了资金占用，提高了生产效益。

2. 获取信息，进行订货

配送中心的订货人员通过 JIT 方式独特的看板管理获得需求信息后，再利用供应链关系的信息共享系统与供应商及时交换采购商品的供应信息，从而确定采购量，进行网上采购。

3. 确定需求数量

备货人员利用与供应商建立的一种即时采购和即时供应的利益伙伴关系，保证所需数量的正确性。

4. 确定进货时间

根据客户不同的要货时间，备货人员规定供应商将商品运抵配送中心的具体时间。

配送中心的备货方式还包括定量、定期、经济订购批量等传统的方式。这些方式虽然是就配送所需而采购，但是采购的终点是静止的库存。其采购费用的降低是以库存费用的增加为代价的，采购的订货量也与库存水平密切相关。配送中心在利用这些方式时可与库存理论中的订购发生内容相结合。

相 关 链 接

配送中心接到客户的订单后，必须拥有相应的足够的商品保证配送，包括具体的商品品种、商品等级、水平规格及商品数量。若配送中心是大型或综合型的"存货式配送"，则可以利用现有的商品满足客户的需要，及时按客户订单进行配送；但如果配送中心是小型的"订单式配送"，就必须立即通知备货人员联系供货商，组织客户所需要的货源。虽然各类配送中心组织货源的方式不同，但各类配送中心的备货人员都必须掌握全面的商品专业知识和采购信息，熟悉各类商品的供货渠道和供货最佳时间，确保在进货指令下达后，能够及时购进或补充客户所需要的商品，保证配送的按时完成。实施"存货式配送"的配送中心，其备货作业的顺利进行还需要备货人员掌握相应的商品存储专业知识，更好地养护与保管储存的商品，保证储存商品的在库质量，同时运用科学的库存管理知识，监测各类库存商品的数量，及时提出补充货源的建议，做到仓库商品先进先出，随进随出，既不过量存储而占用资金，又能保证配送的正常进行。

实训练习

认真观察如图 3.1 所示的备货作业管理工作流程，然后进行分组描述，描述清楚的小组集体获得本次训练考核满分的成绩。班级分成四个小组，选出组长，分组完成任务，组长负责安排代表发言，时间为 30 分钟。

评价标准(100 分)：(1) 吐字清晰(25 分)；(2) 举止大方(25 分)；(3) 表达准确(25 分)；(4) 结构严谨(25 分)。

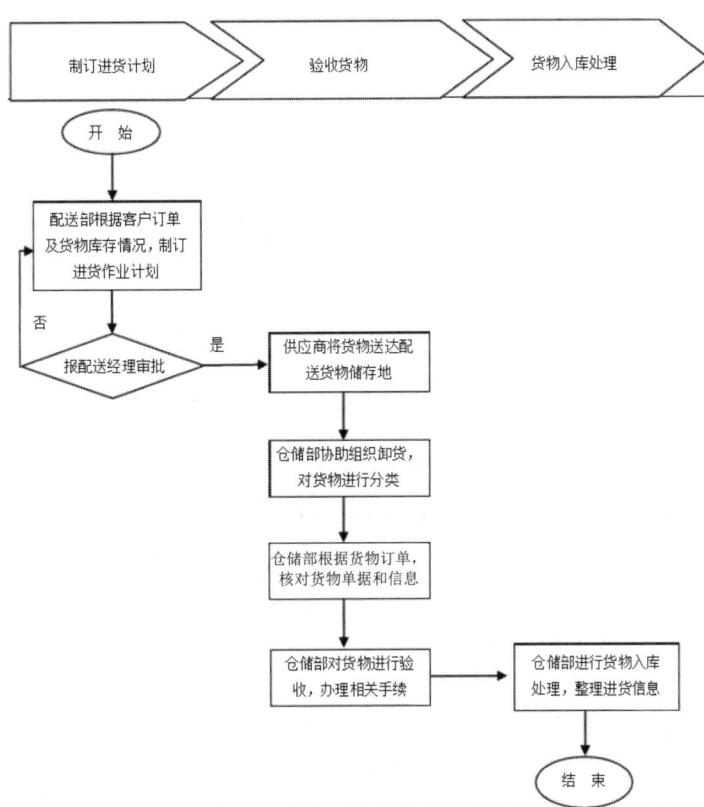

图 3.1　备货作业管理工作流程

任务思考

1. 备货作业的作用有哪些?
2. 备货作业的内容有哪些?
3. 备货作业的方式有哪些?

任务二　接货验收作业

导　读

接货验收是配送作业中一项重要的工作。学习接货验收的专业知识和操作技能对系统地学习配送管理而言是非常有必要的。

接货验收是商品入库作业中的一个环节,凡进入仓库储存的商品必须经过验收,只有验收合格的商品才能入库保管。这种必要性体现在两个方面:一方面是各种到库商品来源复杂,从结束其生产过程到进入仓库前,会经过一系列储运环节,受到储运质量和其他各种外界因素的影响,其质量和数量可能发生某种程度的变化;另一方面,各类商品尽管在出厂前进行了检验,但有时也会出现错检或漏检的情况,使一些不合格商品按合格商品交货。

一、接货作业

(一) 接货的形式

关于货物到达仓库的形式,除了一小部分由供货单位直接运到仓库,大部分要经过铁路、公路、航空等运输方式转运。凡经过交通运输部门转运的货物,均需经过仓库接运后,才能进行入库验收。因此,货物接运是货物入库业务流程的第一道作业环节。货物接运的主要任务是及时而准确地向交通运输部门提取入库货物,要求手续清楚、责任分明,为仓库验收工作创造有利条件。

在进货过程中依据仓储合同、储存订单、进货因素并配合存储作业,掌握货物的品类、数量及具体的到货方式,尽可能准确预测出到货时间,以尽早做出卸货货位、储位、人力、物力等方面的计划和安排。

一般接货的形式主要有以下几种。

1. 库内接货

供货方将货物运至仓库，就要开始核对单证，对货物进行当面验收并做好记录。若有差错，应填写记录，由相关人员签字证明，据此向有关部门提出索赔。核对单证按下列四个方面的内容进行。

(1) 审核验收依据，包括业务主管部门或采购部门提供的入库通知单、订货合同或订货协议书。

(2) 核对供货方提供的验收凭证是否齐全，包括发票、质量保证书、发货明细表、装箱单、磅码单、说明书和保修卡及合格证等。

(3) 检查货物或包装容器上是否贴有货物标签，标签上是否注明货物品名、货物编码、生产日期、生产厂家和数量等内容。

(4) 核对供货方所交货物是否为订单所列货物，品种、规格、数量是否相符，要求不能多交，也不能少交；是否有超期或不按期交货的现象。

核对凭证就是将上述凭证加以整理并进行全面核对。入库通知单、订货合同要与供货方提供的所有凭证逐一核对，要严格做到以下"五不点收"：

① 凭证手续不全不收；

② 品种规格不符不收；

③ 品质不符合要求不收；

④ 无计划不收；

⑤ 逾期不收。

核对相符后才可以进行下一步的检验工作。

2. 车站、码头接货

(1) 提货人员应了解所提取货物的品名、型号、特性和一般保管知识、装卸搬运注意事项等。在提货前应做好接运货物的准备工作，例如准备好装卸搬运工具，腾出存放货物的场地等。在到货前，提货人员应主动了解到货时间和交货情况，根据所到货物多少，组织装卸机具和车辆，按时前往指定地点提货。

(2) 提货时应根据运单以及有关资料详细核对品名、规格、数量，并要注意货物外观，查看包装、封印是否完好，有无玷污、受潮、水渍、油渍等。若有疑点或货物与运单不符，应当要求运输部门检查。对短缺损坏情况，凡属运输部门方面责任的，应做出商务记录；属于其他方面责任，需要运输部门证明的应做出普通记录，由运输员签字，注意记录内容与实际情况要相符合。

(3) 在短途运输中，要做到不混不乱，避免碰坏损失。危险品应按照危险品搬运规定办理。

(4) 物料到库后，提货人员应与保管人员密切配合，并办理内部交接手续，尽量做到提货、运输、验收、入库、堆码一条龙作业，从而缩短入库验收时间。

3. 专用线接货

(1) 接到专用线到货通知后，应立即确定卸货货位。力求缩短场内搬运距离，组织好卸货需要的机械、人员以及有关资料，做好卸货准备。

(2) 车皮到达后，引导对位，进行检查。看车皮封闭情况是否良好(车门、车窗、铅封、苫布等有无异状);根据运单和有关资料核对到货品名、规格、标志并清点数量;检查包装是否有损坏或有无散包;检查是否有进水、受潮或其他损坏现象。在检查中如发现异常情况,应请运输部门派人员复查,做出普通或商务记录,记录内容应与实际情况相符,以便交涉。

(3) 卸货时要注意为货物验收和入库保管提供便利条件,分清车号、品名、规格,不混不乱;保证包装完好,没有碰坏和压伤,更不得自行打开包装。应根据货物的性质合理堆放,以免混淆。卸货后在货物上应标明车号和卸货日期。

(4) 编制卸货记录。记明卸货货位、规格、数量,连同有关证件和资料,尽快向保管人员交代清楚,办好内部交接手续。

4. 仓库自行接货

(1) 仓库受客户委托直接到供货单位提货时,应将这种接货与出验工作结合起来同时进行。

(2) 仓库应根据提货通知,了解所提货物的性能、规格、数量,组织好提货所需的机械、工具、人员,在供货单位当场检验质量、清点数量,并做好验收记录,将接货与验收合并一次完成。

(二) 接货员应该注意的问题

货物接运工作是配送中心业务活动的开始,是货物入库和保管的前提,接运工作的好坏直接影响货物的验收和入库后的保管保养。因此,在接运由交通运输部门转运的货物时,必须认真检查,分清责任,取得必要的证件,避免将一些在运输过程中或运输前就已经损坏的货物带入仓库,以免造成验收中的责任纠纷以及保管工作中的困难或损失。由于接运工作直接与交通运输部门接触,所以做好接运工作还需要熟悉交通运输部门的要求和制度。例如,发货人与运输部门交接关系和责任的划分,铁路、航空或海洋等运输部门在运输中应负的责任,收货人的责任,铁路或其他运输部门编制普通记录和商务记录的范围以及向交通运输部门索赔的手续和必要的证件等。接货员具体应该注意的问题如下:

(1) 检查货物的生产日期是否过了接货日期(预警期)。

(2) 检查运单上货物的数量是否与实际的数量相一致。

(3) 检查货物的内外包装是否完好,注意易碎货物内部的质量(如蛋卷筒),货物是否有缺失。

如有以上问题应及时与客服联系,如没有应及时把接货单据交给客服,并记录好相关日期。

(三) 收货管理的具体要求

收货管理是指仓库按一定的程序和手续,对货物进行接运、接收、验收和办理入库手续工作。其具体要求有:要认真检查入库货物,确保数量准确,规格质量符合要求,包装完好无损,货物信息与单据相符;要手续简便,操作敏捷,有条不紊,入库迅速,并及时入账;认真检查监督运输部门应尽责任的执行情况,以便分清企业与供货单位、仓库与运输部门之间的责任。

二、验收作业

(一) 验收入库的基本要求

货物入库验收可以分为数量检验和质量检验。验收作业一定要谨记八个字：及时、准确、严格、经济。这八个字是仓储管理中验收入库的基本原则，需要在验收过程中严格贯彻，否则对配送中心利益、企业运作会有很大的影响。

(二) 货物验收的三个作业环节

1. 验收准备

验收准备是做好整个验收工作的前提。仓库接到到货通知后，应根据所到货物的特性做好验收前的准备工作，具体如下：

(1) 人员准备。安排好负责验收工作的检验人员，对于技术特性复杂的货物，要及时和用货单位的专业技术人员进行有效沟通。

(2) 文件准备。准备好待验货物的有关文件，如技术标准、订购合同等。

(3) 器具准备。准备好验收用的检验工具，如衡器、量具等，并校验正确。

(4) 防护准备。对有些特殊货物的验收，如毒害品、腐蚀品、放射品等，需要进行相应的防护用品准备。

2. 核对凭证

入库商品必须具备下列凭证：

(1) 入库通知单和订货合同副本，这是仓库接收货物的凭证。

(2) 供货单位提供的材质证明书、装箱单、磅码单、发货明细表等。

(3) 货物承运单位提供的运单。若货物在入库前发现残损情况，则还要有承运单位提供的货运记录，作为向责任方交涉的依据。

核对凭证，也就是将上述凭证加以整理并进行全面核对。入库通知单、订货合同要与供货单位提供的所有凭证逐一核对，相符后才可以进行下一步的实物检验。

3. 实物检验

实物检验就是根据入库通知单等相关凭证对货物进行数量和质量检验。

1) 确定抽检比例

在业务量比较大的仓储企业，到库货物通常是整批、连续的，而且品种、规格复杂，在有限的时间内不可能逐件查看，这就需要确定一个合理的抽检比例。验收抽检比例的大小，一般根据货物的特性、货物价值的大小、品牌信誉、物流环境等因素而定。

2) 数量检验

数量检验是保证入库货物数量准确的重要步骤，依据入库通知单等有关凭证，按货物的品名、规格、等级、产地等进行核对，以确保入库货物数量准确无误。数量检验可分为以下三种形式：

(1) 计件。计件是对按件数供货或以件为计量单位的货物做数量验收时的件数清点。一般情况下，计件商品应全部逐一点清。实际应用时可采用标记计件、分批清点和定额装载三种方法。标记计件是在大批量货物入库时，对每一定件数的货物做一标记，待全部清点完毕，再按标记计算总的数量；分批清点是在包装规则、批量不大的货物入库时，将货物按行、列或层堆码，每行、列或层堆码的件数相同，清点完毕后，再统一计数；定额装载的方法主要用来清点包装规则、批量大的货物，可以用托盘、平板车等装载工具实行定额装载，最后计算入库货物的件数。

(2) 检斤。检斤是对按重量供货或以重量为计量单位的货物做数量验收时的称重。金属材料、某些化工产品多半采用检斤验收。按理论换算重量供应的货物，例如金属材料中的板材、型材等，先要通过检尺，然后按规定的方法换算成重量验收。对于进口货物，原则上要求全部检斤，但如果订货合同规定按理论换算重量交货，则按合同规定办理。所有检斤的货物，都应详细填写磅码单。

(3) 检尺求积。检尺求积是对以面积或体积为计量单位的货物所做的先检尺后求积的数量验收。例如对木材、竹子、玻璃等验收，需要进行检尺计算求出其面积或体积。

3) 质量检验

质量检验包括外观检验、尺寸精度检验、理化检验三种形式。仓库一般只做外观检验和尺寸精度检验，理化检验则由仓库检验技术人员取样，委托专门检验机构或用货方技术人员进行。

(1) 外观检验。外观检验又称为感官检验，检验人员利用感觉器官，如视觉、听觉、触觉、嗅觉等，检验货物的外包装；检查货物包装的牢固程度；检查货物有无损伤；检查货物是否被雨、雪、油污等污染，有无潮湿、霉腐、生虫。货物的外观检验简便易行，大大简化了仓库的质量验收工作，节省了大量的人力、物力和时间，广泛应用于货物的外观和表面特征检验。但外观检验易受检验人员的经验、检验环境甚至生理状态等因素的影响，主观性太强，且无统一的检验标准，须引起重视。

(2) 尺寸精度检验。对于有些货物，如金属材料中型材的直径和圆度、管材的壁厚和内径、部分机电产品等，需要仓库的检验技术人员进行尺寸精度检验。由于尺寸精度检验是一项技术性强且费时的工作，因此实际工作中可根据货物价值的大小、供应商的信誉等进行抽检。

(3) 理化检验。理化检验又称为仪器检验，是借助各种试剂、仪器和设备对货物的内在质量和物理化学性质所进行的检验。对货物内在质量的检验要求一定的技术知识和检验手段，所以一般由专门的技术检验部门进行。

(三) 货物验收中问题的处理

仓库所到货物来源复杂，涉及货物生产、采购、运输等多个作业环节，不可避免地会出现诸如证件不齐、数量短缺、质量不符合要求等问题。因此，在货物验收过程中，要认真细致，区别不同的情况，及时进行处理。

1. 质量检验问题的处理

验收过程中，凡发现质量不符合验收规定的货物，应及时向供货单位办理退货、换货交涉，或征得供货单位同意代为修理，或在不影响使用的前提下降价处理。货物规格不符或错发时，应先将规格对的货物予以入库，规格不对的货物做好验收记录并交给相应部门办理换货。

2. 数量检验问题的处理

数量溢余或短缺在规定范围内的，可按原数入账。凡超过规定范围的，应查对核实，做成验收记录和磅码单交主管部门向供货单位办理交涉。对于数量溢余较大的情况，可采用货物退回或补发货款的方式解决；对于数量短缺较大的情况，可采用按实数签收并及时通知供货单位的方式解决。

3. 验收凭证问题的处理

验收凭证问题主要是指验收需要的证件未到或证件不齐全。验收过程中遇到此类问题时，要及时向供货单位索取证件，到库货物应作为待检验品堆放在待验区，待证件到齐后再进行验收。证件未到之前，不能验收，不能入库，更不能发货。

4. 证物不符问题的处理

验收过程中发现验收单证与实物不符的情况时，应把到库货物放置于待验区，并及时与供货单位进行交涉，可以采取拒绝收货、改单签收或退单、退货的方式解决。

此外，在对验收过程中发现的问题进行处理时应做到以下几点：

(1) 在货物入库凭证未到或未齐之前不得正式验收；

(2) 发现货物数量或质量不符合规定，要会同有关人员当场做出详细记录，交接双方在记录上签字；

(3) 在数量验收中，计件货物应及时验收，发现问题要按规定的手续在规定的期限内向有关部门提出索赔要求。

相 关 链 接

由于入库货物来源很多，运输质量、包装条件不一，因此所有到库货物必须在入库前进行验收，只有检验合格后方能正式入库。货物的验收工作，实际上包括"品质的检验"和"数量的点收"双重任务。验收工作的进行，有两种不同的情形：第一种情形是先点收数量，然后通知负责检验的单位进行检验工作；第二种情形是先由检验部门检验品质，认为完全合格后，通知仓储部门，办理收货手续，填写收货单和验收记录单。进行验收工作应遵循以下几点：

(1) 车辆到达后，验收员负责记录车号、集装箱号，应注意检查封、锁是否完好，如发现异常，应及时与货主联系，填好残损单。

(2) 验收员安排机械及人力开始卸车。卸车时，验收员应按送货司机提供的送货单或货主提供的收货清单分品种、分规格、按要求码放。如发现受损货物，要单独码放。

(3) 卸车完毕，验收员在送货单上签署实收情况(货物的数量和质量等)，并留存一联作为交涉凭证，明确责任。

(4) 无送货单及收货清单时，验收员应按实际货物的数量和质量进行接收码放，并填写记录，双方认可签字。

(5) 要求严格遵守岗位职责，一丝不苟；各种单据填写规范、认真、熟练；文明操作，注意安全。

实训练习

业务背景:

(1) 德国进口新车的订货合同副本不见了,其他的所有证件都齐全。

(2) 德国进口车供货方提供的质量证书与存货单位的进库单不一致。

(3) 东北大米的所有证件都已齐全,但是原先要求是早上 9 点到库,现在超过 9 点这批东北大米还是没有送到。

(4) 在东北大米的数量检验中,发现我们抽验 5000 kg 大米的 5%(即 250 kg),而实际的重量只有 220 kg,每袋(25 kg 装)平均只有 22 kg,超过了允许的磅差。

(5) 德国两辆进口车分别为奥迪 S5 敞篷和奔驰 G500,采用铁路运输方式送达。但是实际到库的车辆为奥迪 S5 敞篷和宝马 5 系 GT。

请参训的同学提出货物入库解决措施并填写如表 3.1 所示的验收记录单。

表 3.1　验　收　记　录　单

验收记录单					
供货商		订单号		验收员	
运单号				验收日期	
运货日期		到货日期		复核员(日期)	
序号	储位号	货物名称	货物规格型号	货物编码	包装单位
检验数量		不良数		不良率	%
综合判定	允收:			拒收:	

任务思考

1. 下列关于货物验收入库中发生问题的处理,错误的是(　　)。

A. 一批木材到库,仓管人员没有收到入库通知单,让该批木材安置在待验区

B. 在质量检验的时候发现 12 箱鸡蛋中变质的鸡蛋占到一半,将鸡蛋放在待处理区不

得动用，通知存货单位，由存货单位交涉解决

C. 在质量检验的时候发现 100 台惠普笔记本型号出错，到库的是比入库通知单上标明的型号价格更贵的市场最新型号，仓管人员将其验收入库

D. 1000 双优质皮鞋原先预定是在下午 3 点到库，没有准时运到，仓管人员打电话联系供货单位，询问原因并催促产品到库

2. 请说明如何对以下货物进行验收。

(1) 标准薄钢板；

(2) 带条码的标准箱装牙膏，每箱 100 支，每托盘可堆放 10 箱；

(3) 一车纺织袋装的米，每袋 15 kg；

(4) 一车煤。

任务三　搬运堆码作业

导 读

装卸搬运(简称搬运)活动所消耗的人力很多，所以装卸搬运费用在物流成本中所占的比重也较高。因此，降低物流费用，装卸搬运是个重要环节。

堆码是指根据货物的包装、外形、性质、特点、重量和数量，结合季节和气候情况，以及储存时间的长短，将货物按一定的规律码成各种形状的货垛。合理的堆码方式会保护货物并提高仓容的利用率。

在物流过程中，搬运堆码活动是不断出现和反复进行的，每次搬运堆码活动都要花费很长时间，所以它往往成为决定物流速度的关键。从整个物流过程分析，搬运堆码系统具有重要的作用，物流的其他环节如运输、仓储、分拣及配送等都离不开搬运和堆码。配送中心搬运堆码系统的设计，应根据其服务的对象、作业场所、设备使用情况以及配送业务量的多少综合考虑。

一、搬运作业

(一) 装卸搬运的概念

搬运是装卸搬运的简称，在同一地域范围内(如车站范围、工厂范围、仓库内部等)改变"物"的存放、支承状态的活动称为装卸，改变"物"的空间位置的活动称为搬运。有时候或在特定场合，单称"装卸"或单称"搬运"也包含了"装卸搬运"的完整涵义。在习惯使用中，物流领域(如铁路运输)常将装卸搬运这一整体活动称为"货物装卸"，生产领

域常将这一整体活动称为"物料搬运"。实际上，活动内容都是一样的，只是领域不同而已。搬运的"运"与运输的"运"的区别之处在于，搬运是在同一地域的小范围内发生的，而运输则是在较大范围内发生的，两者是量变到质变的关系，中间并无一个绝对的界限。

(二) 装卸搬运的特点

(1) 装卸搬运是附属性、伴生性的活动。
(2) 装卸搬运是支持性、保障性的活动。
(3) 装卸搬运是衔接性的活动。

(三) 装卸搬运的分类

1. 按装卸搬运施行的物流设施、设备对象分类

按装卸搬运施行的物流设施、设备对象分类，装卸搬运可分为仓库、铁路、港口、汽车、飞机等装卸搬运。仓库装卸搬运配合出库、入库、维护保养等活动进行，并且以堆垛、上架、取货等操作为主。装卸搬运吊装作业如图 3.2 所示。

图 3.2　装卸搬运吊装作业

铁路装卸搬运是指对火车车皮的装进及卸出，其特点是一次作业就实现一车皮的装进或卸出，很少有像仓库装卸搬运时出现的整装零卸或零装整卸的情况。港口装卸搬运既包括码头前沿的装船，也包括后方的支持性装卸搬运，有的港口装卸搬运还采用小船在码头与大船之间"过驳"的办法，因而其装卸搬运的流程较为复杂，往往经过几次的装卸搬运作业才能最后实现船与陆地之间货物过渡的目的。汽车装卸搬运一般一次装卸搬运量不大，由于汽车的灵活性，可以减少或根本省去搬运活动，而直接、单纯利用装卸作业达到车与物流设施之间货物过渡的目的。

2. 按装卸搬运的机械及机械作业方式分类

按装卸搬运的机械及机械作业方式分类，装卸搬运可分为使用便吊车的"吊上吊下"式、使用叉车的"叉上叉下"式、使用半挂车或叉车的"滚上滚下"式、"移上移下"式及"散装散卸"式等。

1) "吊上吊下"式装卸搬运

"吊上吊下"式装卸搬运采用各种起重机械从货物上部起吊，依靠起吊装置的垂直移动实现装卸，并在吊车运行的范围内或回转的范围内实现搬运或依靠搬运车辆实现搬运。由于吊起及放下属于垂直运动，因此这种装卸搬运属于垂直装卸搬运。

2）"叉上叉下"式装卸搬运

"叉上叉下"式装卸搬运采用叉车从货物底部托起货物，并依靠叉车的运动进行货物位移，完全靠叉车本身搬运，货物可不经中途落地直接放置到目的地处。这种装卸搬运的垂直运动不大而主要是水平运动，属于水平装卸搬运。

3）"滚上滚下"式装卸搬运

"滚上滚下"式装卸搬运主要指港口装卸搬运的一种水平装卸搬运。利用叉车或半挂车、汽车承载货物，连同车辆一起开上船，到达目的地后再从船上开下，故称为"滚上滚下"式。利用叉车，在船上卸货后，叉车必须离船；利用半挂车、平车或汽车，则拖车将半挂车、平车拖拉至船上后，拖车开下离船而载货车辆连同货物一起运到目的地，再原车开下或拖车上船拖拉半挂车、平车开下。"滚上滚下"式装卸搬运需要有专门的船舶，对码头也有不同要求，这种专门的船舶称为"滚装船"。

4）"移上移下"式装卸搬运

"移上移下"式装卸搬运在两车之间(如火车及汽车)进行靠接，然后利用各种方式，不使货物垂直运动，而靠水平移动将货物从一个车辆上推移到另一车辆上。"移上移下"式装卸搬运需要使两种车辆水平靠接，因此需对站台或车辆货台进行改变，并配合移动工具实现这种装卸搬运。

5）"散装散卸"式装卸搬运

"散装散卸"式装卸搬运对散装物进行装卸搬运，一般从装点直到卸点，中间不再落地，这是集装卸与搬运于一体的装卸搬运。

3. 按装卸搬运的作业特点分类

按装卸搬运的作业特点分类，装卸搬运可分为连续装卸搬运与间歇装卸搬运两类。

(1) 连续装卸搬运。连续装卸搬运主要是同种大批量散装或小件杂货通过连续输送机械，连续不断地进行作业，中间无停顿，货间无间隔。在装卸搬运量较大、装卸对象固定、货物对象不易形成大包装的情况下适合采取这一方式。

(2) 间歇装卸搬运。间歇装卸搬运有较强的机动性，装卸搬运地点可在较大范围内变动，主要适用于货流不固定的各种货物，尤其适用于包装货物、大件货物，散粒货物也可采取此种方式。

4. 其他分类方式

按被装物的主要运动形式分类，装卸搬运可分为垂直装卸搬运、水平装卸搬运两种形式；按装卸搬运对象分类，装卸搬运可分为散装货物装卸搬运、单件货物装卸搬运、集装货物装卸搬运等。

(四) 装卸搬运合理化

装卸搬运作业合理化应采取一些合理化的措施。

1. 防止和消除无效作业

所谓无效作业，是指在装卸搬运作业活动中超出必要的装卸搬运量的作业。显然，防止和消除无效作业对装卸搬运作业的经济效益有重要作用。为了有效地防止和消除无效作业，可从以下几个方面入手：

(1) 尽量减少装卸次数。要使装卸次数降到最少，就要避免没有物流效果的装卸作业。

(2) 提高被装卸物料的纯度。物料的纯度指物料中含有水分、杂质等与物料本身使用无关的物质的多少。物料的纯度越高，则装卸作业的有效程度越高。反之，无效作业就会增多。

(3) 包装适宜。包装是物流中不可缺少的辅助作业手段。包装的轻型化、简单化、实用化会不同程度地减少作用于包装上的无效劳动。

(4) 缩短搬运作业的距离。物料在装卸、搬运当中，要实现水平和垂直两个方向的位移，选择最短的路线完成这一活动，就可避免超越这一最短路线以上的无效劳动。

2. 提高装卸搬运的灵活性

所谓装卸搬运的灵活性，是指在装卸搬运作业中的物料进行装卸搬运作业的难易程度。所以，在堆放物料时，先要考虑到物料装卸搬运作业的方便性。

提高装卸搬运的
灵活性

根据物料所处的状态，装卸搬运的灵活性可分为不同的级别：

0 级——物料杂乱地堆在地面上的状态。

1 级——物料装箱或经捆扎后的状态。

2 级——装箱或被捆扎后的物料，下面放枕木或其他衬垫后，便于叉车或其他机械作业的状态。

3 级——物料被放于台车上或用起重机吊钩钩住，即刻移动的状态。

4 级——被装卸搬运的物料，已经被启动、直接作业的状态。

从理论上讲，灵活性级别越高越好，但也必须考虑实施的可能性。例如，物料在储存阶段，灵活性级别为 4 的输送带和灵活性级别为 3 的车辆，在一般的仓库中很少被采用，这是因为大批量的物料不可能存放在输送带和车辆上。

3. 实现装卸搬运作业的省力化

装卸搬运使物料发生垂直和水平位移，必须通过做功才能实现，要尽力实现装卸搬运作业的省力化。

在装卸作业中应尽可能地消除重力的不利影响。在有条件的情况下利用重力进行装卸，可减轻劳动强度，降低能量的消耗。将设有动力的小型输送带(板)斜放在货车、卡车或站台上进行装卸，使物料在倾斜的输送带(板)上移动，这种装卸就是靠重力的水平分力完成的。在搬运作业中，不用手搬，而是把物料放在一台车上，由器具承担物料的重量，人们只要克服滚动阻力，使物料水平移动即可，这无疑是十分省力的。

利用重力式移动货架也是实现装卸搬运作业省力化的方式之一。重力式移动货架的每层格均有一定的倾斜度，利用货箱或托盘，物料可沿着倾斜的货架层板滑到输送机械上。为了使物料滑动的阻力较小，通常货架表面均处理得十分光滑，或者在货架层上装有滚轮，也可在承托物料的货箱或托盘下装上滚轮，这样将滑动摩擦变为滚动摩擦，物料移动时受到的阻力会更小。

4. 合理组织设备，提高作业的机械化水平

物资装卸搬运设备运用组织是以完成装卸搬运任务为目的，并以提高装卸搬运设备的

生产率、装卸搬运质量和降低装卸搬运作业成本为中心的技术组织活动。

随着生产力的发展，装卸搬运的机械化程度定将不断提高。此外，装卸搬运的机械化能把工人从繁重的体力劳动中解放出来。尤其对于危险品的装卸搬运作业，机械化能保证人和货物的安全，这也是装卸搬运机械化程度得以不断提高的动力源泉。

5. 推广组合化装卸搬运

在装卸搬运作业过程中，一般根据不同物料的种类、性质、形状、重量来确定不同的装卸搬运作业方式。物料装卸搬运的处理有三种形式：将普通包装的物料逐个进行装卸搬运，叫作"分块处理"；将颗粒状物料不加小包装而原样装卸搬运，叫作"散装处理"；将物料以托盘、集装箱、集装袋为单位组合后进行装卸搬运，叫作"集装处理"。对于包装的物料，尽可能进行"集装处理"，实现单元化装卸搬运，从而充分利用机械进行操作。组合化装卸搬运具有以下优点：

(1) 装卸搬运单位大、作业效率高，可大量节约装卸搬运作业时间。

(2) 能提高物料装卸搬运的灵活性。

(3) 操作单元大小一致，易于实现标准化。

(4) 不需要用手去触及各种物料，可达到保护物料的效果。

二、堆码作业

堆码作业是将货物整齐、规则地摆放成货垛的作业，可以有或者无托盘。货物堆码设计的内容包括垛基、垛形、货垛参数、垫垛、苫盖。

(一) 垛基

垛基是货垛的基础，其主要作用是：承受整个货垛的重量，将货物的垂直压力传递给地坪；将货物与地面隔离，起防水、防潮和通风的作用；为搬运作业提供便利条件。因此，对垛基提出以下要求：

(1) 将整垛货物的重量均匀地传递给地坪；

(2) 保证能够良好地防潮和通风；

(3) 保证垛基上存放的货物不发生变形。

(二) 垛形

垛形是指货物码放的外部轮廓形状，垛形的确定要依据货物的特性、保管的需要，并遵循实现作业方便、迅速和充分利用仓容的原则。仓库常见的垛形有以下几种。

1. 平台垛

平台垛先在底层以同一个方向平铺摆放一层货物，然后垂直继续向上堆积，每层货物的件数、方向相同，垛顶呈平面，垛形呈长方体。平台垛示意图如图 3.3 所示。

平台垛适用于包装规格单一的大批量货物，如包

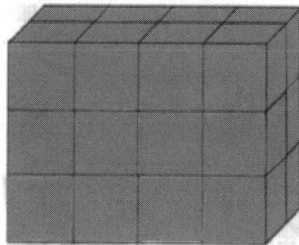

图 3.3　平台垛示意图

装规则、能够垂直叠放的方形箱装货物、大袋货物、规则的软袋成组货物、托盘成组货物。

平台垛具有整齐、便于清点、占地面积小、堆垛作业方便的优点。但该垛形的稳定性较差,特别是小包装、硬包装的货物有货垛端头倒塌的危险,所以在必要时(如太高、长期堆存、端头位于主要通道等)要在两端采取稳定的加固措施。对于堆放很高的轻质货物,往往在堆码到一定高度后,向内收半件货物后再向上堆码,以保证货垛稳固。

2. 起脊垛

起脊垛先按平台垛的方法码垛到一定的高度,以压缝的方式逐层收小,将顶部收尖成屋脊形。货垛表面的防雨遮盖从中间起向下倾斜,便于雨水排泄,防止水浸湿物品。

起脊垛是平台垛为了遮盖、排水而做的变形,具有平台垛操作方便、占地面积小的优点,适用于平台垛的货物都可以采用起脊垛堆垛。但是起脊垛由于顶部压缝收小,形状不规则,无法在堆垛后清点货物,顶部货物的清点需要在堆垛前以其他方式进行。另外,由于起脊的高度使货垛中间的压力大于两边的压力,因而采用起脊垛时货场的承重能力应以脊顶的高度来计算,以免中间底层货物或货场被压损坏。

3. 立体梯形垛

立体梯形垛在最底层以同一方向排放货物的基础上,向上逐层同方向减数压缝堆码,垛顶呈平面,整个货垛呈下大上小的立体梯形形状。立体梯形垛示意图如图 3.4 所示。

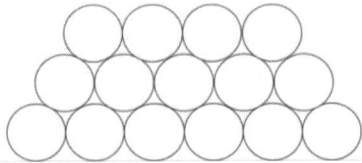

图 3.4   立体梯形垛示意图

立体梯形垛用于包装松软的袋装货物和上层面非平面而无法垂直叠码的货物的堆码,如横放的桶装、卷形、捆包货物。

立体梯形垛极为稳固,可以堆放得较高,仓容利用率较高。对于露天堆放的货物可以采用立体梯形垛,为了排水需要也可以在顶部起脊。

4. 行列垛

行列垛将每票货物按件排成行或列,每行或列一层或数层高,垛形呈长条形。行列垛适合存放货物批量较小的库场码垛使用,如零担货物。为了避免混货,每批独立开堆存放。长条形的货垛使每个货垛的端头都延伸到通道边,可以直接作业而不受其他货物阻挡。但每垛存放数量较少,垛与垛之间都需留空,垛基小而不能堆高,使得行列垛占用库场面积大,库场利用率较低。行列垛示意图如图 3.5 所示。

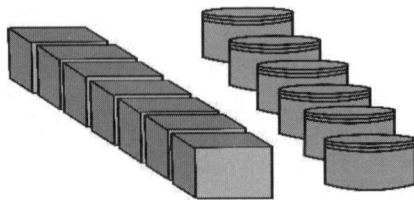

图 3.5   行列垛示意图

5. 井形垛

井形垛用于长形的钢材、钢管及木方的堆码。它是在一个方向铺放一层货物后，再以垂直的方向铺放第二层货物，货物横竖隔层交错逐层堆放。垛顶呈平面。井形垛垛形稳固，但层边货物容易滚落，需要捆绑或者收进。井形垛示意图如图 3.6 所示。

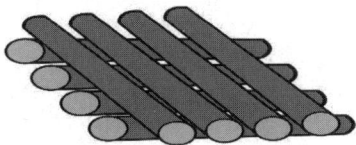

图 3.6　井形垛示意图

6. 梅花形垛

对于需要直立存放的大桶装货物，将第一排(列)货物排成单排(列)，第二排(列)的每件靠在第一排(列)的两件之间卡位，第三排(列)同第一排(列)一样，此后每排(列)依次卡缝排放，形成梅花形垛。梅花形垛货物摆放紧凑，充分利用了货件之间的空隙，减少了库场面积的使用。梅花形垛示意图如图 3.7 所示。

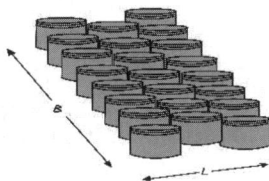

图 3.7　梅花形垛示意图

(三) 货垛参数

货垛参数指货垛的长、宽、高及货垛的外形尺寸。

通常情况下要先确定货垛的长度，如长形材料的定尺长度就是其货垛的长度，包装成件货物的垛长应为包装长度或宽度的整数倍。

货垛宽度应根据库存货物的性质、要求的保管条件、搬运方式、数量多少以及收发制度等确定，一般多以两个或五个单位包装为货垛宽度。

货垛高度主要根据库房高度、地坪承载能力、货物本身和包装物的耐压能力、装卸搬运设备的类型和技术性能，以及货物的理化性质等来确定。在条件允许的情况下应尽量增加货垛高度，以提高仓库的空间利用率。

以上三个参数决定了货垛的大小，要注意的是每个货垛不宜太大，以利于先进先出和加速货位的周转。

(四) 垫垛

垫垛是指在货位码垛前，在预定的货位地面位置，根据货垛的形状、底面积大小、货物保护养护的需要、负载重量等要求，使用衬垫物进行铺垫。常见的衬垫物有：枕木、废钢轨、木板、帆布、芦苇、钢板等。

垫垛的优点有：可以使地面平整；可以使堆垛货物与地面隔离，防止地面潮气和积水浸湿货物；可以通过强度较大的衬垫物使重物的压力分散，避免损害地坪；可以形成垛底通风层，有利于货垛通风排湿；可以使货位的泄漏物留存在衬垫之内，不会流动扩散，便于收集和处理。

(五) 苫盖

苫盖是指采用专门苫盖材料对货垛进行遮盖，以减少自然环境中的阳光、雨雪、风、尘土等对货物的侵蚀、损害，并使货物由于自身理化性质所造成的自然损耗尽可能减少，保护货物在储存期间的质量。常用的苫盖材料有帆布、芦苇、竹席、塑料膜、油毡纸、铁皮等。苫盖的方式有就垛式、鱼鳞式、活动棚式等。在对货垛进行苫盖时，苫盖物的下端应离开地面 10 mm 以上，以利于垛底通风。

1. 就垛式苫盖

就垛式苫盖是直接将大面积苫盖材料覆盖在货垛上遮盖。

2. 鱼鳞式苫盖

鱼鳞式苫盖是将苫盖材料从货垛的底部开始自下而上呈鱼鳞式逐层交叠围盖。

3. 活动棚式苫盖

活动棚式苫盖是将苫盖材料制作成一定形状的棚架，在货物堆垛完毕后，移动棚架到货垛遮盖，或者采用即时安装活动棚架的方式遮盖。

相 关 链 接

货物堆码的基本要求主要包括以下两方面内容。

1. 对堆码货物的要求

(1) 货物的名称、规格、数量、质量已全部查清；

(2) 货物已根据物流的需要进行编码；

(3) 货物外包装完好、清洁、标志清楚；

(4) 部分受潮、锈蚀以及发生质量变化的不合格货物，已加工恢复或已剔除；

(5) 为便于机械化作业，准备堆码的货物已进行集装单元化。

2. 对堆码操作的要求

在货物堆码前要结合仓储条件做好准备工作，遵循合理、牢固、定量、整齐、节约、方便等方面的基本要求，进行货物堆码。

实训练习

选择圆桶形货物 20 件，条状货物 30 件进行货物的堆码技能训练。根据货物特性、现有设施设备及配送中心作业的需求选择合理的堆码方式。

任务思考

单选题

1. 应用最广泛的叉车是(　　)。

A. 平衡重式叉车　　　　　　　　B. 插腿式叉车

C. 内燃式叉车　　　　　　　　　D. 前移式叉车

2. 适合于窄通道作业，有利于装搬条形货物的叉车是(　　)。

A. 内燃式叉车　　　　　　　　　B. 电动式叉车

C. 插腿式叉车　　　　　　　　　D. 侧面式叉车

3. 与卡车相比，一般叉车的(　　)。

A. 轮距较小，转弯半径大

B. 轮距较大，转弯半径大

C. 轮距较小，转弯半径小

D. 轮距较大，转弯半径小

多选题

1. 物流装卸搬运技术装备的主要作用有(　　)。

A. 提高装卸搬运效率，节约劳动力，降低装卸搬运工人的劳动强度，改善劳动条件

B. 缩短作业时间，加速车辆周转

C. 提高装卸搬运质量

D. 降低物料装卸搬运作业成本

E. 充分利用货位，加速货位周转，减少货物堆码的场地面积

2. 叉车按性能和功用分为(　　)。

A. 平衡重式叉车　　　B. 侧面叉车　　　C. 前移叉车　　　D. 插腿式叉车

3. 叉车的特点是(　　)。

A. 有很强的通用性　　B. 有装卸和搬运双重功能　　C. 有很强的机动性

D. 有很强的灵活性　　E. 起升高度有限

项 目 小 结

本项目从备货、接货验收、搬运堆码三个方面介绍了物流配送中心进货作业。电子商务物流配送中心做好物流配送备货、接货验收、搬运堆码作业，是配送合理化的重要体现。

项目四　物流配送中心理货作业

项目目标

(1) 掌握仓储作业。
(2) 熟悉订单处理作业。
(3) 了解盘点作业和补货作业。
(4) 能够进行分拣检验操作。

任务一　仓储作业

导　读

物流配送中心的功能和工作效率是影响电子商务企业物流活动的主要因素。配送中心的仓储管理与库存控制更是贯穿商品从生产到消费的全过程，因此，仓储活动越来越受到电子商务企业的重视。

到目前为止，我国电子商务企业物流活动中的库存资产在企业总资产额中所占的比例还是十分可观的。降低仓储和库存费用、提高仓储作业效率及准确掌握库存量是电子商务企业降低流动资金需求的主要方式。仓库的库存管理对连锁企业的重要性是众所周知的。因此，对于消费者而言，零售企业经营的是商品和服务；但对于零售企业自身而言，其经营的实际上是库存周转。电子商务企业如何进行库存管理和加快商品周转速度是企业在经营过程中需要解决的主要问题。

一、仓储的概念

仓储是指在保管场所对暂时不用的物品进行储存和保管的活动。"仓"是指具有存放和保护功能的建筑物或场地，如房屋建筑、洞穴、大型的容器或特定的露天场地等。"储"即储存、储备，表示收存以备使用，涵盖收存、保管、交付使用的全过程。

仓储分为静态仓储和动态仓储。当物品不能被立即使用并需要专门场所存放时，静态仓储就产生了；而将物品存入仓库并对存放在仓库里的物品进行保管、控制、提供使用时则形成了动态仓储。可以说，仓储是为有形物品提供存放场所，并在此期间对存放物品进行保管、控制的过程。

连锁企业物流的仓储主要有以下几个特点：电子商务物流配送中心的仓储是商品流通的重要环节，商品的仓储也创造了连锁企业销售商品的价值；仓储既包括静态的物品储存，也包括动态的物品存取、保管、调配和监控的过程；仓储活动发生在配送中心仓库等特定的场所；连锁企业仓储的对象主要是生活、生产资料，但必须是实物动产。

从传统的物资存储仓库、流通中心发展成为物流活动的节点，仓储作为物流活动的核心环节，在物流整体的运营和协调中发挥着重要的作用，其主要功能和作用也发生了一些改变。仓储不仅针对连锁企业流通中的商品进行检验和保管，还通过流通加工、集散和换装等方式来解决供需之间和不同运输方式及运输工具之间的矛盾，给企业提供一定的场所价值和时间效益，从而保护商品的使用价值、加速商品流转、提高物流的生产效率、促进社会效益的提高。

二、库存管理作业

库存管理又称为库存控制，指的是对库存物料的进货与使用进行计划、组织、协调与控制。库存管理的重点在于企业如何确定订货方式、订货数量和订货时间。过去，企业库存量过多，对于企业而言，这可能是生产能力较强的体现。但是现在，企业对库存量控制和管理的目标是实现成本最小化，甚至追求零库存。而过分强调降低库存水平又会使企业因为货源短缺而产生短缺成本。因此，实施良好的库存管理，保持企业合理的库存量，对一个企业的资金周转、经营成本和最终利润是非常重要的。库存是企业生产运作及供应链管理全过程的"无缝连接器"。

(一) 库存管理的主要内容

库存管理的主要目标是在满足企业生产经营和顾客服务要求的基础上，合理确定库存物资数量、订货方式和订货时间，减少存货资金的占用，尽可能地降低库存水平，提高物流系统的效率，强化企业竞争力。所以，库存管理不同于仓库管理，它是与库存物料计划和控制相关的所有业务的管理。库存管理不仅应该满足客户和市场的需求，还应该控制库存量，加速库存周转，降低库存总成本。库存管理需要解决的关键问题主要有以下几个方面：

(1) 订货点。订货点是指库存量降至某一数值时，应该立即发出订货请求的点或界限。订货点必须把握得当，订货过早，则会造成企业库存增加，从而导致企业的库存成本及空间利用成本增加；订货过晚，则会造成缺货，使企业生产流程中断或失去客户，进而影响

84   电子商务物流配送与供应链管理(微课版)

企业的信誉和竞争力。因此，订货点的把握非常重要。

(2) 订货量。订货量是指企业库存到达订货点时应该采购的物品数量。只有合理的订货量才能满足企业库存量的基准，进而满足企业生产和销售的需求。订货量过多或过少都会造成企业物流成本或订货费用的增加。

(3) 库存量的极限。考虑库存量的范围时，往往最低库存量和最高库存量都需要确定。最低库存量是企业管理者在进行企业自身状况调研之后制定的，某一库存商品能够维持需求的最低库存数量。企业在经营过程中，为了防止库存过多、浪费资金，对各种货品都设置了一个最高的库存水平，这个库存水平就是最高库存量。企业将最高库存量作为内部库存控制的一个警戒指标。

我们通常又根据最低库存量是不是临界值将其分为理想最低库存量和实际最低库存量两种。实际最低库存量是理想最低库存量和安全库存量之和。所谓安全库存量，是指企业为了防范仓库经营过程中的风险，在设计实际库存量时设置的一个超出理想最低库存量的数值。

(4) 平均库存量。平均库存量是指在某一周期(如一年或一个季度)内库存量的平均数，是库存管理中的重要概念。根据进货次数和出库量的不同，平均库存量又可分为以下两种情况。

① 一次进货，每次等量等时出库。由于出库的数量及间隔时间相等，因此实际库存量呈阶梯形下降，库存量与时间的曲线近似于一条下降的直线，直线下方的三角形面积就是这段时期的库存量。因而，平均库存量为每次进货量的一半。

② 多次等量进货，依次等量出库。一次到货后，依次等量出库，库存量逐渐下降。当库存量为零时，又有一批新货入库，库存量又升到最高。这样循环往复使实际库存量呈多次性上升，每次又呈阶梯形下降。若将阶梯形折线化为近似直线进行分析，则平均库存量同样等于每次进货量的一半。

(二) 库存管理的控制方法

库存管理的控制方法包含以下几类。

1. ABC 分类法和 CVA 库存管理法

1) ABC 分类法和 CVA 库存管理法的概念

ABC 分类法又称为帕累托分析法，由意大利经济学家帕累托首创。该分类法的核心思想是在影响一个事物的众多因素中分清主次，识别出少数的但对事物起决定性作用的关键因素和多数的但对事物影响较小的次要因素。按照此原则，可以将事物分为三类。随着研究的不断深入，ABC 分类法也逐渐被应用于各个行业。1951 年，美国通用电气公司的董事长迪基将 ABC 分类法用于库存管理，旨在投入更多的力量解决那些具有决定性作用的少数事务。

CVA 库存管理法又称为 CVA 关键因素分析法。这个方法的基本原理和 ABC 分类法的相似，但它比 ABC 分类法更具目的性。CVA 库存管理法的基本思想是根据某一关键因素将货物分成 3～5 类，其中具有较高优先级的货物要得到更多的重视。有时，我们也将这两种控制方法结合起来使用，这样效果会更好。

ABC 分类法具有严格的操作步骤，只有按照下列步骤操作，才能实现有效的库存管理。

(1) 收集数据，如商品名称、规格、年需求(出库、销售)量、物料单价等。

(2) 统计汇总,按价值高低进行排序。在此过程中,主要计算商品种数(库存单元数)的百分比、累计百分比,以及商品总价值和各种商品占总价值的百分比、累计百分比。

(3) 编制 ABC 分类表。

(4) 绘制 ABC 分类图,按标准进行分类。A 类商品品种占 10%～20%,资金占 60%～80%;C 类商品品种占 50%～70%,资金占 5%～15%;B 类商品品种占 20%～30%,资金占 15%～35%。

(5) 针对三类商品确定不同的管理方式。对 A 类商品实行重点管理,严加控制,如缩短周期,保持较小库存;对 C 类商品进行粗放管理,稍加控制;B 类商品则介于 A 类商品与 C 类商品之间,对其实行适中控制。

2) ABC 分类法的局限性

随着连锁企业的发展,许多连锁企业在物流配送需求方面越来越具有特殊性,具体如下:

(1) 缺货压力大,要求物流配送做到物资周转快,对订单反应敏感。

(2) 快速消费品比重较大,对加工要求较高。

(3) 对需求信息及销售信息要求较高,需要物流配送部门或第三方公司提供个性化的客户管理和信息服务。

(4) 物流配送部门或第三方公司应建立关注连锁企业零售终端的信息系统。

由于现代连锁企业本身对配送需求的一系列特殊性,如批量小、种类多,特别是生鲜商品多、配送频率高、信息处理量大、时效性要求高等,使 ABC 分类法等一些传统的库存管理方法存在以下局限性:

(1) 不适应商品配送范围较广的要求。以连锁超市为例,其商品种类繁多,对仓储条件的要求差别极大。例如,生鲜蔬菜对仓储的要求主要是保鲜,家用电器对仓储的要求则主要是防潮,玻璃器皿、瓷器等日常用品主要要求防震,巧克力等零食则对仓储地的温度和湿度有较高的要求等。

(2) 不适应商品个性化加工的要求。很多商品都要求物流配送部门或第三方公司可以提供随时随地进行加工且保鲜保量的服务。例如,蔬菜类企业可能要求在仓储地直接进行菜心和菜叶的分离和包装,肉制品企业会要求在仓储地直接将整片肉进行切割并分成小包装等。

(3) 不适应配送频率相差较大的要求。再以连锁超市为例,由于其经营的商品范围广泛,各种商品的用途和性能不同,销售量也有较大差别,配送频率也就高低不一、相差较大。例如,生鲜蔬菜类商品属于日常生活必需品,需求弹性较小,所以其配送频率相对较高,平均每天的配送频率可达 2～3 次,而其他商品的配送频率就会稍低一些。

总之,传统的 ABC 分类法主要侧重于在仓储地对货物进行静态管理,主要针对品种相近且仓储条件大致相同的商品。当涉及动态配送服务,特别是考虑时间因素时,ABC 分类法的局限性就显而易见。

2. F-ABC 分类法

F-ABC 分类法是一种新的 ABC 分类法,其是在考虑动态时间因素和配送的情况下,通过对传统的 ABC 分类法进行改进而形成的,即在传统的 ABC 分类法的基础上又增加了一层按照配送频率和出货频率进行的 ABC 分类。为了直观地区别这一新的 ABC 分类法和传统的 ABC 分类法，我们把新的 ABC 分类法称为 F-ABC 分类法，说明该分类法是在传统的 ABC 分类法的基础上，考虑了时间和配送频率(Frequency)之后形成的新的分类法。其中 F-ABC 分类法中的"F"是频率(Frequency)的第一个英文字母。在 F-ABC 分类法中，具体分类如下：将批量小、配送频率高(配送时间间隔一般不足 1 天)的商品定为 A 类商品，如生鲜、蔬菜等；将批量较大、配送频率较高(配送时间间隔一般为 1～5 天)的商品定为 B 类商品，如日化用品；把那些配送频率低(配送时间间隔一般在 5 天以上)的商品定为 C 类商品，如家用电器、服装等，这样就可以有针对性地提供独具特色的服务。

对于 A 类商品，由于其配送频率最高，供应商将所要运送的货物运送到物流配送中心后，可以不经储存，直接按照不同运输路线上各个连锁门店的需求量将货物就地加工并卸装到已经准备好的运输卡车上，然后直接运往各连锁门店。对于 B 类商品和 C 类商品，由于其配送频率较低，供应商将所要运送的货物运送到物流配送中心后，要先将商品分门别类地整货入库；然后根据各连锁门店的订货要求，通过自动化机械进行自动分货、拣货，再将各连锁门店所需的货物集中起来；最后运用最佳路线原理，安排卡车运输，保证准确、及时地将货物送达各连锁门店。

3. 定量订货法

定量订货法的基本原理是，预先确定一个订货点和一个订货批量，随时检查库存，当库存量下降到订货点时，就要发出订货请求。

4. 定期订货法

对库存进行管理时，从仓库对某种商品发出订货指令到下一次发出订货指令之间具有一定的间隔时间，这个时间间隔被称为订货周期，它是固定的。每当到达固定周期，仓库便发出订货通知，将库存补充到最高库存水平。我们把这种库存管理方法称为定期订货法。

定量订货法与定期订货法的区别如下。

(1) 提出订货请求的时点标准不同。定量订货法提出订货请求的时点标准是，当库存量下降到预定的订货点时，即提出订货请求；而定期订货法提出订货请求的时点标准则是，按预先规定的订货周期，到了该订货的时点即提出订货请求。

(2) 请求订货的商品批量不同。定量订货法每次请购的商品批量相同，都是事先确定的经济批量；而对于定期订货法，每到规定的订货周期，订购的商品批量都不相同，可根据库存的实际情况计算后确定。

(3) 库存商品管理控制的程度不同。定期订货法要求仓库作业人员对库存商品进行严格的控制和精心的管理，经常检查、详细记录、认真盘点；而用定量订货法时，只要求仓库作业人员对库存商品进行一般的管理和简单的记录，不需要经常检查和盘点。

(4) 适用的商品类型不同。定期订货法适用于品种数量少、平均占用资金大、需重点管理的 A 类商品；而定量订货法适用于品种数量大、平均占用资金少、只需一般管理的 B 类、C 类商品。

三、仓库管理作业

仓库管理作业也叫日常保管。连锁企业的仓库管理作业是配送中心业务操作的核心内容，其每个作业环节都是配送中心运作的主要环节。仓库作业的主要内容包括入库作业、在库保管和出库作业三个阶段，这三个阶段涉及商品的多个作业操作，且这些具体的作业环节都是互相联系、互相影响的。因此，只有合理、细致地对作业流程进行分析和组织，配送中心的业务才能顺利完成。仓库管理作业就是对上述三个阶段的多种业务操作进行统一有效的管理，其主要的管理职责包括对作业过程的合理组织、对作业流程的协调、对作业空间和时间的合理安排，以及对作业过程的监控。仓库管理作业的重点内容包括入库验收、出库管理和仓位管理。

（一）入库验收

商品运输完成后到达配送中心仓库的第一步工作就是入库。入库是仓储作业的开始阶段。入库验收主要包括入库前的准备、商品接运和商品验收等。

1. 入库前的准备

商品入库前的准备工作对商品仓储工作的质量起到至关重要的作用。在商品到达之前，仓库管理人员必须根据合同或客户的要求及时、细致地对商品的货位、劳动力、物力等方面进行安排和协调，保证商品能够顺利入库。商品入库前的准备工作主要有以下几项。

(1) 熟悉入库商品和仓库状况。入库操作和管理人员必须通过认真查阅相关资料或询问货主的方式了解商品的相关信息，如商品的名称、物理化学特点、规格数量、到库时间、保管要求等。另外，他们还要了解仓库库场的相关信息，如商品入库场所的设置、库位分布、库存数量、设备人员分配情况等。了解这些信息的目的是能够更快、更好地安排新入库商品的库位，并制定相应的保管、保养措施。

(2) 制定仓库作业计划。仓库工作人员根据要到达商品的特点和仓库状况制定相应的仓储工作计划，并及时将工作计划传达给相关部门，使之得到执行。

(3) 安排货位。安排货位是进行入库作业之前的一项非常重要的准备工作。工作人员要根据了解到的入库商品的信息和仓库状况及时、合理地安排商品的储位，保证商品按照仓储的原则进行保管和保养，并且要便于商品的出入库操作。除此之外，在商品到达之前，工作人员还要做好储位的清理和维护工作，保证相关设备正常运行。

(4) 组织人力，准备工具。在商品入库之前，根据仓储作业计划，安排相应的工作人员进行装卸、搬运、检验及堆码等作业，同时要准备好进行这些作业所需的工具、设备及材料，如搬运车、托盘、检测工具、苫盖材料等。

(5) 确定装卸和搬运的工艺流程。根据商品的特点和仓储保管的环境与条件，仓储部门要对商品的入库作业流程进行设计和制定，保证用尽可能高的工作效率完成作业。

(6) 准备相关文件单证。商品入库前，需要准备各类相应的报表、单据、记录簿等，以备商品到达后方便取用。

商品入库前的准备工作必须认真、准确、及时地完成。不同仓库、不同行业的仓储作业规范不相同，所以准备工作的多少和内容也会有所差别。我们要从企业的实际情况出发，认真做好入库前的准备工作，以提高仓储作业的工作效率。

2. 商品接运

准备工作就绪之后，下一步就是接运。接运地点不同，接运形式也就不同。接运形式主要有四种，即码头、车站接货，铁路专用线接货，仓库自行接货，库内接货。

3. 商品验收

商品到达仓库后必须经过验收，符合企业各项预定标准的商品才能准许入库。验收商品时可以根据以下几项标准进行：采购合同和订单中规定的相关信息，采购时确定的样本标准，采购合同中的规格和图解，商品的国际或国家品质标准。

商品的入库验收工作主要包括验收准备、核对验收单据、确定检验比例、实物验收等几个环节。

(1) 验收准备。验收准备工作主要是对验收商品的货位、验收工具与设备、验收人员进行准备。具体的验收准备工作主要包括以下几个方面：收集验收标准和有关要求；准备验收的工具、仪器及设备等，并保证设备、仪器准确可靠；配备相应的人员和用于防范意外的用具等。

(2) 核对验收单据。商品验收的单据主要包括供货商提供的入库通知单、质量保证书、装箱单、说明书、保修卡及合格证。对于特殊商品，还须出示相关商检部门出具的检验证明。另外，验收单据还包括承运人提供的运输单据，如提货通知单、货运交接单、货物运输记录等。验收时必须保证这些单据与相关资料相对应，若出现不符或缺失的情况，则应及时向有关部门反映并解决问题。

(3) 确定检验比例。在最初签订仓储合同时，仓储双方当事人已对检验条款做出了明确的规定，双方只需按照合同相关条款的要求选择合理的检验比例。如果合同中没有规定该条款，那么仓库管理人员应根据具体的情况确定合适的检验比例。商品的数量、厂家的信誉、商品存放时间的长短、生产技术等因素都会影响商品检验比例的确定。

(4) 实物验收。实物验收是商品验收的核心环节，主要包括对商品的数量、质量及包装的验收。商品的数量验收往往采取计件、称重、量体积三种方式，以确认商品实际数量与合同及其他单据的一致性。质量验收主要是对商品的外观和化学特性进行检验，以保证商品的质量符合相关规定。包装验收是通过感官对商品在运输过程中是否有包装损坏进行校验，包装完整、标志清晰的商品才能准许入库。

商品验收的方法有很多种，我们可以通过感官验收，也可以用仪器验收。具体来讲，商品验收的方法主要有视觉检验、听觉检验、触觉检验、嗅觉检验、味觉检验、应用仪器检验、商品自行运行检验等。

(二) 出库管理

商品的出库管理是指配送中心在接到连锁门店的出库凭证或发货凭证之后，根据相关单据的信息进行备货、点交、发放等活动。出库业务是仓库保管活动的结束，也是运输活动的开始。为了保证仓库能够高效、合理地完成出库作业，工作人员必须依据出库计划，合理组织每项活动。

1. 出库要求

仓库管理人员必须依据业务部门或货主开具的"商品调拨通知单"或"提货单"来安排商品出库。商品出库业务必须符合以下几项要求：

(1) 符合仓储管理的程序。

(2) 按照单据发货。

(3) 坚持先进先出的原则。

(4) 及时记账。

(5) 保证安全。

(6) 准确无误。

另外，在具体操作时，商品出库还要遵循"三不、三核、五检查"的原则。其中，"三不"是指未接单据不翻账、未经审核不备库、未经复核不出库；"三核"是指核实凭证、核对账卡、核对实物；"五检查"是指对单据和实物进行品名检查、规格检查、包装检查、件数检查、重量检查。

2. 出库方式

在连锁企业的物流活动中，常见的商品出库方式主要有配送中心自行送货、连锁门店提货、过户、取样、转仓等。

(1) 配送中心自行送货。这种方式是指根据各连锁门店送来的发货凭证或备货单，仓库进行货物的配送、包装、集中和理货等准备作业，并将货物交给运输部门，由运输部门将货物送到各连锁门店指定的收货地点。

(2) 连锁门店提货。这种方式是指连锁门店按照发货凭证，用自备的运输工具到配送中心提货，仓库管理员按证配货，经复核后当场办理交接手续。

(3) 过户。这种方式是指货物并未发生出库，但货物的所有权已经由供应商转移到各连锁门店。这种方式的出库只有在原货主开具正式过户凭证的基础上才能办理，其过程只是手续办理，并没有实体的出库活动。

(4) 取样。这种方式是指由于某些特殊的需要，企业有的时候需从配送中心的仓库中提取部分货物作为样品进行展销。仓库管理员要根据正式的取样凭证发放样品，并做好相关记录。常见的取样方式包括商品参展取样和商品抽检取样。

(5) 转仓。这种方式是指货物从某一个仓库转移到另一个仓库以继续进行保管。转仓的目的一般是满足仓库保管的业务需要或响应货主提出的相关要求。仓储企业的转仓一般分为企业内部转仓和企业外部转仓两种。企业内部转仓的依据是仓库开具的移仓单，企业外部转仓则要根据货主填制的正式的货物转仓单进行发货和结算。

3. 出库作业流程

任何时候都要依据准确、及时、安全的要求完成出库操作。出库作业流程包括以下几点。

(1) 出库准备。在商品出库之前，工作人员必须按照供应商、连锁企业及某些业务部门的要求，做好出库的准备工作，以防止出库过程中发生差错，保证出库的顺利进行，提高工作效率。一般情况下，按照下列程序做好出库准备工作：首先，准备好商品，对商品出库的包装情况进行检查和整理，对于不符合要求的商品，应重新进行包装和加固；其次，做好商品的标志和标记，对于需要拼装或拆分的商品，要按照要求提前进行拼装或拆分，以节省出库作业的时间；再次，做好单据的准备工作和工作人员的分配工作；最后，制定出库计划，以保证整个出库作业能够顺利进行，提高仓库的工作效率和人员、设备的利用率，降低作业成本。

(2) 核单。在商品出库前要审核各个出库单及其他相关单据的真实性和合法性，并在此基础上核对单据上的相关商品信息和出库信息，防止出现以假乱真的现象。

(3) 备货。出库备货应根据"先进先出、易霉易坏的商品先出、生产日期早的商品先出"的原则，重新进行检验和计量，并将商品搬运到出库暂存区进行备运。

(4) 复核。复核指商品出库时，为了防止出错进行的二次检验。仓库中的复核一般包括人工复核和RF(射频)复核两种方式。人工复核是指不借助任何设备，由工作人员进行检验和校对的复核方式；RF复核是指应用无线射频终端对货物进行复核的方式。复核工作在商品出库中十分重要，它可以防止货物错发、漏发和重发等事故的发生。

(5) 点交。商品经过包装并复核后，若由各连锁企业门店自行提货或代运，则仓库要核对发放凭证(出库单)，全面复核、查对，当面向提货人员或运输人员进行交接清点；若由仓库送货，则由仓库保管机构移交给运输机构。

(6) 登账存档。点交结束后，仓库管理员要将相关信息(如实发货物数量、时间等)进行记录，并签名。若有信息系统，则在信息系统中进行记录。记录完毕后，将有关单据交给货主，办理货款结算等事项。

(7) 清理。出库结束之后，商品存放区域、系统账目、系统档案都会发生变化。工作人员要对商品存放区域进行整理，收集堆码、苫盖、衬垫等材料并置于存放区。另外，工作人员还要核对账目，更新系统信息，并对出库的后续问题进行处理和记录。

(三) 仓位管理

在有限的空间里，尤其在节日期间，为了充分利用仓位、节约费用、提高空间利用率，应做到以下几点：

(1) 保持合理的库存。前面已经讲过如何通过合理的订货来保持库存，物流经理必须有一定的销售知识，掌握非食品、食品等不同商品的流转速度和销售特点，以便于控制库存总量。例如，一般消费品和快速消费品、普通食品和生鲜食品在流转速度和消费的季节性方面都有很大差别。

(2) 合理利用现有的空间和仓储能力。针对不同商品的特质和存放要求，应合理规划和利用现有的仓储空间。例如，由于玻璃制品易碎，其堆高和摆放方式与纺织品的有所不同；电冰箱由于体积较大且需要稳定支撑，其堆高和放置要求与办公用品的也存在差异；干货类食品和饮料则因其不同的保存条件，对堆高和通风要求也各不相同。另外，不同商品存放的地点和温度条件也必须严格区分。例如，冷冻品必须存放在冷冻库中，且温度需控制在-18℃左右，以确保其品质；而冷藏品则不能存放在冷冻库中，以防过低的温度导致品质受损。此外，冬、夏季酒水等易受温度影响的商品应避免存放在室外，以防冻破或变质。

(3) 必须定期巡查仓库和卖场的仓位，确保及时拼仓板和整理仓位。对于过期或包装破损的商品，要及时通知并协调相关部门进行处理。仓库管理员必须亲自进行实地检查，而不是仅依赖他人报告或听信传闻，务必检查到所有的死角和盲区。

(4) 必须经常检查货架、仓板、叉车、制冷设备等的使用情况。发现问题及时要求有关部门进行修理或更换，以维护设备的正常运行。对于经常损坏的设备，必须找出具体原因，制定严格的管理改进方案，并且检查督促执行。

(四) 仓储定位系统与仓储控制系统

随着科技的发展，仓储的定位和控制管理可以通过定位系统和控制系统来完成。这些系统应用条形码、EDI、RFID、传感器、无线通信等先进的科学技术，为企业提供实时、准确的库存信息，减少劳动力的投入和出错率。

1. 仓储定位系统

目前，在我国的大多数仓库中，托盘或货物的位置由人工手写或人工输入计算机进行记录。这种人工记录方式不但容易出错，工作效率较低，而且在进出流量较大的仓库中，寻找货物是一项非常耗时的任务。采用人工寻找的方式不仅要付出一定的劳动力成本，而且还增加了额外的寻找时间，这可能导致生产过程中断及客户订单延期，甚至还会耽误食品、药品等货物的保存期限，从而造成客户的流失和企业信誉的下降。仓储定位系统可以实现对集装箱、托盘、货箱与物品的全自动化、实时、精确的定位和跟踪。仓储定位系统在仓储管理过程中的作用体现在以下几个方面：

(1) 仓储定位系统可以自动识别货物，并记录货物的存放位置，便于货物的出入库操作。有些仓储定位系统可以生成三维的货物存放位置图，便于工作人员快速查找自己的目标货物。

(2) 仓储定位系统还设置了货物的状态和位置出错的报警系统。货物在存放过程中若出现人为的存放位置错误，则报警系统会自动识别出来并报警，便于操作人员及时进行更改和作业操作。

(3) 仓储定位系统可以通过无线网络实时地进行数据传输和任务分配。仓储中心接收到入库或出库任务后，控制系统会给各个子系统下达相应的命令，同时对作业后的数据和资料进行更新和保存，并进行数据传输，以更新各个部门和系统的数据资料，保证系统作业的实时性和准确性。

(4) 仓储定位系统具有操作简便的特性，可直接在仓储系统货叉车的触摸屏上点击操作，便于工作人员操作，节省劳动力，提高操作准确性。

(5) 仓储定位系统还具有一定的记忆和状态报告功能。通过该系统，操作人员可以查看仓库作业的状态及操作记录，以便于对系统的工作效率和状态进行分析和汇总。

2. 仓储控制系统

随着连锁业的发展，传统的简单、静态的仓储管理已无法保证连锁企业各种资源的高效利用，也无法满足消费者更高的服务需求。如今，连锁配送仓库的作业和库存控制作业呈现出复杂化和多样化的特点。人工记忆和手工录入不但费时费力，而且容易出错，会给连锁企业带来巨大损失。仓储管理信息系统的出现对仓储控制系统的实施起到了至关重要的作用。应用仓储管理信息系统可以有效提高仓库管理的工作效率和质量，降低仓储系统的成本，控制仓库的库存量及采购数量和时间。

仓储管理信息系统由许多具有控制功能的软件构成，其功能主要有计划功能、执行功能、基本资料管理功能、仓库管理控制功能、采购管理控制功能、销售管理控制功能、报表生成功能、查询功能等。使用条形码管理系统，可以对仓储的各个环节实施全过程的控制管理，也可以对货物货位、批次、保质期、配送时间等进行条形码标签序列号管理，实现对收货、发货、补货、集货、送货等各个环节的规范化作业，同时还可以根据客户的需求制作多种合理的统计报表。

(五) 仓储合理化

仓储合理化是指用经济的经营方法实现仓储的功能，是一项十分复杂、涉及仓储系统的各个方面的大工程。

1. 仓储合理化管理原则

仓储合理化管理虽然涉及面广，系统工程性强，但一般情况下，都要遵循以下几个基本的原则。

(1) 布局合理的原则。仓库的合理布局是企业进行合理化管理的第一步。在满足企业目标需求的前提下，仓库的布局和规划应该尽可能地减少作业环节、优化搬运线路等。

(2) 作业环节协调统一的原则。仓储作业的各个环节是密切联系、相互制约的。在作业过程中，每个环节都会对仓储的总体作业效果产生影响。因此，在仓储作业中，要针对仓储的薄弱和瓶颈环节，采取更多的措施，尽量提高其制约性，从而使整个系统的总体作业效果和能力得到提高。

(3) 提高机械化、自动化水平原则。仓储系统在设计之初应根据其规模和保管对象，进行机械化、自动化的设计和规划。随着物流技术的不断发展，先进的自动化仓库和自动化仓储设备的投入使用已经为企业在降低成本、提高工作效率等方面起到了很大的作用。因此，提高企业的机械化、自动化水平是仓储合理化管理的重要原则。

(4) 优化作业流程的原则。在仓储作业中，应尽可能地减少装卸、搬运、拆垛、堆垛的次数，优化作业流程，提高生产作业效率，同时提高作业时对货物的保护程度。

(5) 增强仓储机动性的原则。我们应用货物的"机动指数"或"搬运指数"来衡量仓储货物的机动性，通常用 0～4 表示。机动性越好，搬运指数越高；机动性越差，搬运指数越低。因此，要实现仓储的合理化管理，应尽可能提高货物的搬运指数。

2. 仓储合理化操作

连锁企业的仓库管理是电子商务物流配送活动要解决的主要问题，仓储合理化是配送中心追求的主要目标。对于连锁企业物流活动中的仓储系统而言，其合理化主要体现在仓储物数量合理化、储存时间合理化、储存网络合理化、储存布局合理化等几方面。因此，我们可以通过质量标志、数量标志、时间标志、分布标志和费用标志来判断仓储管理是否合理。仓储管理合理化的途径如下。

仓储合理化
操作

(1) 对仓储管理的货物实施分类管理。在仓库中，依实际情况选用不同的货物分类法对货物进行分类，针对不同类型的货物实施不同的保存方法，从而优化仓储管理模式。

(2) 提高仓储空间利用率。可以通过采用高层货架、高垛、自动化立体货架等方式，合理布局，提高仓库的利用率，降低储存成本。

(3) 采用"先进先出"的原则，尽量缩短商品储存期。

(4) 采用先进的库存保养技术，提高货物的在库保养功能和质量。

(5) 采用先进、有效的仓储定位系统和监控识别系统，对货物进行有效的现代化管理，

从而节约时间、减少差错。

(6) 采用标准化、单元化的储存方式，实现一体化经营与管理，节约储存时间和储存成本。

(7) 实施供应链管理机制，建立与供应商的双向沟通，实现仓储及整条供应链的利润最大化。

相 关 链 接

商品保管场所的分配

不管是连锁企业的仓库还是生产制造企业的仓库，甚至第三方物流企业的仓库，它们都在不同时期出现过这种状况，即"不管仓库有多大，总能堆满货物，库位有多少，库存量就多少"。这犹如人们居家过日子，房子再大，随着时间的推移，人也会觉得空间不够用。在这种情况下，如何管理仓库的库存，确定库存管理方案就显得十分重要，而确定库存管理方案首先要解决的问题是合理地划分保管场所和设计堆垛。

商品保管场所的分配是指在仓库作业区域内，为库存商品分配适当的存放地点。进行商品保管场所分配的目的是确保在仓储过程中能够做到物得其所、库尽其用、地尽其力。商品保管场所分配是一个如何平衡仓库空间利用率和库存商品处置成本的问题。它直接影响仓库进出库作业的流畅性和进出库作业与保管作业的成本。

商品进入仓库的第一步就是选择存放场所。保管区域的划分是指按照库存商品的性质划分类别，根据各类商品储存量的计划任务，结合各种库房、货场、起重运输设备的具体条件，确定各库房和货场的分类储存方案。保管区域的划分要依据货物和储存场所的实际情况，根据货物的周转规律和物资保管的类别、品种、数量及对保管、装卸、搬运和运输条件的要求进行划分。例如，存放在同一货区的商品必须具有互容性，保管条件不同的商品不应混存，作业手段不同的商品不应混存，灭火措施不同的商品不能混存。在这些基本原则的基础上，应用以下几种方法实施区域的划分管理。

(1) 按库存商品理化性质不同进行规划。这种方法是指按照库存商品的理化性质进行分类管理。例如，可将保管区域划分为纺织品区、冷藏品区等。采用这种分类方法时，理化性质相同的商品集中堆放，这样便于对库存商品采取相应的养护措施，同时也便于对同种库存商品进行清仓盘点。

(2) 按库存商品的使用方法或货主不同进行规划。根据商品的所有权关系进行分区分类管理，以便于仓库发货或货主提货。但是，采用这种方法时非常容易造成货位的交叉占用及商品间相互产生影响。

(3) 混合货位规划。对按库存商品理化性质不同进行规划和按库存商品的使用方法或货主不同进行规划的优缺点进行综合考虑，通用商品按理化性质分类保管，专用商品则按使用方法分类保管。

实训练习

在电子商务不断发展的今天，各快递公司都将业务拓展至仓储领域，旨在打通仓储与快递的链路，提供仓配一体化的服务。例如，圆通新龙电子商务有限公司目前已建立了 19 个物流仓库(包括加盟仓在内)，覆盖 15 个城市，整体面积达到十几万平方米，并计划进一步向电商比较集中的二三线城市拓展。在仓库选址方面，该公司再次显示出其网络化布局的优势，仓库位置通常与快递转运中心保持较近的距离：上海的仓库与转运中心相距仅 20 分钟车程，北京的一个仓库与转运中心只有五六分钟车程，还有一个仓库与转运中心更是上下楼层相邻。此外，该公司正积极致力于实现仓库与快递转运中心的无缝对接，以期进一步提升交货的时效性。

请问：圆通新龙电子商务有限公司通过什么做法提高交货的时效性？

任务思考

1. 仓储作业包括哪两项作业？
2. 库存管理需要解决的关键问题主要有哪几个方面？
3. 库存管理的控制方法有哪些？
4. 仓库管理作业的重点内容包括哪些？
5. 仓储定位系统在仓储管理过程中的作用体现在哪几个方面？
6. 仓储合理化管理原则有哪些？
7. 仓储管理合理化的途径有哪些？

任务二   订单处理作业

导 读

从接到客户订单开始到准备着手拣货为止的作业阶段称为订单处理。少量的订单可采用人工处理，但对于要求处理速度快、差错极少的大量订单，通常采用计算机处理。

订单处理是配送中心客户服务的第一个环节，也是配送服务质量得以保证的根本。订单处理是实现企业顾客服务目标最重要的环节之一。改善订单处理过程，缩短订单处理周期，提高订单满足率和供货准确率，提供订单处理全程信息跟踪，可以大大提高服务水平与顾客满意度，同时也能降低库存水平和物流总成本，使企业获得竞争优势。

一、订单处理的流程

一般的订单处理流程主要包括五个部分，即订单准备、订单传递、订单登录、按订单供货、订单处理状态跟踪，如图 4.1 所示。

订单准备 → 订单传递 → 订单登录 → 按订单供货 → 订单处理状态跟踪

图 4.1　订单处理的流程

(一) 订单准备

订单准备是指顾客寻找所需产品或服务的相关信息并做出具体的订货决定。订单准备的具体内容包括选择合适的厂商和品牌，了解产品的价格、功能、售后服务以及厂商的库存可供水平等信息。减少顾客订单准备的时间，降低顾客的搜寻成本，能够显著地增加企业产品的市场份额。例如，美国的一家医疗用品公司在 1970 年就给其主要客户(各大医院)提供计算机终端设备及配套软件，医院利用公司提供的终端，可以查看公司配送中心的库存信息，直接向配送中心下订单。这种改善顾客订货准备的战略行动使得该公司在市场占有率和利润方面远远超越竞争者，因为竞争者不能与医院进行如此直接、快速，准确的信息沟通。

订单准备包括订单内容确认和订单资料输出。

1. 订单内容确认

接受订单后应对订单的以下内容进行确认：

(1) 需求品种、数量及日期。

(2) 客户信用。

(3) 订单价格。

(4) 加工包装要求，如是否需要特殊的包装、分装或贴标签等。

(5) 订单号码。

(6) 客户档案。

(7) 存货查询及按订单分配存货的方式。

2. 订单资料输出

订货信息经处理后即可打印或输出订单资料，以开展后续的物流作业。订单资料包括拣货单、送货单和缺货信息。

(1) 拣货单。订货信息处理后生成拣货单，拣货单的输出应考虑商品的储存位置，依据储位顺序安排，以减少拣货人员重复往返取货。同时，拣货数量、单位均需详细、准确标明。

(2) 送货单。物品交货配送时，通常附上送货单据供客户清点验收。由于送货单主要是给客户签收、确认出货的凭证，故务必准确、清晰。

(3) 缺货信息。配货完毕后，对于缺货的商品或缺货的订单，系统应提供查询界面或报表，以便采购人员及时采购。

(二) 订单传递

订单传递就是把订货信息从顾客传递到产品的供应商处。订货信息传输方式主要包括三种：手工传输、电话或传真传输、网络传输。

由于网络传输方式速度快、运行成本低、可靠性好、准确性高，它已逐渐成为最主要的订货信息传输方式。

(三) 订单登录

订单登录是指将顾客订货信息转变为公司订单的过程，包括以下步骤：

(1) 检查订货信息的准确性，如订货编号、数量、品种、价格等。

(2) 检查库存状况，确认是否有货及是否能满足顾客的订货条件等。

(3) 准备延期订货单据或取消订单。如果不能满足顾客的订货条件，则需同顾客商议，是改变订货条件，还是延期订货，或者取消订单。

(4) 检查顾客信用等级。

(5) 规范顾客订单，把顾客的订货信息按照公司所要求的格式规范化。

(6) 开单，准备发货单据等。

信息技术的迅速发展大大提高了订单登录的效率。条形码扫描技术的广泛应用提高了订货信息输入的速度与准确性，并降低了处理成本。借助计算机数据库，库存可供水平和顾客信用的检查等活动可实现自动化处理。与传统的手工处理相比，自动化的订单登录所需的时间减少了60%以上。

(四) 按订单供货

该阶段是整个订单处理过程中最复杂的部分，包括商品的配送与大量单据的处理。确定供货的优先等级对订单处理周期有重要影响。许多企业没有正式的确定供货优先等级的标准，当操作人员面对大量的订单处理工作时，习惯性地优先处理简单的、品种单一、订货量少的订单，其结果往往造成对重要客户和重要订单供货的延迟。确定供货优先等级的原则如下：

(1) 按接受订单的时间先后顺序处理。

(2) 处理时间最短的订单先处理。

(3) 批量最小的、最简单的订单先处理。

(4) 按预先设定的顾客优先等级处理。

(5) 按向顾客承诺的到货日期先后顺序处理。

(6) 离承诺到货日期时间最近的订单先处理。

(五) 订单处理状态跟踪

为了向顾客提供更好的服务，满足顾客希望了解订单处理状态信息的需求，需要对订单处理进行状态跟踪，并与顾客交流订单处理状态信息。随着信息技术的迅速发展，特别是互联网的广泛应用，订单处理状态跟踪已变得越来越便捷。

二、接受客户订单的方式(订货方式)

订货方式分为传统订货方式和电子订货方式。

(一) 传统订货方式

传统订货方式有以下几类:

(1) 厂商铺货。厂商铺货即供应商直接将商品放在货车上,依次给客户送货,缺多少补多少。此种方式适用于周转率快的商品或新上市的商品。

(2) 厂商巡货、隔天送货。厂商巡货、隔天送货是指供应商派巡货人员前一天先到各客户处查询需补充的商品,隔天再予以补货。

(3) 电话口述。电话口述即订货人员通过电话口述向厂商说明商品名称及数量来订货。由于每天需向许多供应商要货,且需订货的品项可能达数十种,故这种方式花费时间长,错误率高。

(4) 传真订货。传真订货即客户将缺货信息整理成文档,利用传真机传给供应商。

(5) 邮寄订单。邮寄订单即客户将订货单邮寄给供应商。

(6) 客户自行取货。客户自行取货即客户自行到供应商处看货、补货,此种方式多为传统杂货店因地缘近而采用。

(7) 业务员跑单接单。业务员跑单接单即业务员到客户处推销产品,并将订单带回或紧急时用电话先与公司联系告知客户订单。

(二) 电子订货方式

电子订货方式是一种借助计算机信息处理技术,以取代传统人工书写、输入、传送的订货方式。电子订货方式具体有以下三种:

(1) 用订货簿或货架标签配合手持终端机及扫描器实现订货。这种方式是订货人员携带订货簿及手持终端机巡视货架,若发现商品缺货,则用扫描器扫描订货簿或货架上商品的条形码标签,再输入订货数量。当所有订货资料皆输入完毕后,利用数据机将订货信息传给供应商或总公司。

(2) 用销售时点管理系统(Point of Sale,POS)实现订货。客户若有 POS 收银机,则可在商品库存档内设定安全存量。每当销售一件商品时,计算机自动扣除该商品库存。当库存低于安全存量时,便自动生成订单,经确认后便通过通信网络传给总公司或供应商。

(3) 用电子订货系统(Electronic Ordering System,EOS)实现订货。若客户的计算机信息系统里有订单处理系统,则可将应用系统产生的订货信息转化成与供应商约定的共同格式,在约定的时间里将订货信息传送出去。

相 关 链 接

优先分配的订单通常遵循以下的原则:

(1) 具有优先权者先分配。

(2) 依客户等级来取舍,将客户重要性程度高的订单作优先分配。

(3) 依订单交易量或交易金额来取舍,将对公司贡献度大的订单作优先处理。

(4) 依客户信用状况将信用较好客户的订单作优先处理。

实训练习

一天,仓库分别以 WMS 仓储管理系统、E-mail 和传真形式接到 3 个客户的入库通知,详情如下。

客户 1 是康师傅集团,入库通知内容如表 4.1 所示。

表 4.1   康师傅集团的入库通知

商品名称	数量/箱	单位/(个/箱)	预计到货时间
康师傅红烧牛肉面	5	10	
康师傅西红柿牛腩面	5	10	
达能闲趣饼干	6	10	7:00
奥利奥牛奶味饼干	6	10	

客户 2 是峰星公司,入库通知内容如表 4.2 所示。

表 4.2   峰星公司的入库通知

商品名称	数量/箱	单位/(个/箱)	预计到货时间
Nokia 5300	20	20	
Nokia N73	40	20	12:00

客户 3 是华联集团,入库通知内容如表 4.3 所示。

表 4.3   华联集团的入库通知

商品名称	数量/箱	单位/(个/箱)	预计到货时间
高夫经典古龙香水 60 mL	8	2	
美加净护手霜 80 g	8	1	
五谷道场庖丁鲜蔬面	6	5	19:00
五谷道场香辣牛肉面	6	10	

要求:模拟仓库人员完成入库订单的处理和入库准备。

任务思考

1. 订单处理流程是什么？
2. 订货方式有哪些？
3. 订单确认的主要内容有哪些？
4. 在确定供货优先等级情况下的订单处理顺序是什么？

任务三　盘点补货作业

导　读

盘点作业就是定期或不定期地对店内的商品进行全部或部分的清点，以确实掌握该期间内的经营业绩，并据此加以改善和加强管理。

补货作业是指在配送作业流程中，当拣货区存货降至设定目标以下时，从储存区把货物运到拣货区(即动管区)。

盘点是为了确实掌控货物的"进(进货)、销(销货)、存(存货)"，可避免囤积太多货物或缺货的情况发生，对于计算成本及损失是不可或缺的。将货物从仓库保管区搬运到拣货区，其目的是确保货物能够保质保量按时送到指定的拣货区，保证拣货区有货可拣。

一、盘点作业

通过盘点可以达到确切掌握库存量、掌握损耗并加以改善、加强管理和防微杜渐的目的。盘点范围是配送中心或配送站点的所有库存商品。

(一) 盘点的结果

在进行盘点时，一般会有以下三种结果。

(1) 账实相符，就不需要调账。

(2) 账面记录数大于实际拥有数，此为盘亏(如账面记录 300 而实际只有 280)。

(3) 账面记录数小于实际拥有数，此为盘盈(如账面记录 300 而实际却有 320)。

无论是盘盈还是盘亏，都要依据实际拥有数来调整账面记录数，最终目的是达到账实相符。

(二) 盘点工作的注意事项

盘点工作的注意事项如下：

(1) 每份盘点报表必须由部门经理以上人员签名。

(2) 主管在签核报表时，对其数量的总和应再核对一次，以确保无误。

(3) 主管必须检视每位员工负责的盘点区域是否确实完整地进行了盘点。

(4) 在盘点前，该盘点品项的销售区域应维持适当的安全库存量。

(5) 主管须负责对盘点过程中汇集的待处理品(如破损商品、变质商品、过保质期商品、无商标商品等)做出相应处理，如报损、重新包装等。

(6) 经主管核查无误，并由部门经理以上人员签字后，由盘点录入组打印实际盘点报表。

(三) 部门职责

1. 仓库部职责

仓库部负责组织和实施仓库盘点作业及最终盘点数据的查核、校正、总结。

2. 财务部职责

财务部负责稽核仓库盘点作业数据，以确认其正确性。

3. IT 部职责

IT 部负责盘点差异数据的批量调整。

(四) 盘点作业的内容

1. 盘点计划

开始准备盘点一周前需要制作好盘点计划书，盘点计划书中需要对盘点具体时间、仓库停止作业时间、账务冻结时间、初盘时间、复盘时间、人员安排及分工、相关部门配合及注意事项做详细规划。

2. 时间安排

进行盘点时间安排时应明确初盘、复盘、查核、稽核等的时间。

(1) 初盘时间：确定初步的盘点结果数据，一般在一天内完成。

(2) 复盘时间：验证初盘结果数据的准确性，一般在初盘结束后进行或在次日进行。

(3) 查核时间：验证初盘、复盘数据的正确性，一般安排在初盘、复盘过程中或复盘完成后，由仓库内部指定人员操作。

(4) 稽核时间：稽核初盘、复盘的盘点数据，发现问题，指正错误，一般在复盘结束后进行。

盘点开始时间和盘点计划用时根据当月销售情况、工作任务情况来确定，总体原则是保证盘点质量和不严重影响仓库正常工作任务。

3. 人员安排

根据以下人员设置，需要对盘点区域进行分析并进行人员责任安排。

(1) 初盘人。初盘人负责盘点过程中物料的确认和点数，正确记录盘点表，将盘点数据记录在"盘点数量"一栏。

(2) 复盘人。初盘完成后，由复盘人负责对初盘人负责区域内的物料进行复盘，将正确结果记录在"复盘数量"一栏。

(3) 查核人。复盘完成后由查核人负责对异常数量进行查核，将查核数量记录在"查核数量"一栏中。

(4) 稽核人。在盘点过程中或盘点结束后，由总经理、财务部和行政部指派的稽核人、仓库经理负责对盘点过程予以监督、盘点物料数量或稽核已盘点的物料数量。

(5) 数据录入员。数据录入人员负责将盘点查核后的盘点数据录入电子档的盘点表中。

4. 相关部门配合事项

相关部门根据盘点时间明确以下配合事项。

(1) 盘点前一周发仓库盘点计划书，通知财务部、质量控制部、采购部、客服主管、销售主管、IT 主管，并抄送总经理，说明相关盘点事宜。仓库盘点期间禁止物料出入库。

(2) 盘点三天前，采购部尽量要求供应商或档口将货物提前送至仓库收货，以提前完成收货及入库任务，避免影响正常发货。

(3) 盘点三天前通知质量控制部，要求其在盘点前 4 小时完成检验任务，以便仓库及时完成物料入库任务。

(4) 盘点前和 IT 部主管沟通好，预计什么时间将最终盘点数据给到，由其安排对数据进行库存调整工作。

5. 物资准备

盘点前需要准备 A4 夹板、笔、透明胶、盘点卡。

6. 盘点工作准备

进行盘点前需做好以下准备：

(1) 盘点一周前开始追回借料，在盘点前一天将借料全部追回，未追回的借料要求盘点人员补相关单据。若因时间关系未追回借料也未补相关单据，则将借料数量作为库存进行盘点，在盘点表上注明，并将借料单作为依据。

(2) 盘点前需要将所有能入库归位的物料全部入库归位并登账，不能入库归位或未登账的物料需进行特殊标示，注明该物料不参加本次盘点。

(3) 将仓库中的所有物料进行整理、整顿标示，所有物料外箱上都要有相应物料 SKU(库存量单位，也就是计量库存进出的单位)、储位标示。同一储位上的物料之间的距离不能超过 2 米，且同一货架上的物料不能放在另一货架上。

(4) 盘点前仓库账务需要全部处理完毕。

(5) 账务处理完毕后需要制作仓库盘点表，并将完成后的电子档盘点表发邮件给对应财务人员(有单项金额)。

(6) 在盘点计划时间只有一天的情况下，需要组织人员先对库存物料进行初盘。

(7) 仓库盘点前需要组织参加盘点的人员进行盘点作业培训，培训内容包括盘点作业流程、上次盘点错误经验、盘点中需要注意的事项等。

(8) 仓库盘点前需要组织相关参加人员召开会议，以便落实盘点各项事宜，包括盘点人员及分工安排、异常事项处理方法、时间安排等。

(9) 盘点前根据需要进行模拟盘点，模拟盘点的主要目的是让所有参加盘点的人员了解和掌握盘点的操作流程和细节，避免出现错误。

7. 盘点数据录入及盘点差异统计

经仓库经理审核的盘点表交由仓库盘点数据录入员录入电子档盘点表中，录入前将所有数据，包括初盘、复盘、查核、稽核的所有正确数据手工汇总在盘点表的"最终正确数据"栏中。数据录入员将"最终正确数据"栏中的数据录入电子档盘点表中，并将盘点差异原因录入。录入工作应仔细认真，保证无丝毫错误，若在录入过程中发现问题，则应及时找相应人员解决。录入完成以后需要反复检查三遍，确定无误后将电子档盘点表通过邮件发送至总经理审核，同时抄送财务部主管、采购部主管、客服主管、IT 部主管。

8. 最终盘点表审核

在盘点差异数据经过库存调整之后，仓库继续根据差异数据查核差异原因，需要保证将所有的差异原因全部找出。找出所有的差异原因后，查核人将电子档盘点表的差异原因更新，交仓库经理审核。仓库经理将物料金额纳入核算，最终将盘点差异表(含物料和金额差异)呈交总经理审核签字。

9. 考核

仓库根据盘点差异情况对责任人进行考核。

10. 存档

仓库对盘点差异表进行存档。

11. 财务确认

在仓库盘点完成后，财务稽核人员在仓库盘点表的相应位置签名，并根据稽核情况注明稽核物料抽查率、稽核抽查金额比率、稽核抽样盘点错误率等信息。总经理审核完成后，盘点差异表由财务部存档。

12. 盘点库存数据校正

总经理书面或口头同意对盘点表中的差异数据进行调整后，由 IT 部门根据仓库发送的电子档盘点表对差异数据进行调整。IT 部门调整差异数据完成后，形成盘点差异表并发邮件通知财务部主管、采购组主管、仓库组主管、客服主管、总经理。

13. 盘点总结及报告

根据盘点期间的各种情况进行总结，尤其对盘点差异原因进行总结，写成盘点总结报告，发送总经理审核，并抄送财务部。盘点总结报告需要对以下项目进行说明：本次盘点结果、初盘情况、复盘情况、盘点差异原因分析、以后的改善措施等。

(五) 盘点方式

盘点方式包括以下四种：

(1) 抽样盘点。抽样盘点是由审查单位或其他管理单位所发起的突击性质的盘点，目的是对仓储管理单位是否落实管理工作进行审核。抽样盘点可针对仓库、料件属性、仓库管理员等不同方向进行。

(2) 临时盘点。临时盘点是因为特定目的对特定料件进行的盘点。

(3) 年终(中)盘点。年终(中)盘点是定期举行的大规模、全面性的盘点工作。根据相关规定，一般企业每年年终应该进行全面的盘点，上市公司在年中还要进行一次全面的盘点。

(4) 循环盘点。循环盘点是采用信息化管理的企业，为了确保料账随时一致，将料件依照重要性区分成不同等级后赋予不同循环盘点码，再运用信息工具进行周期性的循环盘点。

二、补货作业

(一) 补货作业流程

补货作业与拣货作业、退货作业都息息相关。它的筹划必须满足两个条件：一是确保有货物可配；二是要将待配货物放置在储存方便的位置。补货作业流程如图 4.2 所示。

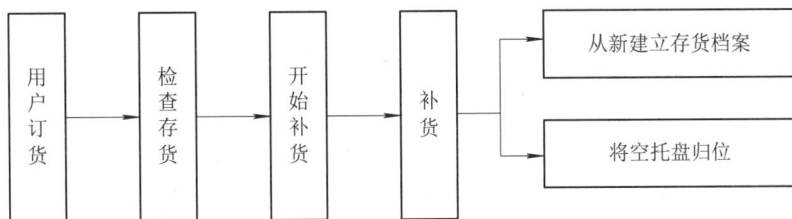

图 4.2　补货作业流程

(二) 补货方式

补货方式可以根据不同的划分方法进行分类。

1. 按批次和时间划分

按批次和时间的不同，补货方式可分为批次补货、定时补货和随机补货。

(1) 批次补货。批次补货是在每天或每一批次拣取之前，经计算机计算所需货物的拣取量和拣货区的货物存量，计算出差额并在拣货作业开始前补足货物。这种补货方式比较适合于一天内作业量变化不大、紧急追加订货不多，或每一批次拣取量需事先掌握的情况。

(2) 定时补货。定时补货是将每天划分为若干个时段，补货人员在每个时段内检查拣货区货架上的货物存量，如果发现不足则马上予以补足。这种"定时补足"的补货方式较适合于分批拣货时间固定且处理紧急追加订货的时间也固定的情况。

(3) 随机补货。随机补货是一种指定专人从事补货作业的方式，这些人员随时巡视拣货区的货物存量，发现不足随时补货。此种"不定时补足"的补货方式较适合于每批次拣取量不大、紧急追加订货较多，以至于一天内作业量不易事前掌握的情况。

2. 按商品存放地点划分

按商品存放地点的不同，补货方式可分为整箱补货、托盘补货、货架上层至货架下层补货、自动仓库补货和直接补货。

(1) 整箱补货。整箱补货是从储存区将货物整箱搬到拣货区，由拣货员根据订单进行拣货，拣货员拣货之后把货物放入输送机并运到发货区。动管区是指在拣货作业时所使用的拣货区域，此区域的货物大多在短时期内即将被拣取出货，其货物在储位上流动频率很高。当动管区的存货低于设定标准时，进行补货作业。这种补货方式由作业员到货架保管区取货箱，用手推车运载货箱至拣货区，较适合于体积小且少量多样出货的货物。

(2) 托盘补货。这种补货方式是指以托盘为单位进行补货。托盘由地板堆放保管区运到地板堆放动管区，拣货时把托盘上的货箱置于中央输送机并送到发货区。托盘补货示意图如图 4.3 所示。

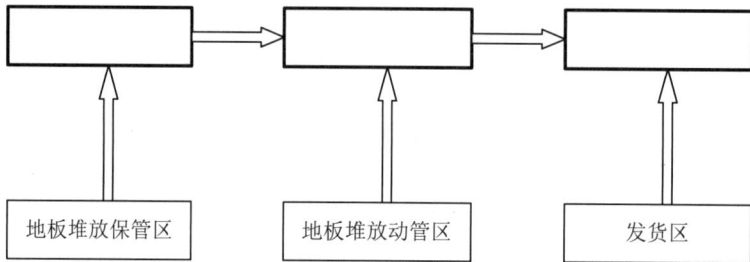

图 4.3　托盘补货示意图

当存货量低于设定标准时，立即补货，使用堆垛机把托盘由保管区运到拣货动管区，也可把托盘运到货架动管区进行补货。这种补货方式适合于体积大或出货量多的货物。托盘补货作业的一般流程图如图 4.4 所示。

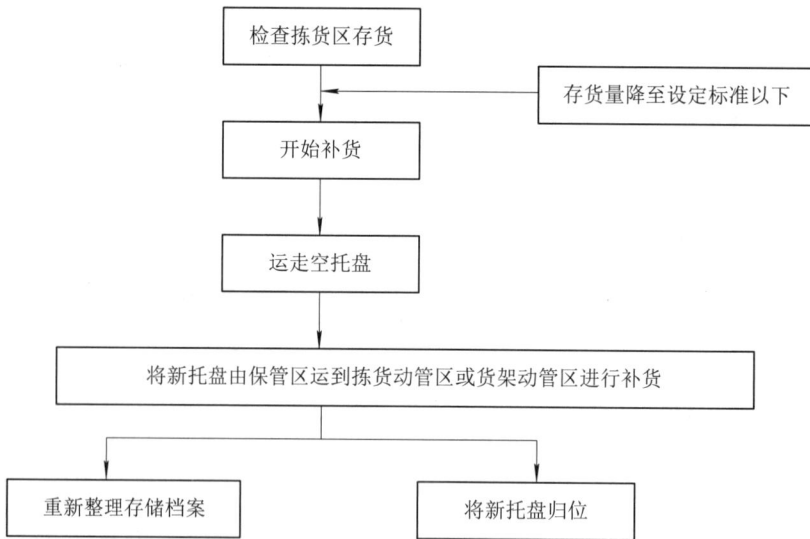

图 4.4　托盘补货作业的一般流程图

(3) 货架上层至货架下层补货。采用此种补货方式时，保管区与动管区属于同一货架，也就是将同一货架上的中、下层作为动管区，将上层作为保管区，而进货时将动管区放不下的多余货箱放到上层保管区。当动管区的存货量低于设定标准时，利用堆垛机将上层保管区的货物搬至下层动管区。这种补货方式适合于体积不大、存货量不高，且多为中小量出货的货物。货架上层至货架下层补货方式示意图如图 4.5 所示。

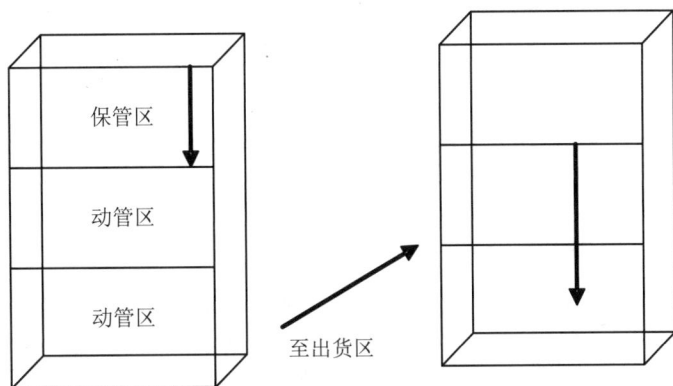

图 4.5 货架上层至货架下层补货方式示意图

(4) 自动仓库补货。自动仓库补货是指由自动仓库将货物送至旋转货架进行补货。

(5) 直接补货。直接补货是指将需要补货的货物直接送入动管区，而不需经保管区转运。

(三) 补货注意事项

补货时应注意以下事项：

(1) 已变质、受损、破包、受污染、过期、条码错误的商品严禁出售。

(2) 需要补货时，必须先整理柜面，确保陈列柜的清洁。

(3) 补货时要利用工具(如平板车、五段车、周转箱等)进行补货，以减少体力支出，提高工作效率。

(4) 对于叠放在栈板上的货物，应注意重量及体积大的货物放在下层，体积小和易损坏的货物放在上层，确保摆放整齐。

(5) 补货完毕后速将工具、纸箱等整理干净。

(6) 补货完毕后需检查价格是否与商品标签对应。

(7) 补货时商品要轻拿轻放，避免因重摔而影响商品的鲜度。

(四) 连续库存补充计划

连续库存补充计划也称为自动补货模式(简称为CRP)，是指利用及时、准确的销售时点信息确定已销的商品数量，并根据零售商或批发商的库存信息和预先规定的库存补充程序确定发货补充数量和配送时间的计划方法。

例如，全球知名商业巨头沃尔玛公司制定了一个补货策略：对于每一种商品，沃尔玛店铺都制定一个安全库存水平，一旦现有库存低于这个水平，沃尔玛公司的计算机系统通过计算机网络自动向供应商订货。供应商根据沃尔玛店铺近期的销售数据，分析出商品的销售动向，再以商品库存数据为基础，同时兼顾物流成本，决定什么时候以什么方式向沃尔玛店铺发货，以多频度、少数量进行连续库存补充。这一系列流程正是CRP的具体实践。CRP 的决策由客户(存货所在地)负责，即存货的决策权及所有权与存货的物理位置一致。从决策主体的角度来看，CRP 与传统的推式库存补货模式有所不同，CRP 是基于实际需求数据即时补货的，而推式库存补货模式是基于预测需求数据超前补货的。

自动补货模式主要适合于没有 IT 系统或基础设施来有效管理库存的下游企业以及实力雄厚、市场信息量大、有较高的直接储存交货水平的上游厂商。

相 关 链 接

为应对食盐"抢购潮",商场已经出台如下紧急补货措施:

(1) 紧急补货,稳定物价。据了解,市内微笑堂超市 17 日上午向上级经销商发出了 50 kg 食盐的补货单,工作人员预计 17 日下午一两点就能到货。市内华荣超市也在同一天向盐业局发出订单,预计 18 日上午就能到货,这批新到的食盐都将以原价销售。

(2) 严格控制销售,杜绝奸商成批订货而借机倒卖。微笑堂超市将率先推出限购政策,市民一次购买食盐不能超过 4 袋,杜绝一些不法奸商大批购买食盐而借机涨价倒卖的情况。

(3) 发布准确食盐供求消息以安定人心。目前,超市负责人已经向每位售货员做了紧急部署,要求售货员对前来购买食盐的市民准确告知补货时间,以消除市民的恐慌情绪。

谈谈补货作业产生的原因及解决办法。

实训练习

对于盘点的重要性,相信很多企业都深有感触,有时候库存盘点方面的误差会在关键时刻严重影响企业的营销战略。而将产品放在全程进行信息化管理的万庄农资物流之后,对于企业来说,盘点库存只需通过管理平台轻轻点击一下就能实现。

在万庄农资物流的仓库中,每一件产品都有自己独特的"身份证",其包含了产品的种类、批次、含量等诸多方面的内容,通过万庄农资物流的管理平台将这些信息进行统一管理。所以,只要输入企业的某一个产品编码,不仅能了解到库存总量,还能够显示出每一批次产品的剩余数量和存放的仓库信息。如果有客户对管理平台上的库存信息产生怀疑,那么可以和万庄农资物流协商进行现场盘点。这些对于其他仓库来说属于非常烦琐的工作,在万庄农资物流信息化的管理中则会变得非常轻松。在日常管理中,万庄农资物流的仓储管理平台会根据农资产品的进出情况进行盘点提示,将不同企业、不同种类、不同批次的产品都进行规范地摆放。所以,在客户提出要进行现场盘点的时候,便可以看到产品分门别类地摆放着,通过计算垛高和每层产品的数量就可以轻松地计算出总量,然后将计算所得的数据和管理平台上的数据进行对照,便可以计算出是否有误差。一般情况下,一个企业在几十分钟之内便可以完成盘点。当然,在万庄农资物流的仓储物流体系中,每一次盘点都需要经过严格的程序,从而保证产品不会因为随意的盘点而出现混乱。盘点时,上游客户先提出书面的盘点通知;然后由万庄农资物流总部将通知制作成相应的盘点单子,清晰地标明所需盘点的企业名称、产品类型等信息;接着,客户代表和万庄农资物流的相关负责人一起到指定仓库进行盘点,在点数之后进行记录;最后由双方负责人共同签字确认,从而确保盘点数据的准确性和可信度。

谈谈信息化如何让仓库盘点轻松实现。

任务思考

1. 盘点工作的注意事项有哪些？
2. 盘点作业流程有哪些环节？
3. 盘点方式有哪些？
4. 补货作业流程有哪些环节？
5. 补货方式有哪些？

任务四　分拣检验作业

导　读

分拣作业是依据顾客的订货要求或配送中心的送货计划，尽可能迅速、准确地将商品从其储位或其他区域拣取出来，并按一定的方式进行分类、集中、配装、送货的作业过程。拣取的货物经过分类、集中后，需要根据客户、车次等拣选条件进行产品号码及数量的核对，以及产品状态及品质的检验，以保证发运前货物的品种正确、数量无误、质量及配货状态不存在问题。

在配送作业的各环节中，分拣作业是整个配送中心作业系统的核心环节。在配送中心的搬运成本中，分拣作业的搬运成本约占90%；在劳动密集型配送中心，与分拣作业直接相关的人力约占50%；分拣作业时间约占整个配送中心作业时间的30%～40%。因此，合理规划与管理分拣作业对配送中心作业效率具有决定性的影响。配货检查属于确认分拣作业是否产生错误的处理作业，如果能事先找出分拣作业不会发生错误的方法，那么就能避免事后检查，或只对少数容易出错的货物进行检查。

一、分拣作业

（一）分拣作业的环节

从实际运作过程来看，分拣作业是在拣货信息的指导下，通过行走和搬运拣取货物，再按一定的方式将货物进行分类集中。分拣作业的主要过程包括产生拣货信息、行走和搬运、拣取、分类集中四个环节，如图4.6所示。

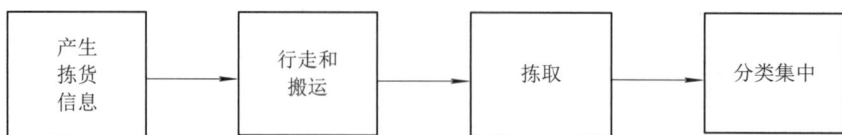

图 4.6　分拣作业的主要过程

1. 产生拣货信息

分拣作业必须在拣货信息的指导下才能完成。拣货信息来源于顾客的订单或配送中心的送货单。因此，有些配送中心直接利用顾客的订单或配送中心的送货单作为人工拣货的依据，即拣货人员直接凭订单或送货单拣取货物。这种信息传递方式无法准确标示所拣货物的储位，从而增加了拣货人员寻找货物的时间和拣货行走路径的长度。国外大多数配送中心一般先将订单等原始拣货信息进行处理，转换成拣货单或电子拣货信号，以指导拣货人员或自动拣取设备进行分拣作业，从而提高作业效率和作业准确性。

2. 行走和搬运

拣货时，拣货人员或机器必须直接接触并拿取货物，因此形成拣货过程中的行走与货物的搬运。缩短行走和货物搬运距离是提高配送中心作业效率的关键。拣货人员可以步行或搭乘运载工具到达货物储存的位置拣货，也可以由自动储存分拣系统完成拣货。

3. 拣取

无论是人工或机械拣取货物，都必须首先确认被拣货物的品名、规格、数量等内容是否与拣货信息传递的指示一致。这种确认既可以通过人工目视读取信息，也可以利用无线传输终端机读取条码后由电脑进行对比，后一种方式往往可以大幅度降低拣货的错误率。拣货信息被确认后，拣取的过程可以由人工或自动化设备完成。通常，对于体积小、批量少、搬运重量在人力范围内且出货频率不是特别高的货物，可以采取手工方式拣取；对于体积大、重量大的货物，可以利用升降叉车等搬运机械辅助作业；对于出货频率很高的货物，可以采用自动分拣系统拣取。

4. 分类集中

配送中心在收到多个客户的订单后，可以进行批量拣取，然后根据不同的客户或送货路线进行分类集中。对于有些需要进行流通加工的商品，还需根据加工方法进行分类，加工完成后再按一定方式分类出货。多品种分货的工艺过程较复杂，难度也大，容易发生错误，必须在统筹安排形成规模效应的基础上提高作业的精确性。在物品体积小、重量轻的情况下，可以采取人力分货，也可以采取机械辅助作业，或利用自动分货机自动将拣取出来的货物进行分类集中。分类完成后，货物经过查对、包装后便可以出货、装运、送货。

(二) 分拣作业的方式

分拣作业的方式有摘果式和播种式两种。

1. 摘果式分拣作业

摘果式分拣作业又称作拣取式分拣作业、按单分拣作业或人到货前式分拣作业。

分拣作业
的方式

1) 摘果式分拣作业的流程

摘果式分拣是针对每一份订单，分拣人员按照订单所列商品及数量，将商品从储存区域或分拣区域拣取出来，然后集中在一起的拣货方式。该种拣货方式的特点是：储物货位相对固定，而分拣人员或工具相对运动；一般一次只为一个客户进行配货作业；在搬运车容积允许且配送商品不太复杂的情况下，也可以同时为两个以上的客户配货。

2) 摘果式分拣作业的特点

摘果式分拣作业具有如下特点：

(1) 可按照客户要求的时间确定配货的先后顺序。

(2) 方法简单，接到订单可立即拣货，作业前置时间短。

(3) 作业人员责任明确。

(4) 商品品项较多时，拣货行走路径加长，拣取效率较低。

(5) 各用户的分拣互不干扰，可以根据用户的要求调整分拣的先后次序，集中力量优先完成某一用户的配货任务。

(6) 分拣完一个货单后，一个用户的货物便配齐，货物可以不再落地，直接装车送货。

(7) 对机械化、自动化没有严格要求。

(8) 用户数量不受工艺限制，可以在很大范围内波动。

3) 摘果式分拣作业的应用范围

摘果式分拣作业的应用范围如下：

(1) 储存的商品不易移动。

(2) 每一个客户需要的商品品种较多，而每种商品的数量较小。

(3) 订单大小差异较大，订单数量变化频繁，商品种类差异较大，如化妆品、家具、电器、百货、高级服饰等。

(4) 不能建立相对稳定的用户分货货位。

(5) 用户之间共同需求差异较大。

(6) 用户配送时间要求不一。

(7) 传统的仓库改造为配送中心，或新建的配送中心初期运营。

4) 摘果式分拣作业的方式

摘果式分拣作业具有以下几种方式。

(1) 人工分拣：由人一次巡回或分段巡回于各货架之间，按订单拣货，直至配齐。

(2) 人工+手工作业车分拣：分拣人员推着手推车一次巡回或分散巡回于货架之间，按订单进行拣货，直到配齐。它与人工分拣基本相同，两者的区别在于人工＋手工作业车分拣需借助半机械化的手推车作业。

(3) 机动作业车分拣：分拣人员乘车辆或台车为一个用户或多个用户分拣，在分拣过程中就进行货物装箱或装托盘的处理。

(4) 传动运输带分拣：分拣人员只在附近几个货位进行分拣作业，传动传输带不停地运转，分拣人员按照电子标签的指令将货物取出放在传动传送带上，或放入传动运输带上的容器内。传动运输带转到末端时分拣人员把货物卸下来，放在已划好的货位上等待装车发货。每个分拣人员仅负责几种货物的分拣。

(5) 拣选机械分拣：自动分拣机或由人操作的叉车、分拣台车巡回于高层货架间进行分拣，或者在高层重力式货架一端进行分拣。这种方式可以人随机械或车操作，也可以通过计算机控制使分拣机械自动寻址，自动取货，适用于重量和体积都较大且易形成集装单元的货物的分拣。

(6) 回转式货架分拣：分拣人员固定在拣货的位置，按用户的订单操纵回转货架作业。这种方式适用于分拣作业区域窄小的情况。

2. 播种式分拣作业

播种式分拣作业又称为分货式分拣作业或批量分拣作业。

1) 播种式分拣作业的流程

播种式分拣类似于田野中的播种操作。将多张订单集合成一批，先将要配送的数量较多的同种商品从储物货位取出，集中搬运到发货区；然后组配机械在各个客户的发货位间移动，并依次将各个客户需要的该类商品按照要求的数量分出来。这样，每巡回一次，就将某一种商品分到若干个需要该类商品的客户发货位上。如此反复，直到将每个客户需要的各种商品都配齐，就完成了一次配货作业任务。这种拣货方式的特点是：用户发货位固定，分货人员和工具相对运动。

与摘果式分拣方式相比，播种式分拣方式可以提高配货速度，节约配货的劳动消耗，提高作业效率。尤其是当需要配送的客户数量很多时，采用播种式分拣作业能够取得更好的效果。

2) 播种式分拣作业的特点

播种式分拣作业具有以下特点：

(1) 可以缩短分拣商品时的行走时间，增加单位时间的拣货量。

(2) 由于需要订单累积到一定数量时才做一次性的处理，因此，会有停滞时间产生。

(3) 集中取出众多客户需要的货物，再将货物分放到事先规划好的客户发货位上。

(4) 这种作业方式计划性较强，待若干客户的需求集中后才开始分货，直到最后一种客户共同需要的货物分放完毕。

(三) 分拣作业消耗的时间

从分拣作业的四个基本环节可以看出，整个分拣作业所消耗的时间主要包括以下四大部分：

(1) 订单或送货单经过信息处理过程，形成拣货指示的时间。

(2) 行走与搬运货物的时间。

(3) 准确找到货物的储位并确认所拣货物及其数量的时间。

(4) 分拣完毕后，将货物分类和集中的时间。

因此，提高分拣作业效率，主要应缩短以上四个作业时间，以提高作业速度与作业能力。此外，防止分拣错误的发生，提高配送中心内部储存管理账物相符率以及顾客满意度，降低作业成本也是分拣作业管理的目标。

(四) 分拣作业的最终目的

分拣作业集中在配送中心内部完成，是为实现高水平配送货物所进行的拣取、分货、配货等理货工作，是配送中心的核心工序。从各国的物流实践来看，大体积、大批量需求多采取直达、直送的供应方式，配送的主要对象是中、小件货物，即配送多为多品种、小体积、小批量的物流作业。这样的特性使得分拣作业的工作量在配送中心作业量中的比重非常大，而且工艺复杂。特别是对于客户多、货物品种多、需求批量小、需求频率高、送货时间要求高的配送服务，分拣作业的速度和质量不仅对配送中心的作业效率起决定性的作用，而且直接影响整个配送中心的信誉和服务水平。因此，迅速且准确地将顾客所要求的货物集合起来，并且通过分类配装及时送交顾客，是分拣作业最终的目的。

二、检验作业

(一) 货物检验方法

货物检验最简单的方法就是人工检验，也就是将货物一个个点数并逐一核对出货单，进而检验货物的品质及状态。就货物的品质及状态检验而言，纯人工方式可能难以全面发现问题，即使经过多次检验并耗费大量时间，错误仍有可能存在。因此，有必要探索和开发更有效的货物检验方法，如表 4.4 所示的三种方法可供参考。

表 4.4　货物检验方法

检验方法	作 业 程 序	作业效果
条形码检验法	导入条形码，让条形码与货物绑定。利用条形码扫描器读取移动中的货物条形码，计算机自动统计扫描信息，并与出货单信息进行对比，从而检验货物数量和编号是否有误	与人工检验法相比，效率高，出错率低
声音输入检验法	当作业人员发声读出货物名称、代码和数量后，计算机接收声音并自动识别，转换成数据信息后再与出货单信息进行对比，从而判断是否有误	效率高，但要求作业人员发音准确，且每次发音字数有限，否则会造成计算机识别困难，进而产生错误
重量计算检验法	利用计算机计算出货单上所有货物的理论重量，再将计算结果与称出的货物的实际重量进行核对。若利用装有质量检验系统的拣货台车进行拣货，则在拣取过程中就能利用此法来对拣货货物进行检验，拣货人员每拣取一样货物，台车上的计重器就会自动显示其重量并做核对	可省去事后的检查工作，而且效率及正确性极高

以上三种方法中，声音输入检验法比较先进，作业人员在读取货物信息的同时，手脚可以同时做其他分拣、理货工作，自由度较高，但对作业人员也提出了较高的要求。因此，作业人员在进行配货检验时，需根据检验内容及货物的特性选择合适的检验方法。

(二) 货物检验的内容

货物检验的内容包括品质、数量和重(质)量、包装、卫生、残损等。

(1) 品质检验：指对货物的外观、化学成分、物理性能等进行检验，一般采用仪器检验和感官检验两种方法。

(2) 数量和重(质)量检验：指按合同规定的计量单位和计量方法对货物数量和重(质)量进行检验。

(3) 包装检验：指对货物包装的牢固性、完整性进行检验，看其是否适合货物的性质和特点，是否适于货物流转过程中的装卸、搬运，是否符合合同及其他有关规定，是否合乎标准或合同规定的内包装和衬垫物料或填充物料，并对包装标志的各项内容进行核对，看其是否与合同规定相符。

(4) 卫生检验：指对肉类罐头食品、奶制品、禽蛋及蛋制品、水果等货物是否无菌、无寄生虫等进行检验。

(5) 残损鉴定：指对受损货物的残损部分予以鉴定，分析致残原因及对货物使用价值的影响，估计损失程度，出具证明等。

(三) 货物质量检验的方法

货物质量检验的方法有感官检验法、理化检验法和生物学检验法。

1. 感官检验法

感官检验法是借助人的感觉器官的功能和实践经验来检测货物质量的一种方法。也就是利用人的眼、鼻、舌、耳、手等感觉器官作为检验器具，结合平时积累的实践经验对货物的外形结构、外观疵点、色泽、声音、气味、滋味、弹性、硬度、光滑度、包装和装潢等的质量情况进行检验，并对货物的种类、规格、性能等进行识别。感官检验法主要有视觉检验法、听觉检验法、味觉检验法、嗅觉检验法、触觉检验法。感官检验法在货物质量检验中有着广泛的应用，并且任何货物对消费者来说总是先用感觉器官来评价质量的，所以感官检验十分重要。

感官检验法的特点如下：

(1) 方法简单，快速易行。

(2) 不需复杂、特殊的仪器设备和试剂或特定场所，不受条件限制。

(3) 一般不易损坏货物。

(4) 成本较低。

感官检验法具有如下局限性：

(1) 不能检验货物的内在质量，如成分、结构、性质等。

(2) 检验的结果不精确，不能用准确的数字来表示，是一种定性的方法，结果只能用专业术语或记分法表示货物质量的好坏。

(3) 检验结果易带有主观片面性，常受检验人员知识、技术水平、工作经验、感官的敏锐程度等因素的影响，同时检验人员的审美观以及检验时的心理状态也会影响结果的准确性，故使检验的结果有时带有一定的主观性，科学性不强。

2. 理化检验法

理化检验法是在实验室的一定环境条件下，借助各种仪器、设备和试剂，运用物理、化学的方法来检测和评价货物质量的一种方法。它主要用于检验货物的成分、结构、物理性质、化学性质、安全性、卫生性以及对环境的污染和破坏性等。

理化检验法的特点如下：

(1) 检验结果精确，可用数字定量表示(如成分的种类和含量、某些物理化学、机械性能等)。

(2) 检验的结果客观，它不受检验人员的主观意志的影响，使对货物质量的评价具有客观而科学的依据。

(3) 能深入地分析货物的成分、内部结构和性质，能反映货物的内在质量。

理化检验法具有如下局限性：

(1) 需要一定仪器设备和场所，成本较高，要求条件严格。

(2) 往往需要破坏一定数量的货物，消耗一定数量的试剂，费用较大。

(3) 检验需要的时间较长。

(4) 要求检验人员具备扎实的基础理论知识和熟练的操作技术。

因此，理化检验法在商业企业直接采用较少，多作为感官检验之后、必要时进行补充检验的方法，或委托商检机构做理化检验。理化检验法主要有物理检验法、化学检验法。

3. 生物学检验法

生物学检验法是通过仪器、试剂和动物来测定食品、药品和一些日用工业品以及包装对危害人体健康安全等性能的检验。

检验货物品质需采用的检验方法因货物种类不同而异，有的货物(如茶叶)采用感官检验法即可评价其质量；有的货物(如搪瓷)既可采用感官检验法，也可采用理化检验法；有的货物(如钢材)需以理化检验的结论作为评价货物质量的依据。要使货物质量检验的结果准确无误，符合货物质量的实际，经得起复验，就要不断提高检验的技术和经验，采用新的检验方法和新的检测仪器。随着科技发展，货物质量检验方法向着快速、准确、少损(或无损)和自动化方向发展。

相 关 链 接

《出口商品生产、供货单位检验员认可、管理办法》

第一章　总　　则

第一条　为充分依靠生产、供货单位的检验力量，落实出口商品出厂前的检验工作，特制定本办法。

第二条　本办法适用于各地进出口商品检验局对管辖范围内的出口商品生产、供货单位专职检验员的考核认可和管理工作。

第二章　申请认可及考核、发证

第三条　凡检验机构、检验制度健全的出口商品生产、供货单位，可向商检局推荐检验员，申请认可。

第四条　推荐的检验员必须具备下列条件：

(一) 从事检验工作三年以上，熟悉检验标准和检验技术，了解生产工艺和管理知识，并能对产品质量做出准确的评价和分析。

(二) 工作积极，作风正派，责任心强，坚持原则，办事公正，并有一定威信。

第五条　对符合条件的检验员，由申请单位向商检局领取申请书，由申请单位填报并经主管部门签署意见后送商检局。申请书由各地商检局自行印制，其必备栏目为：被推荐人的姓名、性别、年龄、职称、所在单位、文化程度、工作简历、工作表现、推荐单位意见、主管部门意见、商检局审批意见及考核人员签字。

第六条　商检局可单独或会同生产主管部门对检验员进行考核，考核的内容包括专业技术、工作表现、质量管理知识及文字表达能力等。被考核人员的专业技术水平在中专或相当中专以上的，可免试专业技术，中专以下的由商检局单独或会同主管部门命题考试；其他项目可采取调查、座谈等方式考核。

第七条　经考核合格的生产、供货单位检验员，由各地商检局发给认可证书。证书由各地商检局自行制作。

第三章　被认可的检验员职责

第八条　被认可的生产、供货单位检验员(以下简称认可检验员，下同)，履行下列职责：

(一) 贯彻商检有关政策。

(二) 按要求逐批(指报检批，下同)检验本单位出口产品，对检验结果负责，并做好详细的检验记录。对检验合格的批签发产品合格证，对检验不合格的批或未经检验的批不予签证。

(三) 指导本单位出口产品的检验工作，深入生产，对产品质量、规格、数(重)量和包装以及安全、卫生项目进行检查，督促改进。督促有关人员保管好样品、标准等检验依据及有关检验资料、文件。

(四) 与商检局保持密切联系，可直接向商检局反映产品质量情况。接受商检局的管理，每季向商检局送交《认可检验员检验情况季报表》，每年向商检局提交工作总结。

第四章　对认可检验员的监督管理

第九条　商检局须监督认可检验员的工作，检查其是否按规定检验、评定和填写检验原始记录及《认可检验员检验情况季报表》等。

第十条　对认可检验员进行定期培训、考核，建立认可检验员档案。

第十一条　对工作松懈，作风不正、弄虚作假者，吊销其认可证书；对工作表现突出者予以表彰。

第五章　附　　则

第十二条　出口商品生产、供货单位的领导应支持认可检验员的工作，使人员保持相对稳定，如有调动，须书面告知商检局并推荐新的人选。

第十三条　本办法自一九九〇年七月一日起执行。国家商检局(86)国检监字第 280 号文件下达的《出口商品生产，供货单位检验员考核，认可办法(试行)》同时废止。

实训练习

海星配送中心接到了来自三个不同门店的订单，订单的具体内容如表 4.5、表 4.6、表 4.7 所示。假设你是海星配送中心的分拣人员，物流实训室就是海星配送中心。

表 4.5　订货单(门店一)

货物代码	货 物 名 称	单位	规格	数量	条码
31031101	金力波瓶啤 640 mL	瓶	1 × 12	3	6926027711061
31030708	兰得利蓝特爽啤酒 640 mL	瓶	1 × 12	4	6926026526461
03091705	水森活纯净水 3800 mL	桶	1 × 12	3	6926026535261
03010302	可口可乐 600 mL	瓶	1 × 12	2	6926026535311
13010380	来一桶酸菜牛肉火锅面 137 g	碗	1 × 12	7	6925303773038

表 4.6　订货单(门店二)

货物代码	货 物 名 称	单位	规格	数量	条码
03091705	水森活纯净水 3800 mL	桶	1 × 12	7	6926026535261
03010302	可口可乐 600 mL	瓶	1 × 12	5	6926026535311
13010380	来一桶酸菜牛肉火锅面 137 g	碗	1 × 12	4	6925303773038
13070709	龙口粉丝香辣排骨 63 g	碗	1 × 12	2	6928537100045
53171101	双船卷纸 500 g	卷	1 × 10	1	6925623107845
13010952	农心大碗面 117 g	碗	1 × 12	8	6922343185145

表 4.7　订货单(门店三)

货物代码	货 物 名 称	单位	规格	数量	条码
31031101	金力波瓶啤 640 mL	瓶	1 × 12	5	6926027711061
31030708	兰得利蓝特爽啤酒 640 mL	瓶	1 × 12	3	6926026526461
03010302	可口可乐 600 mL	瓶	1 × 12	5	6926026535311
13010380	来一桶酸菜牛肉火锅面 137 g	碗	1 × 12	4	6925303773038
13070709	龙口粉丝香辣排骨 63 g	碗	1 × 12	2	6928537100045
53171101	双船卷纸 500 g	卷	1 × 10	1	6925623107845
13010952	农心大碗面 117 g	碗	1 × 12	8	6922343185145

请根据这三个门店的订单制作分拣单并为这些客户进行货物的分拣。

任务思考

1. 分拣作业的环节有哪些？
2. 分拣作业的方式有哪些？
3. 分拣作业消耗的时间构成有哪些？
4. 分拣作业的最终目的是什么？
5. 货物检验方法有哪些？
6. 货物检验的内容有哪些？
7. 货物质量检验的方法有哪些？

项 目 小 结

　　本项目从四个方面介绍了电子商务物流配送中心理货作业，包括仓储作业、订单处理作业、盘点补货作业、分拣检验作业，理货作业的质量和水平高低是确保送货环节顺利进行的重要保障。

项目五　物流配送中心送货作业

(1) 掌握出货作业。
(2) 熟悉输配送作业。

任务一　出货作业

导　读

　　出货作业是指充分利用运输工具(如火车、货车、轮船等)的载重量和容积，采用先进的装载方法，合理安排货物的装载。

　　配送中心为了顺利、有序、方便地向众多客户发送货物，对组织进来的各种货物进行整理，并依据订单要求进行组配和装载的过程即为出货作业(也称为配货作业或配载作业)。配送中心组织进来的货物或暂存于理货现场，或储备于中心仓库，品种繁多，数量巨大。

一、出货问题类别

　　目前，同其他运输方式相比，公路运输存在着装载率偏低、运输费用偏高等问题。据有关资料显示，企业货车的装载率一般只有 70%左右。根据待装货物和车辆的数目，出货问题可以分为两大类：

　　(1) 当装载车辆足够多，而待装货物有限时，目标是使用的车辆数目最少；

(2) 当装载车辆有限，而待装货物远远超过现有全部车辆的承载能力时，目标是充分利用车辆的体积和载重，使车辆的利用率最高。

和一般送货不同之处在于，通过出货可以大大提高送货水平及降低送货成本，所以，出货也是配送系统中有现代特点的功能要素，也是现代配送不同于一般送货的重要区别之一。

二、组织集装化运输

提高货物出货质量的重要措施之一就是采用各种集装器具组织集装化运输。由于货物品类繁多、形状各异，实现高效的货物集装化运输需要不同类型的集装器具，以充分提高运输工具的装载能力。为叙述方便，本书中将集装箱、铁路货车、公路货运汽车、货运飞机、货轮等运输工具或载运工具统称为装载单元。为了合理利用装载单元的几何容积，应分析装载单元的货流构成，考虑装载单元的实际装载能力。确定装载单元的容积，对于扩大装载单元的使用范围，提高装载单元的使用效率，有效地利用载运单元的载重力和容积，实现各种运输方式的货物联运等，都具有重要的作用。然而，在具体实践操作中，应用复杂的数学模型解决集装化运输问题与现场实际情况存在较大差距。

三、影响配送车辆积载的因素

(1) 货物特性因素。由于货物的形状、密度等造成亏载。例如，轻泡货物，由于车辆容积的限制和运行限制(主要是超高)，而无法满足吨位，造成吨位利用率较低。

(2) 货物包装情况。由于货物的包装尺寸或形状等造成亏载。例如，车厢尺寸不与货物包装容器的尺寸成整倍数关系，则无法装满车厢。例如，货物宽度为 80 cm，车厢宽度为 220 cm，将会产生装三箱不足，装两箱剩余 60 cm 的情况。

(3) 不能拼装运输。由于货物之间不能拼装造成亏载。例如，所配送的货物重量与所选派的车辆核定吨位不接近，或按有关规定而必须减载运行(如有些危险品必须减载运送才能保证安全)等。

(4) 装载技术。由于装载技术不恰当而造成不能装足吨位的情况。

四、车辆出货的方法

具体车辆出货要根据需配送货物的具体情况以及车辆情况，采用经验出货法或计算出货法来选择最优的装车方案。

(一) 经验出货法

凭经验出货时，应注意以下问题：

(1) 为了减少或避免差错，尽量把外观相近、容易混淆的货物分开装载。

(2) 重不压轻，大不压小，轻货应放在重货上面，包装强度差的货物应放在包装强度好的货物上面。

(3) 尽量做到"后送先装"。由于配送车辆大多是后开门的厢式货车，故先卸车的货物应装在车厢后部，靠近车厢门，后卸车的货物装在前部。

(4) 货与货之间、货与车辆之间应留有空隙并适当衬垫，防止货损。

(5) 不将散发臭味的货物与具有吸臭性的食品混装。

(6) 尽量不将散发粉尘的货物与清洁货物混装。

(7) 切勿将渗水货物与易受潮货物一同存放。

(8) 包装不同的货物应分开装载。例如，板条箱货物不要与纸箱、袋装货物堆放在一起。

(9) 具有尖角或其他突出物的货物应和其他货物分开装载或用木板隔离，以免损伤其他货物。

(10) 装载易滚动的卷状、桶状货物时，要垂直摆放。

装货完毕后，应在车门处采取适当的稳固措施，以防开门卸货时，货物倾倒造成货损或人身伤亡。

(二) 计算出货法

合理使用运输工具是提高运输效率的重要措施，也是合理组织货物运输的重要途径之一。所谓合理使用运输工具，就是在特定的自然条件下，根据运输工具的特点，结合货物的自然属性和形态以及市场需求的缓急，将全部货运量分配于各种运输工具，以充分发挥运输工具的效能。

计算出货法

合理使用运输工具的主要途径是提高技术装载量。提高技术装载量的基本条件是改进货物包装，实现包装标准化，以适配载运工具的容积特点。要提高技术装载量，最大限度地利用车船的载重吨位和有效容积，主要采取以下措施：

(1) 组织轻重出货。一辆货车装载实重货物，虽然能够充分利用货车的载重量，但不能装满容积，在容积上造成浪费；若装载轻泡货物，则可以充分利用货车容积，但重量不够，在吨位上造成浪费。组织货物轻重出货，可以充分利用车船容积和载重量，提高运输工具的载重效率。

(2) 货物解体装载。这种方法适于某些机械货物，如自行车、磅秤、运动器材等。这些货物体积大，又不便于堆码，如果装载方法不当，必然浪费车船容积。在不影响货物质量的前提下，将商品拆解成几个部分，分别包装，可以缩小货物所占空间，提高运输工具的装载能力，也便于装卸和搬运。

(3) 研究各类车厢的装载标准，根据不同货物和不同包装体积的要求，合理安排装载顺序，努力提高装载技术和操作水平，力求装足车辆核定吨位。

(4) 根据客户所需要的货物品种和数量，调派适宜的车型承运，这就要求配送中心根据经营货物的特性，配备合适的车型结构。

(5) 凡是可以拼装运输的货物，尽可能拼装运输，但要注意防止差错。

以下以厢式货车为例给出货物的出货重量的计算方法。厢式货车有确定的车厢容积，车辆的载货容积为确定值。设车厢容积为 V，车辆的载重量为 W。现要装载质量体积为 R_a、R_b 的 a、b 两种货物，使得车辆的载重量和车厢容积均被充分利用。

设 a、b 两种货物的出货重量为 W_a、W_b，则

$$\begin{cases} W_a + W_b = W \\ W_a \times R_a + W_b \times R_b = V \end{cases}$$

解方程组得

$$\begin{cases} W_a = \dfrac{V - W \times R_b}{R_a - R_b} \\[3mm] W_b = \dfrac{V - W \times R_a}{R_b - R_a} \end{cases} \tag{6.1}$$

例 6.1 某仓库某次需运送水泥和玻璃两种货物，水泥的质量体积 R_a 为 0.9 m³/t，玻璃的质量体积 R_b 是 1.6 m³/t，计划使用的车辆的载重量 W 为 11 t，车厢容积 V 为 15 m³。试问如何装载使车辆的载重量和车厢容积都被充分利用。

解　设水泥的装载量为 W_a，玻璃的装载量为 W_b，则利用公式(6.1)可得

$$W_a = \frac{V - W \times R_b}{R_a - R_b} = \frac{15 - 11 \times 1.6}{0.9 - 1.6} = 3.71 \text{ t}$$

$$W_b = \frac{V - W \times R_a}{R_b - R_a} = \frac{15 - 11 \times 0.9}{1.6 - 0.9} = 7.29 \text{ t}$$

故当该车装载水泥 3.71 t、玻璃 7.29 t 时车辆达到满载。

通过以上计算可以得出，两种货物的搭配使车辆的载重量和车厢容积都得到了充分的利用，但是其前提条件是车厢的容积系数介于所要配载货物的容重比之间。若所需要装载的货物的质量体积都大于或小于车厢容积系数，则只能是车厢容积不满或者不能满足载重量。当存在多种货物时，可以将货物容重比与车厢容积系数相近的货物先出货，剩下两种最重和最轻的货物进行搭配出货；或者对需要保证数量的货物先足量出货，再对不定量配送的货物进行出货。

五、配送车辆装载与卸载

(一) 装载、卸载(以下简称装卸)的基本要求

装卸的基本要求是省力、节能、减少损失、快速、低成本，具体要求如下。

(1) 装车前应对车厢进行检查和清扫。因货物性质不同，装车前需对车辆进行清洗、消毒，以确保达到规定要求。

(2) 确定最恰当的装卸方式。在装卸过程中，应尽量减少或避免消耗装卸的动力，利用货物本身的重量进行装卸，如利用滑板、滑槽等。同时应考虑货物的性质及包装，选择最适当的装卸方法，以保证货物的完好。

(3) 合理配置和使用装卸机具。根据工艺方案科学地选择装卸机具，并按一定的流程合理地布局，以使搬运和装卸的路径最短。

(4) 力求减少装卸次数。在物流过程中，发生货损货差的主要环节是装卸。而在整个物流过程中，装卸作业是反复进行的，其发生的频数超过其他环节。装卸作业不仅不增加货物的价值和使用价值，反而有可能增加货物破损的概率和延缓整个物流作业速度，从而增加物流成本。因此，应尽量减少装卸次数。

(5) 防止货物装卸时的混杂、散落、漏损、砸撞。特别要注意有毒货物不得与食用类货物混装，性质相抵触的货物不能混装。

（6）装车的货物应数量准确，捆扎牢靠，做好防丢措施。卸货时应清点准确，码放、堆放整齐，标志向外，箭头向上。

（7）提高货物集装化或散装化作业水平。成件货物集装化、粉粒状货物散装化是提高作业效率的重要手段。所以，成件货物应尽可能集装成托盘系列、集装箱、货捆、货架、网袋等货物单元再进行装卸作业。各种粉粒状货物尽可能采用散装化作业，直接装入专用车、船、库。不宜大量化的粉粒状货物也可装入专用托盘、集装箱、集装袋内，以提高货物活性指数，便于采用机械设备进行装卸作业。

（8）做好装卸现场组织工作。装卸现场的作业场地、进出口通道、作业流程、人机配置等布局设计应合理，使现有的和潜在的装卸能力充分发挥或发掘出来。避免由于组织管理工作不当造成装卸现场拥挤、混乱，以确保装卸工作安全、顺利地完成。

（二）装卸的工作组织

货物配送运输工作的目的是不断提高装卸工作的质量及效率、加速车辆周转、确保物流效率。因此，除强化硬件之外，在装卸工作组织方面也要给予充分重视，做好装卸组织工作，具体包括：

（1）制定合理的装卸工艺方案。在制定装卸工艺方案时，可以使用就近装卸法或作业量最小法。不管采用哪种方法，在进行装卸工艺方案设计时应该综合考虑，尽量减少"二次搬运"和"临时放置"，使搬运装卸工作更合理。

（2）提高装卸作业的连续性。装卸作业应按流水作业原则进行，工序间应合理衔接，换装作业应尽可能采用直接换装方式。

（3）使装卸地点相对集中或固定。装卸地点相对集中或固定有助于实现装卸作业的机械化、自动化，从而提高装卸效率。

（4）力求装卸设施、工艺的标准化。为了促进物流各环节的协调，就要求装卸作业各工艺阶段间的工艺装备、设施与组织管理工作相互配合，以尽可能减少因装卸环节造成的货损货差。

（三）装车堆积

装车堆积是在具体装车时，为充分利用车厢载重量和容积而采用的方法。一般根据所配送货物的性质和包装来确定堆积的行、列、层数及码放的规律。

1. 堆积的方式

堆积的方式有行列式堆积方式和直立式堆积方式。

2. 堆积应注意的事项

（1）堆码要有规律、整齐。

（2）堆码高度不能太高，车辆堆装高度一受限于道路高度，二受限于道路运输法规规定。例如，大型货车的高度从地面起不得超过 4 m，载重量在 1000 kg 以上的小型货车不得超过 2.5 m，载重量在 1000 kg 以下的小型货车不得超过 2 m。

（3）货物在横向不得超出车厢宽度，前端不得超出车身，后端不得超出车厢的长度为：大货车不得超过 2 m；载重量在 1000 kg 以上的小型货车不得超过 1 m；载重量在 1000 kg

以下的小型货车不得超过 50 cm。

(4) 堆码时应重货在下，轻货在上；包装强度差的货物应放在包装强度好的货物的上面。

(5) 货物应大小搭配，以利于充分利用车厢的容积及核定载重量。

(6) 按顺序堆码，先卸车的货物后码放。

(四) 绑扎

绑扎是配送发车前的最后一个环节，也是非常重要的环节。它是在配送货物按客户订单全部装车完毕后，为了保证货物在配送运输过程中的完好，以及避免车辆到达各客户点卸货开箱时发生货物倾倒而必须进行的一道工序。

1. 绑扎的要求

绑扎时要考虑以下几点：绑扎端点要易于固定而且牢靠；可根据具体情况选择绑扎形式；应注意绑扎的松紧度，避免货物或其外包装损坏。

2. 绑扎的形式

绑扎的形式有单件绑扎、单元化绑扎、成组化绑扎、分层绑扎、分行绑扎、分列绑扎。

3. 绑扎的方法

绑扎的方法有平行绑扎、垂直绑扎、相互交错绑扎。

相 关 链 接

配送车辆出货技术要解决的主要问题就是在充分保证货物质量完好、数量正确且不超载的前提下，尽可能充分利用车辆容积和载重量，提高车辆利用率，节省运力，降低配送成本。

实训练习

环宇配送中心向三个不同门店发货，发货单的具体内容如表 5.1、表 5.2、表 5.3 所示。假设你是环宇配送中心的出货人员，物流实训室就是环宇配送中心，有一辆 1.5 吨位的货车和一辆 1 吨位的货车，请根据这三个门店的发货单来出货。

表 5.1　发货单(门店一)

货物代码	货 物 名 称	单位	规格	数量	条码
31031101	金力波瓶啤 640 mL	瓶	1×12	3	6926027711061
31030708	兰得利蓝特爽啤酒 640 mL	瓶	1×12	4	6926026526461
03091705	水森活纯净水 3800 mL	桶	1×12	3	6926026535261
03010302	可口可乐 600 mL	瓶	1×12	2	6926026535311
13010380	来一桶酸菜牛肉火锅面 137 g	碗	1×12	7	6925303773038

表 5.2　发货单(门店二)

货物代码	货 物 名 称	单位	规格	数量	条码
03091705	水森活纯净水 3800 mL	桶	1 × 12	7	6926026535261
03010302	可口可乐 600 mL	瓶	1 × 12	5	6926026535311
13010380	来一桶酸菜牛肉火锅面 137 g	碗	1 × 12	4	6925303773038
13070709	龙口粉丝香辣排骨 63 g	碗	1 × 12	2	6928537100045
53171101	双船卷纸 500 g	卷	1 × 10	1	6925623107845
13010952	农心大碗面 117 g	碗	1 × 12	8	6922343185145

表 5.3　发货单(门店三)

货物代码	货 物 名 称	单位	规格	数量	条码
31031101	金力波瓶啤 640 mL	瓶	1 × 12	5	6926027711061
31030708	兰得利蓝特爽啤酒 640 mL	瓶	1 × 12	3	6926026526461
03010302	可口可乐 600 mL	瓶	1 × 12	5	6926026535311
13010380	来一桶酸菜牛肉火锅面 137 g	碗	1 × 12	4	6925303773038
13070709	龙口粉丝香辣排骨 63 g	碗	1 × 12	2	6928537100045
53171101	双船卷纸 500 g	卷	1 × 10	1	6925623107845
13010952	农心大碗面 117 g	碗	1 × 12	8	6922343185145

任务思考

1. 如何组织集装化运输?
2. 影响配送车辆积载的因素有哪些?
3. 如何提高车辆利用率?
4. 出货的方法有哪些?

任务二　输配送作业

导 读

　　输配送是指将被订购的商品使用配送车辆从制造厂或生产地送至客户手中的活动,而其间商品可能是从制造厂仓库直接运给客户，也可能再通过批发商、经销商或由物流中心转送至客户。

货物的移动我们可总称为输送，而其中短距离且少量的移动我们称之为配送。一台货车对一个送货地点做一次往返送货称为输送，一台货车对多处客户点做巡回送货称为配送。以日本的研究来看，一般配送的有效距离最好在 50 km 以内，但对于国内知名的物流中心，专家建议配送半径在 30 km 以内最好。若以配送中心做据点划分，由工厂将货物送至配送中心的过程是输送，属于少品种、大量、长距离的运送；而由配送中心将货物送到客户手中的过程是配送，属于多频率、多样少量、短距离的运送。当然，两者若能兼顾"效率、服务"原则，则可得最佳绩效。但若无法兼顾，则输送较重视效率，以装载率优先，确保满载而不超载；而配送则多以服务为目标，以满足客户服务要求优先。

一、输配送概述

在物流系统中，输配送有利于提高物流的经济效益，使连锁企业实现零库存成为可能；有利于促进物资流通的社会化，可以大大改善生产制造企业的外部环境，提高物资供应的保证程度；有利于改善支线输送条件，使整个运输过程得以完善和优化。

二、输配送作业的内容

输配送作业是配送中心最具体、最直接的服务内容之一，其要点主要有以下内容：

(1) 输配送的时效性。若输配送途中不能准时到达，则必须立刻与配送中心总部取得联系，由总部采取紧急措施，确保履行合同。一般未能达到运输时效性的原因，除司机本身问题外，通常是所选择的配送路径、路况不佳或中途卸货耽搁等。

(2) 输配送的可靠性。输配送的可靠性是指将货物完好无缺地送达目的地，其考核指标有输配送的差错率、货损率等。要达到可靠性的目标，关键是提高输配送人员的素质，对输配送人员的要求是：装货细心，运输过程要保护好货物，熟悉门店地点和作业环境，操作要规范等。

(3) 输配送的沟通性。输配送人员与门店人员的有效沟通，有利于拉近相互间的距离，更好地完成输配送作业。

(4) 输配送的便利性。输配送作业要有一定的弹性，尽量满足门店的需要，如紧急送货、信息加快传递、顺道退货、辅助其他物料回收等。

(5) 输配送的经济性。输配送作业应以提升自身运作效率、控制物流成本为出发点，为客户提供更为经济的服务。

三、输配送作业的流程

输配送作业的流程如下：

(1) 物流配送中心根据客户的发货指令和库存情况做相应的配送处理。

(2) 根据配送计划，系统将自动地进行车辆、人员和货物的出库处理。

(3) 由专人负责货物的调配处理，包括自动配货和人工配货，目的是为了更高效地利用物流公司现有的资源。

(4) 根据系统的安排结果按实际情况进行人工调整。

(5) 在安排好后，系统将根据货物存放地点(库位)按物流公司设定的优化原则打印出拣货清单。

(6) 承运人凭拣货清单到仓库提货，仓库做相应的出库处理。

(7) 装车完毕后，根据所送货物的客户(门店)数量打印出相应的送货单。

(8) 车辆运输途中可通过 GPS 车辆定位系统随时监控，并做到及时沟通。

(9) 在货物到达目的地后，经收货方确认后，凭回单向物流配送中心确认。

(10) 根据统计分析数据和财务结算，产生应收账款与应付账款。

四、输配送的约束条件

输配送的约束条件有以下几项：

(1) 各配送路线的货物量不得超过车辆容积及载重量的限制。运输工具载重的限制是指每辆车、船、飞机都有额定载重量，超重将影响安全运输，所以在安排货物的配送路线时，应保证同路线货物的重量不超过所使用运输工具的载重量。比如，货物由 C 地至 B 地，运送的货物总重 10 t，配送中心有额定载重量为 8 t 的货车和额定载重量为 10 t 的货车，那么就应该选择后者。

(2) 在交通管制允许通行的时间段(如城区公路白天不允许货车通行)进行配送。某些路段在一定的时间范围内不允许某种类型的车辆通行。因此，确定配送路线时应考虑各个路段允许通行的时间限制。以武汉长江大桥为例，过往的车辆应以牌号的末位号分单双号过桥，如果配送路线要经过武汉长江大桥，则应预计好通过的时间，并安排相应的车辆送货。

(3) 配送中心应在现有运力允许的范围之内进行配送。配送中心的能力包括运输能力和服务能力。所谓运输能力，是指提供适当的专门化车辆的能力。对于服务能力而言，它包括利用电子数据交换(EDI)技术编制时间表、开发票、在线装运跟踪以及储存和整合。

(4) 自然因素的限制。自然因素主要包括气象条件、地形条件。尽管现代运输手段越来越发达，自然因素对运输的影响已相对减少，但是自然因素仍是不可忽视的影响因素之一。例如，采取航空运输时，就应考虑起运地、到货地及配送路线沿途各地是否有比较恶劣的气候，若有，则应考虑重新调整配送路线。

(5) 其他不可抗力因素的限制。其他不可抗力因素主要指法律的颁布、灾害的发生、战争的爆发等。这些因素有时会产生很严重的后果，为了规避风险，应当对其充分估计并对配送路线做出相应的调整。

相 关 链 接

配送属于运输中的末端运输、支线运输。配送和一般运输形态的主要区别在于：配送是距离较短、规模较小、频度较高的运输形式，一般使用汽车和其他小型车辆作为运输工具。配送与干线运输的区别是，配送路线选择问题是干线运输所不涉及的，干线运输的干线是唯一的运输线，而配送由于配送客户多，一般城市交通路线又较复杂，如何组合成最佳路线，如何使配装和路线有效搭配等，就成为必须考虑的问题。

实训练习

为什么会出现蔬菜批发配送呢?

(1) 解决果农、菜农的收入问题，迎合三农的热点，符合政府的菜篮子工程要求;

(2) 方便群众购买果蔬，给忙碌的生活带来便利;

(3) 在中国食品安全成为热点争议的大背景下，绿色果蔬保障居民身体健康，受到广大人民追捧;

(4) 蔬菜批发配送需要大量的配送工、司机等，利于缓解就业问题。

蔬菜配送是以蔬菜为代表的农产品从生产流通到消费过程中的一个环节，通常由专业的蔬菜配送公司或个体户负责从各个蔬菜批发商那里采购各种蔬菜、水果等农产品，甚至包括肉类、冻品等食材，然后通过车辆运送到超市、果蔬市场、食堂、酒店、餐馆、社区的一种社会生活和商业服务形式。食堂配送特别强调速度和保质，因此，一般采用定时配送、即时配送等形式向用户供货。新冠疫情防控期间，果蔬直接送货社区发挥了重要作用，大大支持了疫情防控工作，也方便了千家万户。

问题：请介绍一下你在新冠疫情防控期间是通过哪些渠道获取果蔬的。

任务思考

1. 输送与配送的区别有哪些?

2. 输配送作业的要点有哪些?

3. 输配送作业的流程是什么?

4. 输配送的约束条件有哪些?

项 目 小 结

本项目从两个方面介绍了物流配送中心的送货作业，包括出货作业、输配送作业。

项目六　物流配送中心信息处理

项目目标

(1) 熟悉配送管理信息系统相关概念及支撑技术、条码概念和结构、条码编码方法、EDI 技术的应用场景。

(2) 掌握电子商务物流配送中的信息识别技术、信息处理技术和信息传输技术。

(3) 理解 RFID 系统的构成、条码扫描器的类别和选择指标、数据库管理系统的功能等。

任务一　信息识别技术

导读

自动识别技术是以计算机技术和通信技术的发展为基础的综合性科学技术，它是实现信息数据自动识读、自动输入计算机的重要方法和手段。

正是自动识别技术的崛起，为快速、准确地进行数据采集和输入提供了有效手段，解决了由于物流数据输入速度慢、错误率高等造成的"瓶颈"难题。江苏省常州市东源纺织有限公司的电子商务系统主要分为三大业务系统，分别是网上购物系统、线下配送管理系统和实体门店系统。网上购物系统是主要进行网上促销、网上订单等的系统；线下配送系统主要包括仓库管理、配送管理以及财务结算等系统；实体门店系统主要包括收银管理、会员管理以及配送管理等系统。这三个系统的数据都集中存放在东源纺织有限公司中心机房的数据库中。针对收货人信息搞错的问题，在进行装箱时，通过条码扫描枪自动扫描箱子条码，并依据与订单的关联关系自动带出收货人的信息。自从采用了此条码系统后，东源纺织有限公司在多个方面都有了不小的突破，主要有以下几个方面：扩大了服装销售的品种和地域；改变了服装销售的模式；降低了服装生产成本，也无形中降低了服装销售成本；降低了库存积压。

一、条码技术

下面介绍条码技术的相关知识。

(一) 条码的概念与结构

1. 代码

代码即用来表征客观事物的一个或一组有序的符号。对项目进行标识时，首先要根据一定的编码规则为其分配一个唯一的代码，然后再用相应的条码符号将其表示出来。如图 6.1 所示，图中的阿拉伯数字 6901234567892 即某物品的商品标识代码，而其上方的由条和空组成的条码符号则是该代码的符号表示。

图 6.1　条码示意图

2. 条码

条码是由一组规则排列的条、空及其对应字符组成的标记，用以表示一定的信息。其中，"条"指对光线反射率较低的部分，"空"指对光线反射率较高的部分。这些条和空组成的数据表达一定的信息，并能够用特定的设备识读，转换成与计算机兼容的二进制或十进制信息。

(二) 条码的符号结构

一个完整的条码的组成次序依次为左侧静区、起始字符、左侧数据字符、分割字符(主要用于 EAN 码)、右侧数据字符、校验字符、终止字符、右侧静区。EAN13 码的符号结构如图 6.2 所示。

图 6.2　EAN13 码的符号结构

静区是指条码左、右两端外侧与空的反射率相同的限定区域，它能使阅读器进入准备阅读的状态。起始字符、终止字符是指位于条码开始和结束的若干条、空，分别标志条码的开始和结束，同时提供了码制识别信息和阅读信息。数据字符是指位于条码中间的条、空结构，它包含条码所表达的特定信息。

(三) 条码的编码方法

条码技术涉及了两种类型的编码方式：一种是代码的编码方式；另一种是条码符号的编码方式。代码的编码规则规定了由数字、字母或其他字符组成的代码序列的结构，而条码符号的编制规则规定了不同码制中条、空的编制规则及其二进制的逻辑表示的设置。表示数字及字符的条码符号是按照编码规则组合排列的，故各种码制的条码编码规则一旦确定，我们就可将代码转换成条码符号。

条码是利用"条"和"空"构成二进制的"0"和"1"，并以它们的组合来表示某个数字或字符，从而反映某种信息。但不同码制的条码在编码方式上却有所不同，一般有模块组合法和宽度调节法两种，介绍如下。

1. 模块组合法

模块组合法是指在条码符号中，条与空由标准宽度的模块组成。一个标准宽度的条模块表示二进制的"1"，而一个标准宽度的空模块表示二进制的"0"。商品条码模块的标准宽度是 0.33 mm，每个商品条码字符由 2 个条和 2 个空构成，每个条或空由 1～4 个模块组成，每个条码字符的总模块数为 7。条码字符的组成示意图如图 6.3 所示。

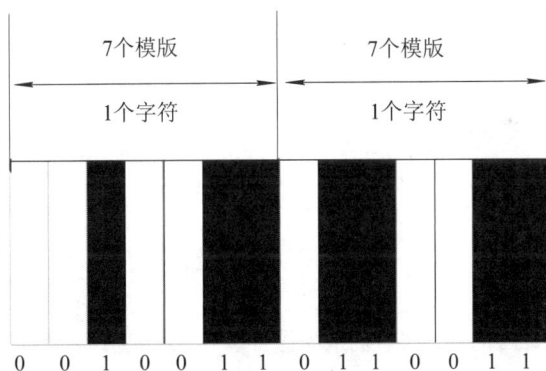

图 6.3　条码字符的组成示意图

2. 宽度调节法

宽度调节法是指条码中条与空的宽窄设置不同，用宽单元表示二进制的"1"，而用窄单元表示二进制的"0"，宽窄单元之比一般控制在 2～3。

下面以二五条码为例说明宽度调节法的编码方法。二五条码是一种只由条表示信息的非连续型条码。条码字符由规则排列的 5 个条构成，其中有 2 个宽单元和 3 个窄单元。二五条码的字符组成示意图如图 6.4 所示。

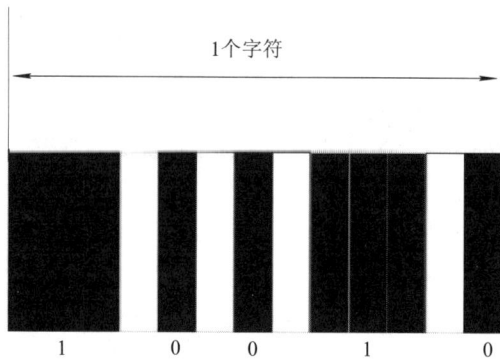

图6.4   二五条码的字符组成示意图

条码技术具有信息采集速度快、可靠准确、易于制作、自由度大、灵活、实用、设备结构简单、投资小等优点。

(四) 条码识读技术

1. 条码识读原理

条码阅读器是用于读取条码所包含的信息的设备。条码阅读器的结构通常包括以下几部分：光源、接收装置、光电转换器、译码器、计算机。条码识读的基本工作原理为：由光源发出的光线经过光学系统照射到条码符号上面，被反射回来的光经过光学系统成像在光电转换器上，使之转换为电信号；电信号经过电路放大后产生模拟电压，该模拟电压与照射到条码符号上被反射回来的光的强度成正比，其再经过滤波，形成与模拟信号对应的方波信号，经译码器转换为计算机可以直接接收的数字信号。

2. 常用识读设备及选择

常用的条码阅读器通常采用以下三种技术：光笔、CCD、激光，它们都有各自的优缺点，没有一种阅读器能够在所有方面都具有优势。通常使用的识读设备有如下几种。

(1) 手持式条码扫描器。这种扫描器的特点是：扫描速度快，每秒可对同一标签的内容扫描几十次至上百次。

(2) 台式条码自动扫描器。这种扫描器可以安装在生产流水线传送带旁的某一固定位置，等待标附有条码标签的待测物体以平稳、缓慢的速度进入扫描范围，对自动化生产流水线进行控制。

(3) 激光自动扫描器。这种扫描器可以在百分之一秒时间内对某一条码标签扫描阅读多次，而且可以做到每一次扫描不重复上一次扫描的轨迹。这种扫描器内部的光学系统可以将单束光转变成"十"字光或"米"字光，从而保证被测条码从各个不同角度进入扫描范围时都可以被识读。

(4) 便携式条码阅读器。这种阅读器本身就是一台专用计算机，有的甚至就是一台通用微型计算机。这种设备特别适用于流动性数据采集环境。收集到的数据可以通过便携式条码阅读器送到主机内存储。在有些场合，标有条码信息或代号的载体(数据采集器)的体积大且比较笨重，不适合搬运到同一数据采集中心处理，此时使用便携式条码阅读处理器十分方便。

选择条码阅读设备时应考虑的指标包括分辨率、一次识别率、误码率、扫描速度、 扫描宽度、扫描景深等。

二、射频识别(RFID)技术

下面介绍射频识别技术的相关内容。

(一) RFID 系统的组成

从系统的工作原理来看，RFID 系统一般由标签、阅读器、编程器、天线等部分组成。

(1) 标签。在 RFID 系统中，信号发射机为了不同的应用目的会以不同的形式存在，典型的形式是标签(TAG)。标签相当于条码技术中的条码符号，用来存储需要识别传输的信息。标签一般是带有线圈、天线、存储器与控制系统的低电集成电路。以下是标签的分类。

① 按照标签获取电能的方式不同，标签可分为有源标签和无源标签。

② 按照内部使用的存储器类型的不同，标签可分为只读标签与可读可写标签。

③ 按照标签中存储器数据存储能力的不同，标签可分为标识标签与便携式数据文件。

(2) 阅读器。在 RFID 系统中，信号接收器一般称为阅读器。

(3) 编程器。只有可读可写标签系统才需要编程器。编程器是用于向标签写入数据的装置。

(4) 天线。天线是标签与阅读器之间传输数据的发射、接收装置。除了系统功率、天线的形状和相对位置影响数据的发射和接收，还需要专业人员对系统的天线进行设计、安装。

(二) RFID 技术的应用

现在 RFID 技术主要应用于以下领域。

1. 电子物品监视

很多货物运输需准确地知道它的位置，如运钞车、危险品等。沿线安装的 RFID 设备可跟踪运输的全过程，有些还结合 GPS 系统实现对物品的有效跟踪。RFID 技术用于商店，可防止某些贵重物品被盗。电子物品监视(Electronic Article Surveillance，EAS)系统是一种设置在需要控制物品出入门口的 RFID 系统。这种系统的典型应用场合是商店、数据中心等地方。当未经授权的人从这些地方非法取走物品时，EAS 系统会发出警告。

2. 车号自动识别

实现车号的自动识别是铁路人由来已久的梦想。RFID 技术一问世，迅速引起铁路部门的重视。从国外实践看，北美铁道协会于 1992 年初批准了采用 RFID 技术的车号自动识别标准。到 1995 年 12 月为止，北美有 150 万辆货车、1400 个地点安装了 RFID 装置，首次在大范围内成功地建立了自动车号识别系统。此外，欧洲一些国家，如丹麦、瑞典也先后利用 RFID 技术建立了局域性的自动车号识别系统。近年来，澳大利亚也开发了自动识别系统，用于矿山车辆的识别和管理。

3. 非接触识别卡

国外的各种交易大多利用各种卡完成,即所谓的非现金结算,如电话卡、会员收费卡、储蓄卡、地铁及汽车月票等。

4. 生产线的自动化及过程控制

RFID 技术被用于生产线以实现自动控制,监控质量,改进生产方式,提高生产率。例如,RFID 技术被用于汽车装配生产线。国外许多著名轿车品牌(如奔驰、宝马)都可以按用户要求定制,也就是说从流水线开下来的每辆汽车都是不一样的,由上万种内部及外部选项所决定的装配工艺是各式各样的,没有一个高度组织、复杂的控制系统很难胜任这样复杂的任务。德国宝马公司在汽车装配线上配备了 RFID 系统,以保证汽车在流水线各位置处毫不出错地完成装配任务。

在工业过程控制中,很多恶劣或特殊的环境都采用了 RFID 技术。例如,MOTOROLA、SGSTHOMSON 等集成电路制造商采用集成了 RFID 技术的自动识别工序控制系统,满足了半导体生产对超净环境的特殊要求。而其他自动识别技术(如条码技术)在如此苛刻的化学条件和超净环境下就无法工作了。

5. 网络监控

在网络监控系统中,固定布置的 RFID 阅读器被分散布置在给定的区域,并且阅读器直接与物流管理信息系统相连。信号发射机是移动的,一般安装在移动的物体和人的上面。当物体或人流经阅读器时,阅读器会自动扫描标签上的信息并把数据信息输入数据管理信息系统中进行存储、分析、处理,从而达到控制物流的目的。

6. 高速公路收费(ETC)及智能交通系统(ITS)

高速公路自动收费系统是 RFID 技术最成功的应用之一,它充分体现了非接触识别的优势。在车辆高速通过收费站时,系统能自动完成缴费,解决交通"瓶颈"问题,避免拥堵,同时也防止了现金结算中贪污路费等问题。美国 Amtch 公司、瑞典 Tagmaster 公司都开发了用于高速公路收费的成套系统。我国交通管理部门也已经广泛应用 RFID 技术进行收费管理。

7. 动物的跟踪及管理

RFID 技术可用于动物跟踪,研究动物生活习性。

相 关 链 接

二维条码的产生背景

国外对二维条码技术的研究始于 20 世纪 80 年代末,我国对二维条码技术的研究开始于 1993 年。二维条码技术是在一维条码无法满足实际应用需求的前提下产生的。由于受信息容量的限制,一维条码通常是对物品的标识,而不是对物品的描述。所谓对物品的标识,就是给某物品分配一个代码，代码以条码的形式标识在物品上，便于自动扫描设备的识读，但代码或一维条码本身不表示该产品的描述性信息。另外，在通用商品条码的应用系统中，对商品信息(如生产日期、价格等)的描述必须依赖数据库的支持。在没有预先建立商品数据库或不便联网的地方，用一维条码表示汉字和图像信息几乎是不可能的，即使可以表示，也十分不便且效率很低。随着现代高新技术的发展，迫切需要用条码在有限的几何空间内表示更多的信息，以满足千变万化的信息表示需要。

二维条码的诞生解决了一维条码不能解决的问题，它能够在横向和纵向两个方位同时表达信息，不仅能在很小的面积内表达大量的信息，而且能够表达汉字和存储图像。二维条码的出现拓展了条码的应用领域，被许多不同的行业所采用。

二维条码是用某种特定的几何图形，按一定规律在平面(二维方向上)分布的黑白相间的图形上记录数据符号信息的条码码。简单地说，在水平和垂直两个方向存储信息的条码称为二维条码。

实训练习

条码技术与 RFID 技术之争

如何运用现代信息技术为企业"强身健体"，用信息技术支持企业的决策，已经成为很多企业需要全力解决的技改项目。

1. 条码技术

条码技术广泛应用在物流领域，大大提高了物流效率，同时可以进行货物跟踪和质量控制。

(1) 在制品的条码能实现从原材料到最终产品的全面跟踪。在库存盘点时，条码将大大地提高效率，减少库存冻结的时间。通过手持无线终端，收集盘点商品信息，然后将收集到的信息由计算机进行集中处理，从而形成盘点报告。

(2) 条码和企业资源计划(ERP)集成的系统可以降低30%处理成本，提高物流流转速度，并改善库存、在制品或产成品的跟踪。

(3) 利用条码对生产各个阶段物料进行跟踪的经验和技术同样可以应用于样品的跟踪和质量控制。

2. RFID 技术

在企业应用中，最有前途的自动识别和数据采集技术是 RFID 技术。应用 RFID 技术需要大规模的基础设施建设，如阅读器可以与手持终端相结合，也可以固定式地安装在某个位置上，如工厂的入口、到货库房的大门、货架或生产线上。如果建设了 RFID 技术所需的基础设施，那么 RFID 标签的信息通过无线电频率收发的优势将显露无遗。RFID 在对象和读卡器之间不需要条码所必需的可视联系，从而可以在无人照管的情况下完成识别和信息存储过程。RFID 可以穿过包装物、运输容器和金属之外的多种材料读出标签的信息。在实际操作中，可以利用基于 RFID 技术的实时定位系统跟踪成品的位置。在每一个离开生产线的成品上贴上 RFID 标签，可以很容易地从最后测试到装载运输的移动过程中跟踪每一个产品。

问题：为什么会出现条码技术与 RFID 技术之争？

任务思考

1. 简要谈谈条码技术在物流配送中心是如何应用的。
2. 简要谈谈 RFID 技术在物流配送中心是如何应用的。

任务二　信息传输技术

导　读

物流信息传输技术是指一切能使物流信息跨越时间或空间进行流动的技术，其包括时间传输技术和空间传输技术两大类。

古时候的火光传递信号、信鸽传书、旗语等都属于信息传输技术的一部分，其目的在于长距离地传递两地之间的信号。在科技时代，传输技术的应用范围更广，可以将生物信号、微电流信号等长距离传送到远端的仪器或者显示设备。传输技术广泛应用于物流配送、军事、民用、工厂等领域。

一、EDI

EDI 是英文 Electronic Data Interchange 的缩写，中文可翻译为"电子数据交换"，港、澳及海外华人地区将其称作"电子资料联通"。它是一种在公司之间传输订单、发票、物流信息等作业文件的电子化手段。它通过计算机通信网络将贸易、运输、保险、银行和海关等行业的信息，用一种国际公认的标准格式，实现各有关部门或公司与企业之间的数据交换与处理，并完成以贸易为中心的全部过程。

(一) EDI 概述

1. EDI 的起源、发展与应用

EDI 的起源可以追溯到 20 世纪 60 年代末，当时欧洲和美国几乎同时提出了 EDI 的概

念。20 世纪 70 年代以后，信息技术的发展使计算机及通信网络不断更新换代，通信和交通手段的革新使得生产社会化、国际化，加速了国际贸易的发展，跨国公司不断涌现。这些跨国公司为了获得最佳的经济效益，必然要在全球范围内合理安排原料进货、加工、装配及销售等环节，而所有这些活动都要求极高的效率和准确性。通过使用 EDI，企业可以很容易地满足这些要求。EDI 的应用使得从原料到生产、销售的整个过程的各个环节更紧密地结合，从而降低了生产成本。

2. EDI 的定义

由于 EDI 的发展和实施方法各有不同，关于其定义并无统一的解释。以下是一些国家或组织对 EDI 的定义。

(1) 国际标准化组织(ISO)的定义：商业或行政事务处理，按照一个公认的标准，形成结构化的事务处理或信息数据结构，实现从计算机到计算机的数据传输。

(2) 美国国家标准局 EDI 认证标准委员会的定义：独立组织之间通过计算机，以标准的语意结构来传输明确的业务或策略性信息。

(3) UN/EDIFACT 定义：贸易伙伴计算机系统之间，以最少的人工介入方式交换标准格式的资料。

(4) 在 ISO 9735：1988 中对 EDI 的定义：在计算机之间以商务的标准格式进行的商业或行政业务数据的电子传输。

从上述 EDI 的定义不难看出，EDI 包含了三个方面的内容，即计算机应用、通信和网络、数据标准化。其中，计算机应用是 EDI 的条件，通信和网络是 EDI 应用的基础，数据标准化是 EDI 的特征。这三方面相互衔接、相互依存，构成了 EDI 的基础框架。

3. EDI 的特点

由 EDI 的定义不难看出，EDI 作为企业自动化管理的工具之一，具有以下特点：

(1) EDI 在企业与企业之间传输商业文件数据。

(2) EDI 传输的文件数据都采用共同的标准。

(3) EDI 通过数据通信网络(即增值网和专用网)传送数据。随着技术的发展，EDI 也可利用公用网传送数据。

(4) EDI 数据的传输是从计算机到计算机的自动传输，不需人工介入操作。

EDI 与电子邮件的区别是：EDI 的传输内容为格式化的标准文件并具有格式校验功能，而电子邮件传输的是非格式化的文件；EDI 的处理过程为计算机自动处理，不需人工干预，而电子邮件的处理过程需人工干预。

(二) EDI 的工作流程

EDI 的工作流程如图 6.5 所示。用户在现有的计算机应用系统上进行信息的编辑处理；接着通过 EDI 转换软件将原始数据格式文件转换为平面文件；然后通过翻译软件将平面文件转换成 EDI 标准格式文件；最后在文件外层加上通信交换信封，通过通信软件发送到增值服务网络、Internet 或直接传输给对方用户。对方用户则进行相反的处理过程，即将接收的 EDI 标准格式文件转换成用户应用系统能够接受的文件格式并进行阅读处理。

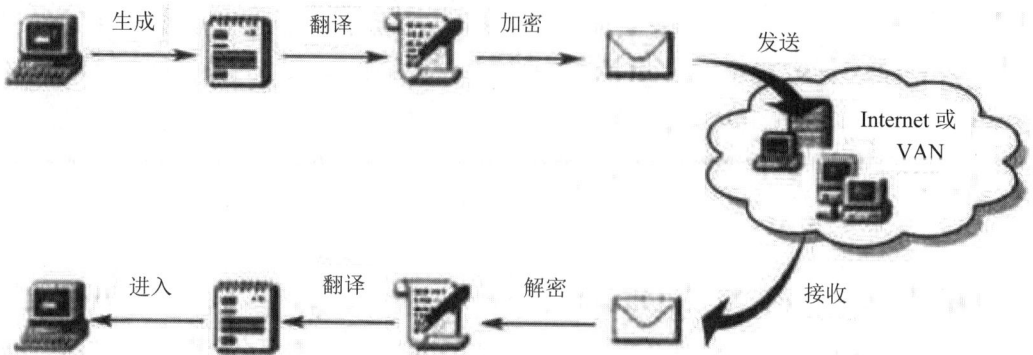

图 6.5　EDI 的工作流程

从上述 EDI 的工作流程可以看出，构成 EDI 系统有三个要素，即数据标准化(报文)、EDI 软件及硬件(计算机应用)、通信网络。EDI 标准是指 EDI 专用的一套结构化数据格式标准。

(三) EDI 软件

实现 EDI 通信需要配备相应的 EDI 软件。EDI 软件具有将用户数据库系统中的信息转换成 EDI 标准格式以供传输交换的能力。虽然 EDI 标准具有足够的灵活性，可以适应不同行业的不同需求，但由于每个公司都有其所规定的信息格式，因此，当需要发送 EDI 电文时，必须用某种方法从公司的专有数据库中提取信息，并把它转换成 EDI 标准格式进行传输，这就需要有 EDI 软件的帮助。

EDI 软件有以下几种：

(1) 转换软件(Mapper)。转换软件可以帮助用户将原计算机系统中的文件转换成翻译软件能够理解的平面文件(Flat File)，或将从翻译软件接收的平面文件转换成原计算机系统中的文件。

(2) 翻译软件(Translator)。翻译软件的功能是将平面文件翻译成 EDI 标准格式文件，或将接收到的 EDI 标准格式文件翻译成平面文件。

(3) 通信软件(Communication Software)。通信软件负责在 EDI 标准格式文件的外层加上通信交换信封(Envelope)，并将其发送到 EDI 系统交换中心的邮箱(Mailbox)，或由 EDI 系统交换中心将接收到的文件取回。

二、BDS 与 GPS

(一) BDS

1. 简介

中国北斗卫星导航系统(BeiDou Navigation Satellite System，BDS)具有在海、陆、空进行全方位实时三维导航与定位能力，是中国自行研制的全球卫星导航系统，也是继 GPS、GLONASS 之后的第三个成熟的卫星导航系统。北斗卫星导航系统(BDS)、美国 GPS、俄罗斯 GLONASS、欧盟 Galileo 是联合国卫星导航委员会已认定的供应商。

北斗卫星导航系统由空间卫星、地面中心站和用户终端三部分组成，其覆盖范围包括中国大陆及沿海、南沙及其他岛礁、日本海、太平洋部分海域和周边部分地区。北斗卫星导航系统可为服务区域内的用户提供全天候、高精度、大范围的实时定位服务，其定位精度一般为几十米。若采用差分定位技术，则重点地区的定位精度可达 10 m 以内，测速精度优于 0.2 m/s，这与美国 GPS 的定位水平基本接近。

随着北斗卫星导航系统建设和服务能力的不断提升，相关产品已广泛应用于交通运输、海洋渔业、水文监测、气象预报、测绘地理信息、森林防火、通信时统、电力调度、救灾减灾、应急搜救等领域，并逐步渗透到人类社会生产和人们生活的方方面面，为全球经济和社会发展注入新的活力。

2. 发展目标

BDS 的发展目标是：

(1) 建立世界一流的卫星导航系统，满足国家安全与经济社会发展的需求，为全球用户提供连续、稳定、可靠的服务。

(2) 发展北斗产业，服务经济社会发展和民生改善。

(3) 深化国际合作，共享卫星导航发展成果，提高全球卫星导航系统的综合应用效益。

3. 建设原则

建设 BDS 时遵循以下原则：

(1) 自主。坚持自主建设、发展和运行北斗卫星导航系统，具备向全球用户独立提供卫星导航服务的能力。

(2) 开放。免费提供公开的卫星导航服务，鼓励开展全方位、多层次、高水平的国际交流与合作。

(3) 兼容。提倡与其他卫星导航系统开展兼容与互操作，鼓励国际交流与合作，致力于为用户提供更好的服务。

(4) 渐进。分步骤推进北斗卫星导航系统建设，持续提升北斗卫星导航系统的服务性能，不断推动卫星导航产业全面、协调和可持续发展。

4. 基本组成

北斗卫星导航系统由空间段、地面段和用户段三部分组成。

(1) 空间段。空间段由若干地球静止轨道卫星、倾斜地球同步轨道卫星和中圆地球轨道卫星组成。

(2) 地面段。地面段包括主控站、时间同步/注入站和监测站等若干地面站，以及星间链路运行管理设施。

(3) 用户段。用户段包括北斗卫星导航系统兼容其他卫星导航系统的芯片、模块、天线等基础产品，以及终端设备、应用系统与应用服务等。

5. 优势

(1) 有源定位及无源定位。有源定位指的是在定位过程中接收机向卫星发送位置信息。无源定位接收机无须向卫星发送信息。在有源定位技术下，只要有 2 颗卫星就能实现定位，而正常无源定位情况下至少要有 4 颗卫星才能实现定位。在某些环境恶劣、搜星不佳的情况下,有源技术的优越性就体现出来了。

(2) 短报文通信服务。这是中国独有的技术。短报文是指用户终端与卫星之间能够通过卫星信号进行双向的信息传递,比较适合用于紧急情况下的通信。2008 年汶川大地震的时候,震区唯一的通信设备就是北斗一代。

(3) 境内监控。北斗三号系统首创采用了 Ka 频段这种测量型的星间链路技术。这项技术使所有北斗卫星连成一个大网,每颗星之间可以"通话",可以测距,一星通、星星通,使卫星定位的精度大幅度提高。另外,各个卫星的星载原子钟之间可以同步走,提高了整个导航系统时间同步的精度。

(二) GPS

全球定位系统(Global Positioning System,GPS)是一种基于卫星的定位系统,用于获得地理位置信息以及准确的通用协调时间。GPS 是由美国国防部研制建立的一种具有全方位、全天候、全时段、高精度的卫星导航系统,能为全球用户提供低成本、高精度的三维位置、速度和精确定时等导航信息,是卫星通信技术在导航领域的应用典范,它极大地提高了地球社会的信息化水平,有力地推动了数字经济的发展。该系统由美国政府放置在轨道中的 24 颗卫星组成。GPS 可提供精度在 10 米之内的导航。它可在任何天气条件下在全球任何地方工作。使用 GPS 无须支付定购费或安装费。该系统由美国政府运营,且其精度和维护也由美国政府完全负责。

GPS 主要应用于以下方面:

(1) 汽车自定位、跟踪调度——车载导航系统;

(2) 铁路运输管理——列车、货物跟踪管理;

(3) 军事物流——GPS 最初是为了军事目的而建立的。

三、GIS

地理信息系统(Geographic Information System 或 Geo-Information system,GIS)有时又称为"地学信息系统"。它是一种特定的十分重要的空间信息系统。它是在计算机硬、软件系统支持下,对整个或部分地球表层(包括大气层)空间中的有关地理分布数据进行采集、存储、管理、运算、分析、显示和描述的技术系统。GIS 以地理空间数据为基础,采用地理模型分析方法,适时地提供多种空间的和动态的地理信息,是一种为地理研究和地理决策服务的计算机技术系统。

GIS 主要应用于以下方面:

(1) 车辆路线规划模型;

(2) 网络物流模型;

(3) 分配集合模型;

(4) 设施定位模型。

相 关 链 接

GPS 与 GIS 的区别

GPS 是一个中距离圆形轨道卫星定位系统，可以为地球表面绝大部分地区提供准确的定位和高精度的时间基准。该系统包括太空中的 24 颗 GPS 卫星，最少需要其中 3 颗卫星(经度、纬度、高程)，就能迅速确定一个人在地球上的位置。所能接收到的卫星数越多，译码出来的位置就越精确。在汽车定位时，只需要在汽车上装一台比 32 开书本略小的"车载终端"就可以了，用于存放在移动的运输工具内的货物动态跟踪。

GIS 是一种基于计算机的工具，它可以对地球上存在的事物和发生的事件进行成图和分析。GIS 技术把地图这种独特的视觉化效果和地理分析功能与一般的数据库操作(例如查询和统计分析等)集成在一起，用于经过固定地理位置的货物静态跟踪。

实训练习

信息技术能否消除牛鞭效应

"牛鞭效应"是经济学上的一个术语，指供应链上的一种需求变异放大现象，即信息流从最终客户端向原始供应商端传递时，由于无法有效地实现信息共享，导致信息扭曲而逐级放大，从而使需求信息出现越来越大的波动。此信息扭曲的放大作用在图形上很像一个甩起的牛鞭，因此被形象地称为牛鞭效应。牛鞭效应示意图如图 6.6 所示。

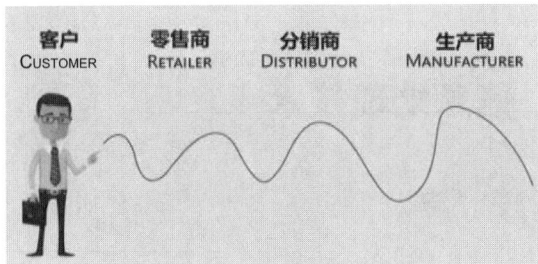

图 6.6 牛鞭效应示意图

信息技术是可以消除牛鞭效应的。例如，在企业内部采用 ERP 和高级计划与排程(APS)系统，在企业间采用供应链管理(SCM)系统，运用 Internet/EDI 技术，开展电子商务，对各信息系统进行集成，实现企业间的业务数据集成和信息共享。应用供应链协同技术使供应链上下游企业间业务流程整合，协作开展业务，能有效地消除牛鞭效应。

此外，消除牛鞭效应最重要的因素是上下游企业间建立紧密的合作伙伴关系。只有在供需双方相互信任、利益共享和风险共担的基础上，才能公开各自的业务数据、共享信息和业务过程。也只有在企业达成这种合作伙伴关系的前提下，利用先进的信息技术和信息管理系统，才能有效地消除各种因素的影响，从而真正地消除牛鞭效应。

这里，我们给出一个利用信息技术消除牛鞭效应的实例。雀巢公司与家乐福公司在确立了亲密合作伙伴关系的基础上，采用各种信息技术，由雀巢公司为家乐福公司管理其所生产产品的库存(供应商管理库存(Vender Management Inventory，VMI))。雀巢公司为此专门引进了一套 VMI 信息管理系统，家乐福公司也及时为雀巢公司提供其产品销售的 POS 数据和库存情况。通过集成双方的管理信息系统，经由 Internet/EDI 交换信息，雀巢公司和家乐福公司就能及时掌握客户的真实需求。为此，家乐福公司的订货业务情况为：每天 9：30 以前，家乐福公司把货物售出与现有库存的信息用电子形式传送给雀巢公司；在 9：30—10：30，雀巢公司将收到的数据合并至供应链管理(SCM)系统中，并产生预估的订货需求，系统将此需求量传输到后端的 APS/ERP 系统中，依实际库存量计算出可行的订货量，生成建议订单；在 10：30，雀巢公司再将该建议订单用电子形式传送给家乐福公司；在 10：30—11：00，家乐福公司确认订单并对数量与产品项目进行必要的修改之后回传至雀巢公司；在 11：00—11：30，雀巢公司依照确认后的订单进行拣货与出货，并按照订单规定的时间交货。这样，由于及时地共享了信息，上游供应商对下游客户的需求了如指掌，无须再放大订货量，有效消除了牛鞭效应。

问题：信息技术能消除牛鞭效应吗？为什么？

任务思考

1. 描述一下配送中心是如何运用 EDI 技术完成配送任务的？
2. 北斗卫星导航系统、GPS、GIS 三者有什么区别？

任务三　信息处理技术

导　读

信息处理技术是指用计算机技术处理信息。计算机运行速度极高，能自动处理大量的信息，并具有很高的精确度。

有信息就有信息处理。人类很早就开始了信息的记录、存储和传输，原始社会的"结绳记事"就是其中的一种方式，即使用麻绳和筹码作为信息载体，用来记录和存储信息。文字的创造、造纸术和印刷术的发明是信息处理的第一次巨大飞跃，计算机的出现和普遍使用则是信息处理的第二次巨大飞跃。

一、EOS

1. EOS 概述

电子订货系统(Electronic Order System，EOS)是指企业间利用通信网络(VAN 或互联网)和终端设备，以在线连接(Online)的方式进行订货作业和订货信息交换的系统。EOS 涵盖了整个商流流程。

2. EOS 的分类

EOS 主要分为以下几类：

(1) 企业内的 EOS(连锁总部与分店之间)。

(2) 零售商与批发商之间的 EOS。

(3) 零售商、批发商和生产商之间的 EOS。

3. EOS 的基本流程

EOS 的基本流程如下：

(1) 在零售店的终端利用条码阅读器获取准备采购的商品条码，并在终端机上输入订货种类，然后通过调制解调器将数据传输到批发商的计算机中。

(2) 批发商收到数据后开出发票，并根据传票同时开出提货单，实施提货，然后依据送货传票进行货物发货。送货传票上的资料便成为零售商的应付账款资料及批发商的应收账款资料。

(3) 零售商将送货传票上的资料上传到应收账款的系统中。

(4) 零售商对送到的货物进行检验后便可陈列与销售。

二、POS

1. POS 概述

销售时点系统(Point of Sale，POS)是指利用光学式自动读取设备，按照商品的最小类别读取实时销售信息以及采购、配送等阶段发生的各种信息，并通过通信网络和计算机系统传送至有关部门进行分析、加工、

销售时点
系统(POS)

处理和存储，便于各部门根据各自的目的有效地利用上述信息来提高经营效率的系统。该系统在销售的同时，采集每一种商品的销售信息并传送给计算机，计算机通过对销售、库存、进货和配送等信息的处理和加工，为企业进、销、存提供决策依据。

POS 最早应用于零售业，现在逐渐扩展到金融、旅馆等服务行业，利用 POS 信息的范围也从企业内部扩展到整个供应链。

2. POS 的组成

POS 包含前台 POS 系统和后台 MIS 系统两大基本部分。

(1) 前台 POS 系统：通过 VAN 链接扫描设备和终端计算机，在货物上贴条形码，收银员扫描货物条形码，终端计算机获取货物相关信息，指导总部、物流中心和各店铺决策，进而指导生产和销售。

(2) 后台 MIS 系统：又叫管理信息系统，它负责整个商场的进、销、调、存系统的管理及财务管理、考勤管理等。

3. POS 的运行操作

前台 POS 系统通过自动读取设备(如收银机)，在销售商品时直接读取商品销售信息(如商品名、单价、销售数量、销售时间、销售店铺、购买顾客等)，实现前台销售业务的自动化，对商品交易进行实时服务和管理，并将这些信息通过通信网络和计算机系统传送至后台 MIS 系统。

4. POS 的特征

POS 的特征如下：

(1) POS 具有单品管理、职工管理和顾客管理等功能。

(2) POS 可自动读取销售时点的信息。

(3) POS 可实现信息的集中管理。

(4) POS 是连接供应链的有力工具。

三、物联网技术

(一) 物联网发展概述

顾名思义，物联网(The Internet of Things)就是物物相连的互联网，其实践最早可以追溯到 1990 年施乐公司的网络可乐贩售机(Networked Coke Machine)。物联网的概念由美国麻省理工学院(MIT)的 Kevin Ashton 教授于 1991 年首次提出。我国物联网技术及应用发展迅速，2011 年 11 月，我国政府发布《物联网"十二五"发展规划》(以下简称《规划》)，该《规划》中圈定了 9 大领域重点示范工程，分别是智能工业、智能农业、智能物流、智能交通、智能电网、智能环保、智能安防、智能医疗、智能家居。

国际电信联盟(ITU)发布的 ITU 互联网报告中对物联网做了如下定义：通过二维码识读设备、射频识别(RFID)装置、红外感应器、全球定位系统和激光扫描器等信息传感设备，按约定的协议，把任何物品与互联网相连接，进行信息交换和通信，以实现智能化识别、定位、跟踪、监控和管理的一种网络。

中国物联网校企联盟将物联网定义为：当前几乎所有技术与计算机、互联网技术的结合，实现物体与物体之间；环境以及状态信息实时的共享以及智能化的收集、传递、处理、执行。广义上说，当前涉及信息技术的应用都可以纳入物联网的范畴。

物联网是指根据信息采集需要(即任何需要监控、连接、互动的物体或过程)，利用各种信息传感设备(如传感器)、射频识别技术、全球定位技术、红外感应器、激光扫描器、气体传感器等装置与技术，采集声、光、电、力学、化学、生物、位置等各种需要的信息，形成的一个巨大的人与计算机结合的网络。在这个网络中，物品能够彼此进行自主"交流"，而无须人的干预。物联网的实质是利用 RFID 等传感技术，通过计算机互联网实现物品的自动识别和信息的互联与共享。物联网的目的是实现物与物、物与人，所有的物品与网络的连接，方便识别、管理和控制。

可见，物联网是新一代信息技术的重要组成部分。这有两层意思：第一，物联网的核心和基础仍然是互联网，是在互联网基础上延伸和扩展的网络；第二，其用户端延伸和扩展到任何物品与物品之间，进行信息交换和通信。物联网可以分为三层，即感知层、网络层、应用层。

(1) 感知层：主要用于识别物体、采集信息，其作用与人体结构中皮肤和五官的作用相似，包括条码、RFID、摄像头、GPS、各类传感器等。

(2) 网络层：将感知层获取的信息进行传递和处理，类似于人体的神经中枢和大脑，包括通信与互联网的融合网络、智能处理中心等。

(3) 应用层：是物联网与行业专业技术的深度融合，结合行业需求实现行业智能化，这类似于人类的社会分工。

(二) 物联网的应用

物联网是继计算机、互联网和移动通信之后的又一次信息产业的革命性发展。物联网被正式列为国家重点发展的战略性新兴产业之一。物联网产业具有产业链长、涉及多个产业群的特点，其应用范围几乎覆盖了各行各业，比如智能家居、环境监测、国防军事、智能交通、防灾减灾、医疗监护、工业监测等。将物联网的核心技术——RFID 技术应用到食品溯源管理中，构建的 RFID 实时生产监控管理系统是物联网工程的典型案例。从 2003 年开始，中国已开始将先进的 RFID 技术运用于现代化的动物养殖加工企业，开发出了 RFID 实时生产监控管理系统。该系统能够实时监控生产的全过程，自动、实时、准确地采集主要生产工序与卫生检验、检疫等关键环节的有关数据，较好地满足质量监管要求，使过去市场上常出现的肉质问题得到了妥善的解决。此外，政府监管部门可以通过该系统有效地监控产品质量安全，及时追踪、追溯问题产品的源头及流向，规范肉食品企业的生产操作过程，从而有效地提高肉食品的质量安全。

四、云计算技术

(一) 云计算概述

1. 云计算的概念

云计算(Cloud Computing)是分布式计算的一种，指的是通过网络"云"将巨大的数据计算处理程序分解成无数个小程序，然后，通过多部服务器组成的系统处理和分析这些小程序，并将得到的结果返回给用户。云计算早期，简单地说，就是简单的分布式计算，解决任务分发，并进行计算结果的合并。因而，云计算又称为网格计算，通过这项技术，可以在很短的时间(几秒)内完成对数以万计的数据的处理，从而达到强大的网络服务。

云计算系统由一系列可以动态升级和被虚拟化的资源组成，这些资源被所有云计算的用户共享并且可以方便地通过网络访问，用户无须掌握云计算的技术，只需要按照个人或者团体的需要租赁云计算的资源。

Wiki 对云计算做了如下定义：云计算是一种通过 Internet 以服务的方式提供动态可伸缩的虚拟化的资源的计算模式。

美国国家标准与技术研究院(NIST)对云计算做了如下定义：云计算是一种按使用量付费的模式，这种模式提供可用的、便捷的、按需的网络访问，进入可配置的计算资源共享池(资源包括网络、服务器、存储、应用软件、服务)，这些资源能够被快速提供，只需投入很少的管理工作，或与服务供应商进行很少的交互。

云计算是一种技术模式，在这种模式中，任何一种资源(如应用软件、处理能力、数据存储、备份设备、开发工具等)都是作为一组服务通过因特网来传递的。一台普通网络终端(如简易台式机、智能手机等)、网络接入和网络流量支付卡就可以实施云计算服务了。云计算示意图如图 6.7 所示。

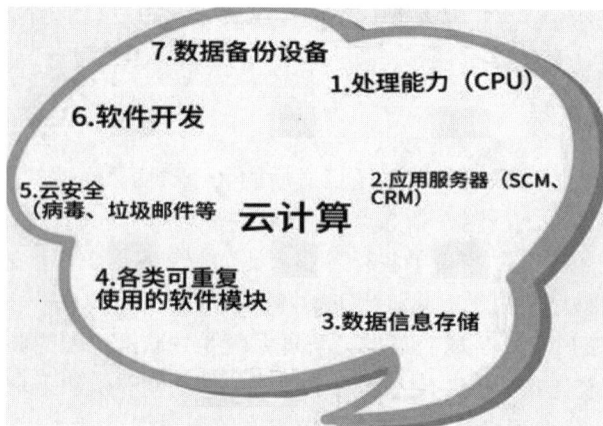

图 6.7　云计算示意图

2. 云计算的特征

云计算具有如下特征。

(1) 较低的费用支出。用户不必购买所需的硬件或者软件资源，云计算提供了最可靠、最安全的数据存储和计算功能，用户只为自己需要和使用的资源付费即可。

(2) 进入门槛低。云计算系统可以降低进入高技术市场的门槛，对用户端的设备要求低，使用起来也方便。

(3) 能轻松获得大量的应用软件。云计算可以轻松、快速地获得各类所需软件，如 ERP、SCM、CRM 等，实现不同设备间的数据与应用共享，同样，用户需要付费。

(4) 实时可扩展性好。可以随时增加或减少任何一种应用方式，云计算为我们使用网络提供了几乎无限多的可能。

(二) 云服务的形式

云计算主要包括以下几个层次的服务：基础设施即服务(IaaS)、软件即服务(SaaS)和平台即服务(PaaS)。

1. 基础设施即服务(Infrastructure as a Service，IaaS)

消费者通过 Internet 可以从完善的计算机基础设施获得服务。IaaS 通过网络向用户提供计算机(物理机和虚拟机)、存储空间、网络连接、负载均衡和防火墙等基本计算资源，用户在此基础上部署和运行各种软件，包括操作系统和应用程序。

2. 软件即服务(Software as a Service，SaaS)

SaaS 是一种通过 Internet 提供软件服务的模式，用户无须购买软件，而是向提供商租用基于 Web 的软件来管理企业经营活动。云提供商在云端安装和运行应用软件，云用户通过云客户端(通常是 Web 浏览器)使用软件。云用户不能管理应用软件运行的基础设施和平台，只能做有限的应用程序设置。

3. 平台即服务(Platform as a Service，PaaS)

PaaS 实际上是指将软件研发的平台作为一种服务，以 SaaS 的形式提供给用户。因此，PaaS 与 SaaS 有关联。但是，PaaS 的出现可以加快 SaaS 的发展，尤其是加快 SaaS 应用的开发速度。平台通常包括操作系统、编程语言的运行环境、数据库和 Web 服务器，用户在此平台上部署和运行自己的应用。用户不能管理和控制底层的基础设施，只能控制自己部署的应用。

(三) 云物流

云物流是云计算在物流行业的应用服务，即云计算催生出云物流。云物流利用云计算的强大通信能力、运算能力和匹配能力，集成众多的物流用户的需求，形成物流需求信息集成平台。用户利用这一平台，可以最大限度地简化应用过程，实现所有信息的交换、处理、传递，用户只需专注于管理物流业务。同时，云物流还可以整合零散的物流资源，实现物流效益最大化。

从长远看，云物流具有广阔的发展前景。计算机的信息系统不仅支撑起物流系统的运营，发挥着物流系统中枢神经的作用，而且在充分利用云计算的基础上，云物流有可能使物流的许多功能发生质的变化。

五、大数据技术

众所周知，2009 年出现了一种甲型 H1N1 流感病毒，全球担心可能会暴发大规模流感，必须提前防范和预测流感发生源。维克托在其著作《大数据时代》中介绍谷歌公司有一个可以预测流感趋势的模型，它通过跟踪搜索词的相关数据来判断全美地区的流感情况(比如患者会搜索"流感"这两个字)。该模型的工作原理大致是这样的：设计人员设置一些关键词(比如温度计、流感症状、肌肉疼痛、胸闷等)，只要用户输入这些关键词，系统就会展开跟踪分析，创建地区流感图表和流感地图。因为患者一旦自觉有流感症状，在搜索和去医院就诊这两件事上，他通常会选择前者。就医很麻烦而且价格不菲，如果能自己通过搜索来寻找到一些自我救助的方案，人们就会第一时间使用搜索引擎。它对于医疗健康服务产业和流行病研究专家来说是非常有用的，因为它的时效性极强，能够很好地帮助到疾病暴发的跟踪和处理。所以，2009 年甲型 H1N1 流感暴发的时候，与习惯性滞后的官方数据相比，谷歌成了一个更有效、更及时的指示器。采用谷歌公司的方法时不需要和医生联系，该方法是建立在大数据基础之上的，是一种前所未有的方法，即通过对海量数据进行分析，获得有巨大价值的产品和服务。

早在 1980 年，著名未来学家阿尔文·托夫勒便在《第三次浪潮》一书中将大数据热情地赞颂为"第三次浪潮的华彩乐章"。不过，大约从 2009 年开始，"大数据"才成为互联网信息技术行业的流行词汇。2012 年 3 月 22 日，奥巴马政府宣布投资 2 亿美元拉动大数据相关产业发展，将"大数据战略"上升为国家战略。奥巴马政府甚至将大数据定义为"未来的新石油"。2013 年 5 月 10 日，阿里巴巴集团董事局主席马云在淘宝十周年晚会上做卸任前的演讲，马云说："大家还没搞清 PC 时代的时候，移动互联网来了，还没搞清移动互联网的时候，大数据时代来了。"

(一) 大数据概述

1. 大数据的概念

对于大数据(Big Data)，研究机构 Gartner 给出了这样的定义：大数据是需要新处理模式才能具有更强的决策力、洞察发现力和流程优化能力的海量、高增长率和多样化的信息资产。

维克托对大数据做了如下定义：大数据是指不用随机分析法(抽样调查)这样的捷径，而采用所有数据进行分析处理。

Wiki 对大数据做了如下定义：大数据是无法在一定时间内用常规软件工具对其内容进行捕捉、管理和处理的大量而复杂的数据集合。

2. 大数据的特征

物联网、云计算、移动互联网、车联网、手机、平板电脑、PC 以及遍布地球各个角落的各种各样的传感器，无一不是大数据来源或者承载的方式。大数据同过去的海量数据有所区别，其基本特征可以用 4 个 V(即 Volume、Variety、Value 和 Velocity)来总结，即数据体量巨大、数据类型繁多、价值密度低、速度快。

(1) 数据体量巨大(Volume)。非结构化数据的规模从 TB 级别跃升到 PB 级别。计算机最小的基本单位是 bit，按顺序给出所有单位：bit、Byte、KB、MB、GB、TB、PB、EB、ZB、YB、NB、DB，它们按照进率 1024(2 的十次方)来计算。

(2) 数据类型繁多(Variety)。大数据的异构和多样性，如网络日志、视频、图片、地理位置信息等。

(3) 价值密度低(Value)。以视频为例，在连续不间断的监控过程中，可能有用的数据仅仅有一两秒，需要进行深度复杂分析。

(4) 处理速度快(Velocity)。实时分析而不是批量分析，数据处理注重事前立竿见影而非事后见效。这一点也是大数据区别于传统数据挖掘技术的本质特征。

(二) 大数据分析技术

大数据技术的战略意义不在于掌握庞大的数据信息，而在于对这些含有意义的数据进行专业化处理。换言之，如果把大数据比作一种产业，那么这种产业实现盈利的关键在于提高对数据的"加工能力"，通过"加工"实现数据的"增值"。从某种程度上说，大数据是数据分析的前沿技术。简言之，从各种类型的数据中快速获得有价值信息的能力就是大数据技术。大数据分析的基础包括以下五个方面。

(1) 可视化分析(Analytic Visualizations)。无论对于普通用户还是数据分析专家，数据可视化都是最基本的功能。可视化分析能够直观地呈现大数据的特点，同时能够非常容易地被读者所接受。

(2) 数据挖掘算法(Data Mining Algorithms)。图像化是将机器语言转化为人类可读的形式，而数据挖掘算法则是机器处理数据的核心。各种数据挖掘算法基于不同的数据类型和格式才能更加科学地揭示数据本身具备的特点。正是因为这些被全世界统计学家所公认的各种统计算法，我们才能提炼数据、挖掘价值。这些算法一定要能够应付大数据的体量，同时还要具有很高的处理速度。

(3) 预测性分析能力(Predictive Analytic Capabilities)。数据挖掘可以让分析人员更快、更好地理解数据承载的信息，从大数据中挖掘出特征，并通过科学地建立模型来提升预测的准确性。预测性分析可以让我们根据可视化分析和数据挖掘的结果做出一些前瞻性判断。

(4) 语义引擎(Semantic Engines)。非结构化数据的多元化给数据分析带来新的挑战，我们需要一套工具系统地分析、提炼数据。语义引擎需要具有足够的人工智能，以从数据中主动提取信息。

(5) 数据质量和数据管理(Data Quality and Master Data Management)。大数据分析离不开数据质量和数据管理，高质量的数据和有效的数据管理，无论是在学术研究还是在商业应用领域，都能够保证分析结果的真实性和价值。

大数据分析的基础就是以上五个方面，当然还有很多更加有特点、更加深入、更加专业的大数据分析方法。

(三) 大数据的发展与应对策略

事实上，全球互联网巨头都已意识到了"大数据"时代的到来，并深刻理解了数据的重要意义。包括 EMC、惠普、IBM、微软在内的全球 IT 巨头纷纷通过收购"大数据"相关厂商来实现技术整合，这也体现了他们对"大数据"的极高重视。

乘着大数据时代的浪潮，微软公司推出了一款数据驱动的软件，旨在帮助工程建设节约资源和提高效率。据称，这款软件能够为世界节约高达 40%的能源。它通过跟踪取暖器、空调、风扇以及灯光等设备的使用情况，积累大量数据，进而分析如何有效杜绝能源浪费。专注于智能建筑的微软公司总裁史密斯表示："给我提供一些数据，我就能做一些改变。如果给我提供所有数据，我就能拯救世界。"

在 2011 年 12 月 8 日工信部发布的物联网"十二五"规划中，信息处理技术被列为 4 项关键技术创新工程之一，其中就包括了海量数据存储、数据挖掘、图像视频智能分析等技术，这些都是大数据领域的重要组成部分。此外，规划中的另外 3 项关键技术创新工程，即信息感知技术、信息传输技术、信息安全技术，也都与"大数据"的发展和应用密切相关。

相 关 链 接

配送信息管理的发展历程

配送信息管理的发展经历了以下 4 个阶段。

(1) 人工阶段：人工制表、人工数字汇总、人工转账、简单管理。

(2) 计算机化阶段：作业、报表单据合理化、标准化，计算机制表和汇总统计，计算机过账，计算机提供各项管理报表，计算机相互独立有各自数据库。

(3) 自动化信息集成阶段。计算机软硬件集成；建立数据库管理系统；计算机在不同作业系统中自动转账；进行统计分析并制定各种决策；配送中心各系统对外联网接收、储存外来数据，进行数据转换并将数据输出。

(4) 智能化信息集成阶段。引入人工智能技术，引入专家系统，经营决策计算机化。

实训练习

阿里巴巴零售通如意 POS 机定制案例

阿里巴巴零售通是阿里巴巴 B2B 事业群针对线下零售小店推出的一个为城市社区零售店提供订货、物流、营销、增值服务等的互联网一站式进货平台。该平台旨在实现互联网对线下零售业的升级，并为有志于线上线下零售业的创业群体提供创业平台。

随着科技的飞速发展，传统的小店/夫妻店在数字化的浪潮中逐渐陷入困境，尤其是在 2020 年疫情的冲击下，这一问题更加凸显。出现这种现象的根本原因在于传统的业务模式已无法适应新零售业的发展速度，急需数字化转型升级以满足新的消费需求。

为了满足国内 600 多万家小店在数字化转型升级方面的需求，阿里巴巴零售通致力于帮助商户打破经营空间的限制，并通过数字化经营指导为门店提供更精准的消费者画像。这样，店主可轻松地了解周边目标消费者和到店消费者的消费偏好，从而提供更有针对性的服务。

根据阿里巴巴零售通对收银机的需求，天波为其量身定制了第四代零售通如意 POS 机。第四代零售通如意 POS 机采用蓝白配色，配备双面高清触控大屏和商用级别的芯片。为满足小店打印和外卖订单的需求，它集成了小票打印机，并搭载了金融级别的摄像头，支持刷脸支付，实现刷脸即会员的便捷体验。

如意 POS 机为零售小店提供了一整套多元化数字化营销的解决方案，通过阿里巴巴大数据让小店更好地了解消费者，实现"智慧经营"，为消费者提供更多到店体验场景和优惠。相关的智能硬件定制及应用包括：

(1) 饮品店智能收银机；

(2) 商超 POS 收银机一体机；

(3) 便利店触摸屏收银机；

(4) 奶茶店安卓收银一体机；

(5) 快餐店收银机；

(6) 服装店收银机。

问题：在数字化的今天，传统的小店/夫妻店如何摆脱传统的业务模式带来的困境？

任务思考

1. 电子商务物流配送信息识别技术有哪些？

2. 电子商务物流配送信息传输技术有哪些？

3. 电子商务物流配送信息处理技术有哪些？

项 目 小 结

本项目从三个方面介绍了电子商务物流配送中心的信息技术。连锁企业若要做好物流配送工作，则需要结合本企业的实际情况研究和采用信息识别技术、信息传输技术和信息处理技术。

项目七　物流配送中心成本控制

项目目标

(1) 掌握配送中心成本的构成，掌握配送中心成本控制的内容和措施。

(2) 熟悉配送中心成本的含义。

(3) 了解配送中心成本控制与配送服务水平之间的关系。

(4) 学会对配送中心成本进行分类。

(5) 能够进行配送中心成本核算与控制。

任务一　配送中心成本核算

导 读

　　配送中心成本管理是指对配送过程中涉及的相关费用(包括包装、装卸、运输、储存、流通加工等各个环节中所产生的人力、财力和物力消耗)进行的计划、协调与控制。

　　配送中心成本是指在配送中心运营过程中各项活动的成本总和，这些成本和费用是配送中心运营过程中消耗的各种活劳动和物化劳动的货币表现，不仅是物流成本的主体，也是企业成本的重要组成部分。配送中心作为配送活动的组织者和执行者，其成本的高低直接影响着配送活动组织的效率，同时也关系到配送中心的经济效益。

　　通过对电子商务配送中心选址以及职能划分的综合考虑，结合对这些成本的核算和统筹管理，我们可以利用成本差异分析来识别配送中心运营过程中的问题，并提出相应的解决方案，以优化电子商务配送中心的运作成本。例如，在整个物流过程中，沃尔玛百货有限公司(以下简称沃尔玛)的运输成本占据较大比重。因此，沃尔玛在设立新卖场时，会尽量以现有配送中心为基点，将卖场设在配送中心周边，以减少送货时间，降低送货成本。沃尔玛在物流方面的投资也主要集中在配送中心的建设上。

一、配送中心成本的特性

配送中心成本的特性具体如下。

(1) 配送中心成本的隐蔽性。日本早稻田大学的教授，物流成本研究的权威——西泽修先生提出了著名的"物流成本冰山说"。这一理论

物流冰山理论

揭示，人们往往对物流成本的全面内容并不完全了解，就像海面上的冰山，人们只能看到露出水面的部分，而隐藏在水下的庞大主体则难以察觉。同理，直接从企业的财务报表中提取完整的配送中心成本信息也是相当困难的。例如，通常的财务会计通过"销售费用、管理费用"等科目可以反映部分配送中心成本，但这些费用往往与其他费用混杂，并未单独设立"配送费用"科目进行独立核算。因此，配送中心成本确实像一座海里的冰山，其主体部分隐藏在深处。

(2) 配送中心成本削减的乘数效应。配送中心成本的削减具有乘数效应，即配送中心成本的减少能够成倍地增加企业的效益与利润。

(3) 配送中心成本的"效益背反"。所谓的"效益背反"，指的是同一资源的两个方面存在相互冲突的关系，追求一个目标可能会牺牲另一个目标的部分效益。这种现象在配送活动中同样存在。例如，减少库存据点和库存量可能会增加库存补充的频率，从而增加运输次数和成本。同时，仓库数量的减少也可能导致配送距离变长，运输费用增加。在这种情况下，一方面成本的降低可能会带来另一方面成本的增加，即出现"效益背反"现象。如果运输费用的增加超过了保管费用的降低，总成本可能会上升，使得减少库存据点和库存量的决策失去意义。

(4) 配送中心成本与服务水平的背反。高水平的配送服务往往需要较高的配送中心成本来支撑。企业很难在提高配送服务水平的同时显著降低配送中心成本，除非有显著的技术进步。为了超越竞争对手，提出并维持更高的服务标准通常需要增加投入，因此企业在决策时必须进行深入研究和对比。

(5) 配送系统各功能活动的效益背反。配送系统的各项功能活动处于一个相互关联且矛盾的系统中，追求某一功能的效益时可能会牺牲另一功能的部分效益。在物流活动中，一种功能的成本削减可能会导致另一种功能的成本增加。物流系统各要素间存在"效益背反"现象，即同一资源在多项功能间存在相互制约的关系。

(6) 配送中心成本的不可控性。配送中心成本中包含了许多物流管理部门难以直接控制的费用，如由于过多进货或生产造成的积压库存费用，以及紧急运输等特殊情况下的费用。这些费用通常是物流部门难以直接控制的。

二、配送中心成本的分类

随着物流业的不断发展与完善，目前配送中心运营过程中所涉及的成本可以按照不同

的方式来分类核算，不同类型的企业主体可以按照实际情况来参照。

(一) 按支付形态分类

按支付形态的不同来进行配送中心成本分类，主要是以财务会计中发生的费用为基础，通过乘以一定比率来加以核算的。此时，配送中心成本可分为以下几种：

(1) 材料费。材料费是指因物料消耗而产生的费用。

(2) 人工费。人工费是指因人工消耗而产生的费用。

(3) 公共事业费。公共事业费是指向电力、煤气、自来水公司等提供公共服务的部门支付的费用。

(4) 维护费。维护费是指土地、建筑物、机械设备、车辆搬运工具等固定资产的使用、运转和维修保养所产生的费用。

(5) 一般经费。一般经费是指差旅费、交通费、资料费等费用。

(6) 特别经费。特别经费是指按实际使用年限计算的折旧费和企业内部利息等。

(7) 对外委托费。对外委托费是指企业对外支付的包装费、运费、保管费、出入库装卸费、手续费等业务费用。

(8) 其他企业支付费用。其他企业支付费用是指企业支付的与配送有关的其他费用。

(二) 按配送功能进行分类

按配送功能进行分类，配送中心成本主要包括：

(1) 货物流通费。货物流通费是指为了完成配送过程中货物的物理性流动而发生的费用，包括配送运输费用、分拣费用、配装费用、流通加工费用等。

(2) 信息流通费。信息流通费是指因处理、传输有关配送信息而产生的费用，包括与储存管理、订货处理、顾客服务有关的费用。

(3) 配送管理费。配送管理费是指进行配送计划、调整、控制等管理活动所需要的费用，包括作业现场的管理费和企业有关管理部门的管理费。

(三) 按适用对象分类

按适用对象的不同，配送中心成本可分为以下三类：

(1) 按分店或营业所计算配送中心成本。通过这种方法可算出各营业单位配送成本与销售额或毛收入的对比，并用来了解各营业单位配送中存在的问题，以便有针对性地进行管理。

(2) 按顾客计算配送中心成本，可分为按标准单价计算和按实际单价计算两种计算方式。按顾客计算配送成本可以用来作为确定目标顾客、确定服务水平等营销战略的参考依据。

(3) 按商品计算配送中心成本。这种方法把按功能计算出来的成本，按各自不同的基准，分配给各类商品，以此计算配送成本。这种方法可用于分析各类商品的盈亏，进而为确定企业的产品策略提供参考。在实际应用中，要考虑进货和出货差额的毛收入与商品周转率之间的交叉比率。

三、配送中心成本管理的作用

成本管理的作用可以从五个方面进行度量，分别为：成本是补偿生产耗费的尺度、成本是制定产品价格的基础、成本是计算企业盈亏的依据、成本是企业进行决策的依据、成本是综合反映企业工作业绩的重要指标。此外，成本还是企业实现目标利润的重要保障，同时它还能够帮助企业提升产品的竞争力，是企业实现永续经营的前提。企业经营的目标是创造更多利润，所以成本管理的好坏会影响利润的多少。对于企业而言，做好配送中心的成本管理，能够实现物流成本的合理投入，进而实现企业的利润最大化。

四、影响配送中心成本的因素

配送中心成本的高低受多种因素的影响，包括配送管理的因素、配送货物自身的因素（包括货物的数量、重量、体积及作业过程等）和市场因素。

(一) 配送管理的因素

1. 配送满足率

配送满足率是指配送中心的取货量占顾客所需要的货物数量的比率。如果配送满足率高，则配送中心可以一次性、大批量地进行配送；若配送满足率低，则配送中心就会分次进行配送，对不足的货物还需要花费额外的时间和车辆进行配送，这些额外的工作同样也会增加配送中心成本。有时配送中心还可能因缺货而失去客户。

2. 配送周期

配送周期即配送持续时间的长短，它直接影响配送中心成本的高低。如果配送效率低下，对配送中心的占用时间长，那么会耗用更多的仓储固定成本。这种成本往往表现为机会成本，使得配送中心不能提供其他配送服务以获得收入，或者在其他配送服务上需要额外增加成本。

3. 配送工具

不同的配送工具，其成本高低不同，运输能力大小也不同。运输工具的选择，一方面取决于所运货物的体积、重量及价值大小，另一方面又取决于企业对所运货物的需求程度及工艺要求。因此，选择运输工具既要满足客户的需求，又要力求降低配送中心成本。

4. 配送货物的数量、重量

数量和重量的增加虽然会使配送作业量增大，但大批量的作业往往使得配送效率提高。配送货物的数量和重量是配送企业获得折扣的依据。而单件、小批量的配送不仅不能体现配送的优势，而且由于单位固定成本较高，因此其配送中心成本相对也会较高。

(二) 配送货物自身的因素

1. 配送货物的价值

从物流配送管理方面来说，配送货物的价值是影响配送成本的重要因素之一。随着配送货物价值的增高，物流活动的成本也将随之增大。一般来说，运送费用在一定程度上是货物移动风险的直接反映。因此，配送货物的价值越大，必然对运输工具的要求越高，分拣、流通以及运送所需要的配送成本也势必增加。

2. 配送货物的密度

配送货物的密度越大，相同运输单位所装载的货物便越多，因此，运输成本就会降低，反之亦然。

3. 易碎性

易碎性的货物在配送过程中对运输、包装、储存等提出了更高的要求，这自然会增加成本。

4. 特殊要求的货物

有些货物在配送过程中有特殊要求(如加热、制冷等)，这些特殊要求都会增加配送中心成本。

(三) 市场因素

1. 配送距离

运输成本是构成配送中心成本的主要内容，而距离则是影响运输成本的主要因素。距离越远，也就意味着运输成本越高，同时还需要增加运输设备和送货员工的数量。

2. 外部成本

配送经营时有时还需要使用配送企业以外的资源，而外部资源的使用成本是企业无法控制的，特别是一些垄断性的外部资源，配送企业在使用过程中都会增加额外的成本开支。

五、配送中心成本核算方法

传统的配送中心成本计算法造成了所谓的"配送中心成本冰山说"。一般情况下，在企业会计科目中，只把支付给外部运输、仓库企业的费用列入成本，实际上这些费用在整个配送中心成本中犹如冰山一角。因为企业利用自己的车辆运输，利用自己的库房保管货物和由自己的工人进行包装、装卸等的费用并没有列入配送中心成本科目内，所以传统的会计方法没有全面反映各项配送中心成本，在确定、分类、分析和控制成本上都存在许多缺陷。

在现代生产环境下，传统的配送中心成本计算法提供的配送中心成本信息失真，不利于进行科学的成本控制。现代生产的特点是生产经营活动复杂，产品品种结构多样，产品生产工艺多变，且根据市场变化调整物流作业内容，导致过去费用较少的订货作业、物料搬运、物流信息系统的维护等与产量无直接关联的配送中心成本大大增加。在传统成本计算中，间接费用普遍采用与产量相关的分摊基础，如直接工时、机器小时、材料耗用额等。这种计算方法使现代企业许多配送中心活动产生的费用难以得到准确核算，导致成本控制失效，进而造成资源浪费和物流服务水平下降。

(一) 传统配送中心成本核算的不足

传统配送中心成本核算具有以下几个方面的不足：

(1) 传统会计方法不能满足物流一体化的需求。物流活动及其发生的许多费用常常是跨部门发生的，而传统会计方法将各种物流活动费用与其他活动费用混在一起，归集为工资折旧、租金等形式，这种归集方法不能确定各项物流活动的责任归属。

(2) 传统会计科目的费用分配率存在问题。将传统成本会计的各项费用剥离出物流费用，通常是按物流功能分离的，很难为个别活动所细分。

(二) 会计方式的配送中心成本核算

由于传统配送中心成本核算存在的种种不足，所以人们对于配送中心成本核算采取了会计分目与统计相结合的核算方法，以进行科学合理的成本核算，具体方法介绍如下。

1. 独立的配送中心成本核算

对于配送中心的每项业务，均由基层核算员根据原始凭证编制配送中心成本记账凭证一式两份。一份连同原始凭证转交财务科，财务科据此登记财务会计账户；另一份留基层成本员，基层成本员据以登记配送中心成本账户。

2. 结合财务会计体系的配送中心成本核算

这种方法把配送中心成本核算与企业财务会计和成本核算结合起来进行，即在产品成本计算的基础上增设一个"配送中心成本"科目，并按配送中心领域、配送中心功能分别设置二级、三级明细账，按费用形态设置专栏。

3. 二级账户核算

采取配送中心成本二级账户核算形式。

(三) 统计方法的配送中心成本核算

统计方法的配送中心成本核算是指在不影响当前财务会计核算体系的基础上，通过对与配送中心业务相关的原始凭证和单据进行再次的归类整理，对现有的成本核算资料进行剖析，从而抽出配送中心成本的部分。然后，再按配送中心管理的要求对上述费用按不同的配送中心成本核算对象进行重新归类、分配、汇总，最终形成配送中心管理所需的成本信息。

(四) 会计和统计相结合的成本核算方法

将配送中心成本的一部分通过统计方式予以计算，另一部分则通过会计核算予以反映。这种做法既可以避免会计方法中过细的会计科目设置给企业会计工作增加很多负担，也弥补了统计方法得到的信息不够准确的缺陷。

六、配送中心成本的构成与核算

配送中心成本是指在仓储、装卸搬运、运输、分拣、配装、流通加工等环节所发生的各项费用的总和，是配送过程中所消耗的各种活劳动和物化劳动的货币表现。

配送中心成本总额是由配送各个环节的总成本组成的，其计算公式为

配送中心成本 = 仓储成本 + 装卸搬运成本 + 运输成本 + 分拣成本 + 配装成本 + 流通加工成本

在对配送中心成本进行计算的时候，要避免相关成本的重复计算或交叉计算。

(一) 仓储成本

仓储成本主要包括存货成本和保管成本,在计算的过程中,对存货成本的计算是重点。

1. 存货成本

存货成本又包括取得成本、储存成本、缺货成本。

(1) 取得成本是指为了取得某种存货而支出的成本,其又分为订货成本和购置成本。订货成本是指为组织采购存货而发生的费用,如办公费、差旅费、邮费、电报电话费、采购存货运输费等。订货成本中有一部分与订货次数无关,如常设采购机构的基本开支,称为订货固定成本;另一部分与订货次数有关,如采购员的差旅费、邮电费等,称为订货变动成本。

订货成本的计算公式为

$$订货成本 = 订货固定成本 + 订货变动成本$$

订货变动成本的计算公式为

$$订货变动成本 = \frac{每次订货变动成本 \times 存货年需要量}{每次进货量}$$

购置成本是指存货本身的价值,即存货的买价,是存货单价与数量的乘积。

取得成本的计算公式为

$$取得成本 = 订货成本 + 购置成本 = 订货固定成本 + 订货变动成本 + 购置成本$$

(2) 储存成本是指存货在储存过程中发生的支出成本,包括存货占用资金所应计的利息、仓库费用、保险费用、存货破损及变质费用等。储存成本与保管成本中的内容有部分重合,所以在计算的时候应该根据存货的具体情况,进行合理类目的选择,以免出现重复计算,影响储存成本计算的准确性。储存成本的计算公式如下:

$$储存成本 = 储存固定成本 + 储存变动成本$$

(3) 缺货成本是指由于存货不足而造成的损失,包括材料供应中断造成的停工损失、产成品库存短缺造成的延迟发货损失及丧失销售机会的损失、材料缺货而采用替代材料的额外支出。缺货成本中有些是机会成本,只能做大致的估算。当企业允许缺货时,缺货成本随平均存货的减少而增加,是存货决策中的相关成本。

计算存货成本时,常采用的方法有先进先出法、后入先出法、平均成本法。

2. 保管成本

保管成本包括人工费,材料费,折旧费,修理费,电力和燃、润料费,铁路线、码头租用费,货物仓储保险费,其他业务开支。这里要注意的是,与存货的储存成本名目一致的费用(比如保险费用等)计算一次即可,无须重复计算。

(二) 装卸搬运成本

装卸搬运成本包括人工费、材料和动力耗费、低值易耗品折旧费、修理费用、租赁费等。

(三) 运输成本

配送运输成本是指配送车辆在完成配送货物过程中发生的各种车辆费用和配送间接费用。

(1) 车辆费用：从事配送运输生产所发生的费用，包括工资与职工福利费、燃料费、轮胎费、修理费、折旧费、养路费、公路运输管理费、车船使用费、事故损失费及其他费用。

(2) 配送间接费用：配送中心运输管理部门为管理和组织配送运输生产所发生的各项管理费用和业务费用。

(四) 分拣成本

分拣成本是指分拣机械及人工在完成货物分拣过程中所发生的各种费用，包括分拣直接成本和分拣间接成本。

(1) 分拣直接成本：包括工资、职工福利费、修理费、折旧费、其他费用。

(2) 分拣间接成本：配送中心分拣部门为管理和组织分拣生产所发生的各项管理费用和业务费用，包括分拣设备费用(含设备的折旧费和维修费)。

(五) 配装成本

配装成本包括以下几个方面。

(1) 配装材料成本。常见的配装材料有木材、纸、自然纤维、合成纤维、塑料等。这些包装材料功能不同，成本相差很大。

(2) 配装辅助成本。除上述费用外，还有一些辅助性费用，如包装标记、标志的印刷、拴挂物费用等的支出。

(3) 配装人工成本。配装人工成本指的是从事包装工作的工人及有关人员的工资、奖金、补贴等费用总和，即配装人工费用。

(六) 流通加工成本

流通加工成本包括以下几个方面：

(1) 流通加工设备成本。流通加工设备因流通加工形式的不同而不同，购置这些设备所支出的费用以流通加工费用的形式转移到被加工产品中。

(2) 流通加工材料成本。流通加工材料成本指在流通加工过程中，投入加工过程中的一些材料消耗所需要的费用，即流通加工材料费用。

(3) 流通加工人工成本。流通加工人工成本指在流通加工过程中从事加工活动的管理人员、工人及有关人员的工资、奖金等费用的总和。

在实际应用中，应该根据配送的具体流程归集成本。不同的配送模式，其成本构成差异较大；相同的配送模式下，由于配送物品的性质不同，其成本构成差异也较大。

七、配送中心成本分析的指标

配送中心成本分析的指标包括主要指标和详细指标。

(一) 配送中心成本分析的主要指标

配送中心成本分析的主要指标包括以下几个方面。

(1) 单位销售额物流成本率，其计算公式为

$$单位销售额物流成本率 = \frac{物流成本}{销售额} \times 100\%$$

(2) 单位营业费用物流成本率，其计算公式为

$$单位营业费用物流成本率 = \frac{物流成本}{销售额 + 一般管理费} \times 100\%$$

(3) 物流职能成本率，其计算公式为

$$物流职能成本率 = \frac{物流职能成本}{物流总成本} \times 100\%$$

(二) 配送中心成本分析的详细指标

1. 与运输、配送相关的指标

(1) 装载率，其计算公式为

$$装载率 = \frac{实际载重量}{标准载重量} \times 100\%$$

(2) 车辆开动率，其计算公式为

$$车辆开动率 = \frac{月总开动次数}{拥有台数} \times 100\%$$

(3) 运行周转率，其计算公式为

$$运行周转率 = \frac{月总运行次数}{拥有台数} \times 100\%$$

(4) 单位车辆月行驶里程，其计算公式为

$$单位车辆月行驶里程 = \frac{月总行驶里程}{拥有台数}$$

(5) 单位里程行驶费，其计算公式为

$$单位里程行驶费 = \frac{月实际行驶三费}{月总行驶里程}$$

其中，行驶三费 = 修理费 + 内外胎费 + 油料费。

(6) 单位运量运费，其计算公式为

$$单位运量运费 = \frac{运输费}{运输总量}$$

2. 与保管活动有关的指标

(1) 仓库利用率，其计算公式为

$$仓库利用率 = \frac{存货面积}{总面积} \times 100\%$$

(2) 库存周转次数，其计算公式为

$$库存周转次数 = \frac{年出库金额(数量)}{平均库存金额(数量)} = \frac{年出库金额(数量) \times 2}{年初库存金额 + 年末库存金额}$$

3. 与装卸活动有关的指标

(1) 单位人时工作量，其计算公式为

$$单位人时工作量=\frac{总工作量}{装卸作业人时数}$$

其中，装卸作业人时数 = 作业人数 × 作业时间。

(2) 装卸效率，其计算公式为

$$装卸效率 = \frac{标准装卸作业人时数}{实际装卸作业人时数}$$

(3) 装卸设备开工率，其计算公式为

$$装卸设备开工率 = \frac{装卸设备实际开动时间}{装卸设备标准开动时间}$$

(4) 单位工作量修理费，其计算公式为

$$单位工作量修理费 = \frac{装卸设备修理费}{总工作量}$$

(5) 单位工作量装卸费，其计算公式为

$$单位工作量装卸费 = \frac{装卸费}{总工作量}$$

4. 与物流信息活动有关的指标

(1) 物流信息处理率，其计算公式为

$$物流信息处理率 = \frac{物流信息处理数量(货票张数等)}{标准物流信息处理数(货票张数等)}$$

(2) 单位产品物流信息流通费，其计算公式为

$$单位产品物流信息流通费 = \frac{物流信息流通费}{总产量}$$

相 关 链 接

在沃尔玛超市里，"天天低价"是其最醒目的标签。沃尔玛以合理的利润率制定价格，"天天低价"背后的一整套完善的物流管理系统使沃尔玛能够保持最大销售量和低成本的存货周转。沃尔玛绕开中间环节，直接从供货商进货，并注重保护供货商的利益，以共同降低成本。沃尔玛摒弃了传统的直接送货到商店的方式，创建了集中管理的配送中心，配送中心负责商品的集中、筛选、包装和分拣工作。从沃尔玛超市用计算机发出订单，到商品补充完毕，平均只需 2 天。沃尔玛组建了自己的高效运输车队，实现了全美范围内的快

速送货,这使得沃尔玛各分店即使只维持极少存货也能保持正常销售,从而大大节省了储存空间和费用。沃尔玛通过自己的卫星通信系统,把供货商、配送中心和各分店紧密地连成一体,提高了工作效率,也降低了成本,使得沃尔玛超市所售货物在价格上占有绝对优势。沃尔玛创始人山姆•沃尔顿曾说:"供应链制胜的关键是永远都要比对手更好地控制成本"。

实训练习

电视机的最佳运输方案

甲公司要从位于 S 市的工厂直接装运 500 台电视机至位于 T 市的一个批发中心。这批货物的总价值为 150 万元。T 市的批发中心确定这批货物的标准运输时间为 2.5 天,如果超出标准时间,则每台电视机每天的机会成本是 30 元。甲公司的物流经理设计了下述三个物流方案。

方案一:

A 公司是一家长途货物运输企业,可以按照优惠费率 0.05 元/(台·千米)来运送这批电视机,装卸费用为每台 0.1 元。已知 S 市到 T 市的公路运输里程为 1100 千米,估计需要 3 天的时间才可以运到(因为货物装卸也需要时间)。

方案二:

B 公司是一家水运企业,可以提供水陆联运服务,即先用汽车从甲公司的代仓库将货物运至 S 市的码头(20 千米),再用船运至 T 市的码头(1200 千米),最后用汽车从码头运至批发中心(17 千米)。由于中转过程中需要多次装卸,因此整个运输时间大约为 5 天。询价后得知,陆运运费为 0.05 元/(台·千米),装卸费为每台 0.1 元,水运运费为 0.006 元/(台·千米)。

方案三:

C 公司是一家物流企业,可以提供全方位的物流服务,报价为 22 800 元。它承诺在标准时间内运到,但是准点的百分率为 80%。

问题:请从成本角度评价这些运输方案的优劣。

任务思考

1. 配送中心成本的分类有哪些?
2. 配送中心成本的构成要素有哪些?
3. 配送中心成本核算包括哪几个方面?
4. 影响配送中心成本的因素有哪些?
5. 配送中心成本核算有哪些指标?
6. 试述配送中心成本核算的方法。

任务二　配送中心成本控制和配送服务

导　读

　　降低物流成本的关键在于物流的合理化，即把握好"增加物流功能""提高服务水平"和"降低物流成本"的关系。对于连锁企业来说，配送中心承担了绝大部分乃至全部的物流任务，因此其物流成本管理实际上是把连锁企业的利润目标具体化。要实现物流合理化，就要充分开发和利用配送中心的服务功能，全面进行配送中心成本控制，实现配送中心利润最大化。

　　配送中心利润收入绝大部分是通过降低配送过程中的成本费用取得的。配送中心成本控制不仅是配送中心要考虑的内容，也是客户要考虑的内容。因此，进行配送中心成本控制显得尤为重要。配送中心成本控制是指在配送经营过程中，按照规定的标准调节影响成本的各种因素，把配送各环节的生产耗费控制在预定的范围内。

一、配送中心成本控制的作用

　　(1) 能够激发职工对配送中心成本控制的责任感。

　　建立配送中心成本控制责任制度，把配送中心成本按相关标准划分成经济责任，并层层落实到部门、配送过程乃至个人，使配送中心成本信息处理及工作考核与各有关的配送中心成本控制指标紧密联系到一起，以增强各部门、单位、个人的责任感，促进他们在各自的责权范围内对配送中心成本行使控制权，达到降低配送中心成本、提高企业经济效益的目的。

　　(2) 加强企业管理部门对配送各部门的业绩考核监督。

　　配送中心成本控制使配送各部门、单位在明确责任权限之后有了考核业绩的指标，使得业绩好坏一目了然。这能够有效地改变配送过程中职责不清、功过难分的"大锅饭"现象。由于功过分明有利于奖惩，因此能充分调动配送部门的积极性和创造性，达到配送中心成本控制的目的。

　　(3) 能够节约资金并合理利用资金。

　　配送中心成本在企业成本中占有较大的比例，需要投入大量的人力、物力和财力，如果组织和处理不当，则会造成很大的损失和浪费。应把配送设备和配送活动看作一个系统，各配送要素同处于该系统之中，发挥着各自的功能和作用。努力提高配送效率，可以减少资金占用，缩短配送周期，减少储存费用，从而降低配送中心成本。

配送中心成本控制是配送中心成本管理的重要环节，它贯穿整个配送过程之中。配送中心成本控制能够把事前的配送中心成本预算和日常的配送中心成本控制有机结合起来，是加强配送中心成本管理、提高配送效率的重要手段。

(4) 在收入一定的前提下，配送中心成本的节约可以增加配送企业的利润。

在利润空间越来越小的大环境下，配送企业开始挖掘配送中心成本的潜力，以期通过比同行更低的配送中心成本来取得竞争优势。配送中心成本是由多个环节的成本费用构成的，因此配送中心成本的控制也应该是多环节的成本控制，任何顾此失彼的控制都不是最优的。配送中心成本控制的目标就是使配送中心成本最小化，但现实中配送企业存在的种种不合理现象往往有悖于这个目标的实现。从另一个角度来分析，正是这些不合理现象的存在迫使配送企业要对配送中心成本进行控制。因此，充分认识到这些现象，并对症下药，不失为进行配送中心成本控制的方法。

二、配送中心成本控制不合理的现象

1. 配送中心选址和布局不合理

配送中心的选址和布局需要有战略性的眼光，因为它不仅直接影响配送中心成本，还会影响运输成本、采购成本以及装卸搬运成本等。通常，物流企业对配送中心的选址和布局是很慎重的。但部分物流企业急于快速地占领市场，在对配送中心缺乏总体和长远规划的情况下就匆匆地进行大规模的兴建，其结果往往是配送中心布局不合理，造成重复建设，增加了企业的成本。

2. 配送中心的库存策略不合理

一般而言，配送中心的集中库存总量要小于各个分散客户库存量的总和，这样才能体现出配送中心在物流方面的优势，同时也可节约社会成本，降低各个分散客户的平均库存成本。由此可见，配送中心合理的库存策略无论对配送中心本身还是对配送中心所服务的客户，都是有利的。为此，配送中心应该通过科学的管理和统筹规划，实现较低的库存总量，充分发挥出自身作为物流节点的优势。

3. 配送中心资源筹措不合理

与上面所述相似，配送中心的优势体现为通过筹措资源所产生的规模效益来降低自身的资源筹措成本，使得配送中心的资源筹措成本小于各个分散的客户独自进行资源筹措的成本。这就要求配送中心尽量集中多个客户进行有一定规模的资源筹措，以节约成本。

4. 配送价格不合理

一般来说，为了使配送中心的客户有利可图，配送的价格应该低于客户独立完成物流活动的价格总和。配送价格过低，会使配送企业无利可图甚至亏损；配送价格过高，例如高于客户独立完成物流活动的价格，客户是接受不了的。因此，配送中心要在自身的利益和客户的接受程度两者之间做出权衡，制定双方都能接受的配送价格。此外，配送价格的确定还要充分考虑同行的价格水平，做出横向比较。

三、配送中心成本控制的内容

依照当前电子商务配送中心业务运作的实际，联系配送中心成本构成的诸要素，将配送中心成本控制的内容分成两个方面：仓储成本控制和运输成本控制。

（一）仓储成本控制

仓储成本控制的重点是做好存货成本管理。存货成本管理常用的方法是 ABC 分类法，也称为 ABC 成本管理法。

1. ABC 分类法概述

ABC 分类法的基本原理是：按照成本控制对象价值的不同或重要程度的不同，将库存物品分为 A、B、C 三类，如表 7.1 所示。不同类别的产品在仓库中的数量比例不同，所占的价值也不同。

ABC 成本
管理法

表 7.1 A、B、C 分类表

分 类 品 种	A 类存货	B 类存货	C 类存货
品种占总品种数的比例	约 10%	约 20%	约 70%
价值占存货总价值的比例	约 70%	约 20%	约 10%

2. ABC 分类法的步骤

(1) 将物品按年耗用金额从大到小进行排序；

(2) 计算各种物品占用资金额占全部库存占用资金额的百分比并进行累计(或进行品种百分比累计)；

(3) 按照分类标准，选择断点进行分类，确定 A、B、C 三类物品。

3. ABC 分类法成本控制策略

对存货进行分类后，不同类别的存货，其库存控制策略是不同的。一般情况下，A、B、C 类存货的库存成本控制策略如表 7.2 所示。

表 7.2 A、B、C 类存货的库存成本控制策略

存 货 类 别	库存成本控制策略
A 类存货	严格控制存货成本，随时检查存货
B 类存货	一般控制存货成本，周期检查存货
C 类存货	随机控制

4. 经济订购批量法

经济订购批量法通过平衡订货成本和储存成本之间的关系，使库存总成本最小。这一方法的建立依赖如下假设：

(1) 企业一定时期的进货总量可以较为准确地预测；

(2) 存货的流转比较均衡；

(3) 存货的价格稳定，且不考虑商业折扣；

(4) 进货日期完全由企业自行决定，并且采购不需要时间；

(5) 仓储条件及所需现金不受限制；

(6) 不允许出现缺货；

(7) 所需存货市场供应充足，并能集中到货。

商品库存总成本包括订货成本和储存成本。订货量与订货成本、储存成本及库存总成本间的关系如图 7.1 所示。

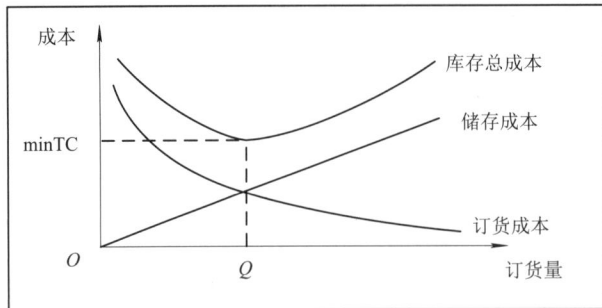

图 7.1　订货量与订货成本、储存成本及库存总成本的关系

经济批量模型
成本控制

假设成本控制计划期为一年，则年库存总成本的计算公式如下：

$$TC = \frac{C \times D}{Q} + P \times H \times \frac{Q}{2} + P \times D$$

式中：D——年需求量；

$\quad\quad P$——商品订购单价；

$\quad\quad Q$——订货批量；

$\quad\quad H$——年储存保管费率；

$\quad\quad C$——每次订货成本；

$\quad\quad TC$——年库存总成本；

$\quad\quad C \times D/Q$——年订货成本；

$\quad\quad P \times H \times Q/2$——年储存成本；

$\quad\quad P \times D$——年购入成本。

利用微分求解最小年库存成本总额，得经济订货批量 EOQ 如下：

$$EOQ = \sqrt{2 \times \frac{D \times C}{P \times H}}$$

(二) 运输成本控制

物流配送企业月末应编制配送运输成本计算表，以反映配送运输总成本和单位成本。配送运输总成本是指成本计算期内成本计算对象的运输成本总额，即各个成本项目的运输成本之和。单位成本是指成本计算期内各成本计算对象完成单位周转量的成本额。各成本计算对象计算的成本降低额，是指用该配送中心成本的上年度实际单位成本乘以本期实际周转量计算得出的总成本，减去本期实际总成本的金额。它是反映配送运输成本由于成本降低所产生的节约金额的一项指标。

按各成本计算对象计算的成本降低率，是指该配送运输成本的降低额与上年度实际单位成本乘以本期实际周转量计算的总成本之比(以百分比形式给出)。它是反映该配送运输成本降低幅度的一项指标。其中，配送中心成本降低额和配送中心成本降低率的计算公式为

$$配送中心成本降低额 = 配送车辆上年度实际单位成本 × 本年配送实际周转量 - 本年配送实际成本$$

$$配送中心成本降低率 = \frac{配送中心成本降低额}{配送车辆上年度实际单位成本 × 本年配送实际周转量} × 100\%$$

对运输成本的控制就是在满足一定顾客运输服务水平与配送中心运输成本之间寻求平衡，即在一定的运输成本下尽量提高顾客服务水平，或在一定的顾客服务水平下使运输成本最小。因此，选择合理的运输成本控制方法，制定合理的运输策略，推广使用现代化的信息技术，可使配送中心运输更合理化。

四、配送中心成本控制的方法

配送中心成本控制利用的常见方法是标准成本法。

1. 标准成本法的含义

标准成本法是一种将成本计算和成本控制相结合的成本计算方法，包括制定标准成本、计算和分析成本差异、处理成本差异三个环节。该方法以标准成本为基础，把成本的实际发生额分为标准成本和成本差异两部分，并以成本差异为线索，进行分析研究，具体掌握差异的成因和责任，并及时采取有效措施消除不利的差异，实现对成本的有效控制。

标准成本法与产品成本计算的其他方法不同，其他成本计算方法计算出的产品成本是产品的实际成本；而标准成本法计算出的产品成本不是产品的实际成本，而是产品的标准成本。

2. 实施标准成本法的基本步骤

(1) 制定单位物流服务的标准成本。

(2) 根据实际作业量和成本标准计算物流服务的标准成本。

(3) 汇总计算实际成本。

(4) 计算标准成本与实际成本的差异。

(5) 分析成本差异的发生原因。如果将标准成本纳入账簿体系，那么还要进行标准成本及其成本差异的账务处理。

(6) 向成本负责人提供成本控制报告。

(7) 评价成本目标的执行结果，根据成本业绩实施奖惩措施。

简单概括，配送中心成本的控制可以程序化为三个方面：制定成本控制标准、揭示成本差异、反馈成本信息。

3. 标准成本的制定

标准成本由物流服务的直接材料标准成本、直接人工标准成本和间接费用标准成本三部分组成，通常根据直接材料标准成本、直接人工标准成本和间接费用标准成本的性质将其划分为变动成本与固定成本，作为制定标准成本的基础。尽管这三个部分的具体性质各

有不同，但在制定标准成本时，无论是哪一个部分，都需要分别确定其用量标准和价格标准，两者相乘后得出标准成本。

(1) 直接材料标准成本。在单位物流服务的标准成本中，直接材料标准成本是生产单位产品所需各种直接材料的标准用量与这些材料在正常情况下的标准价格的乘积之和，即

$$配送某环节直接材料标准成本 = 直接材料1标准用量 × 直接材料1标准价格 +$$
$$直接材料2标准用量 × 直接材料2标准价格 + \cdots$$

(2) 直接人工标准成本。直接人工标准成本是单位物流服务所需消耗的各种人工的标准工时数与其相应的标准小时工资率的乘积之和，即

$$配送某环节直接人工标准成本 = 直接人工1标准工时数 ×$$
$$直接人工1标准小时工资率 + 直接人工2工时数 ×$$
$$直接人工2标准小时工资率 + \cdots$$

(3) 间接费用标准成本(制造费用标准成本)。间接费用标准成本分为固定性制造费用标准成本和变动性制造费用标准成本。

固定性制造费用标准成本是单位物流服务分摊的固定性制造费用标准，其计算基于事先确定的固定性制造费用标准分配率与单位物流服务标准工时的乘积，即

$$固定性制造费用标准成本 = 固定性制造费用标准分配率 × 单位物流服务标准工时$$

其中

$$固定性制造费用标准分配率 = \frac{固定性制造费用预算}{标准总工时}$$

变动性制造费用标准成本是单位物流服务分摊的变动性制造费用标准，其计算同样基于事先确定的变动性制造费用标准分配率与单位物流服务标准工时的乘积，即

$$变动性制造费用标准成本 = 变动性制造费用标准分配率 × 单位物流服务标准工时$$

其中

$$变动性制造费用标准分配率 = \frac{变动性制造费用预算}{标准总工时}$$

五、配送中心成本控制策略与措施

(一) 配送中心成本控制策略

配送是按用户的订货要求，在物流中心进行分货、配货工作，并将配好的货物送交收货人的活动。它是流通加工、整理、分拣、分类、配货、装配、运送等一系列活动的集合。通过配送，才能最终使物流活动得以实现。而且，配送活动增加了产品价值，并有助于提高企业的竞争力。但完成配送活动是需要付出代价的，即需付出配送中心成本。对配送中心成本的管理就是在配送的目标(即满足一定的顾客服务水平)与配送中心成本之间寻求平衡：在一定的配送中心成本下尽量提高顾客服务水平，或在一定的顾客服务水平下使配送中心成本最小。因此需要合理地制定配送中心成本控制策略。下面介绍在一定的顾客服务水平下使配送中心成本最小的五种策略。

1. 混合策略

混合策略是指配送业务一部分由企业自身完成，即采用混合作业。合理安排企业自身

完成的配送和外包给第三方完成的配送作业，可使配送中心成本最低。

2. 差异化策略

差异化策略的指导思想是：产品特征不同，顾客服务水平也不同。当企业拥有多种产品线时，不能对所有产品都按同一标准的顾客服务水平来配送，而应该按照产品的特点、销售水平来设置不同的配送作业，即设置不同的库存、不同的配送方式及不同的储存地点。

3. 合并策略

合并策略包含两个层次：一个是配送方法上的合并，另一个是共同配送。

(1) 配送方法上的合并是指企业在安排车辆完成配送任务时，充分利用车辆的容积和载重量，做到满载满装，这是降低配送中心成本的重要途径。

(2) 共同配送是一种战略层次上的共享，也称为集中协作配送，其标准运作方式是：在中心机构的统一指挥和调度下，各配送主体以经营活动(或以资产为纽带)联合行动，在较大的区域内协调运作，共同为某一个或某几个客户提供系列化的配送服务。

4. 延迟策略

延迟策略的基本思想就是尽可能在接到顾客订单后再确定产品的外观、形状及其生产、组装、配送。一旦接到订单就要快速反应，因此，采用延迟策略的一个基本前提是信息传递要非常快。

5. 标准化策略

标准化策略就是尽量减少因品种多变而导致的附加配送中心成本，尽可能多地采用标准零部件、模块化产品。

(二) 配送中心成本控制措施

制定配送中心成本控制措施可以从以下方面着手。

1. 运输成本的控制

(1) 减少运输环节。在组织运输时，对有条件直运的，应尽可能采取直运，即由产地直运到销地或用户手中，减少二次运输。

(2) 合理选择运输工具。在目前多种运输工具并存的情况下，必须根据不同货物的特点及其对物流时效的要求，对运输工具所具有的特征进行综合评价，以便作出合理选择运输工具的策略，并尽可能选择成本效益高的运输工具。

(3) 制定最优运输计划，实行运输优化。在物流过程中，运输组织问题是很重要的，在从企业到消费地的单位运费、运输距离以及各企业的生产能力和消费量都已确定的情况下，可用线性规划技术来解决运输的组织问题。如果企业的生产量发生变化，且生产费用函数是非线性的，那么就应使用非线性规划来解决运输的组织问题。解决非线性规划性类型的运输问题常用的方法有单纯形法和表上作业法。

(4) 优化运输方式。采用零担凑整、集装箱、捎脚回空运输等方法，可扩大每次运输批量，减少运输次数。采用合装整车运输是降低运输成本的有效途径，合装整车运输的基本做法有：零担货物拼整车直达运输、零担货物拼整车接力直达或中转分运、整车拆分运输和整车零担运输等。

(5) 提高货物装载量。改进货物包装，压缩蓬松的商品体积并积极改善车辆的装载技术和装载方法，可以运输更多的货物。

2. 仓储成本的控制

(1) 优化仓库布局，减少库存点，削减不必要的固定费用。

(2) 采用现代化库存计划技术来控制合理的库存量。

(3) 加强仓库内部管理，排除无用的库存，定期核查仓库中的货物，将长期不用、过期、过时的货品及时上报并清理。

(4) 设置虚拟仓库和虚拟仓储。

3. 装卸搬运成本的控制

(1) 合理选择装卸搬运设施。根据企业生产、销售发展计划，分析使用不同装卸搬运设施的成本差异，结合财务状况选用人力、机械化、自动化装卸搬运设施。

(2) 防止机械设备的无效作业，合理规划装卸方式和装卸作业过程。

4. 包装费用的控制

(1) 选择包装材料时要进行经济分析，运用成本核算降低包装费用。

(2) 努力实现包装尺寸的标准化、包装作业的机械化。

5. 配送中心成本的控制

(1) 优化配送作业流程，降低配送中心成本。

(2) 运用系统分析技术选择配送线路，实现货物配送优化。

(3) 采用自动化技术，提高配送作业的效率。

(4) 建立通畅的配送信息系统。

六、配送服务水平与配送中心成本控制的关系

配送中心能否提供更多、更增值的服务，一直是配送中心发展思考的热点。同时，配送服务水平与配送中心成本之间的关系也一直是企业需要谨慎平衡的问题。

配送服务水平与配送中心成本控制两者之间的效益是背反的，即高水平的配送服务必然提升客户对企业的满意度，从而增加企业的业务量和营业收入并提高经济效益，但同时也导致配送中心成本的增加。换句话说，高水平的配送服务是以较高的配送中心成本为代价的，而较高的配送中心成本又会使企业的效益下降，影响企业的利润。需要注意的是，配送服务水平与配送中心成本之间并非成比例变化。当配送中心成本和配送服务水平都处在较低水平时，增加一定数量的配送中心成本就可以使配送服务水平有较明显的提升。但是，当配送服务水平提升到一定程度时，再通过增加配送中心成本来提升配送服务水平的效果就不再明显，也就是说用于提升配送服务水平的配送中心成本的边际效益是递减的。

所以，企业提供什么样的增值服务，以及提供的服务水平如何，需要根据配送中心成本效益递减的原理以及企业自身的目标市场定位和企业的市场战略，科学地、有针对性地确定。企业所追求的目标应是，要在尽可能低的总成本条件下实现既定的顾客服务水平，而不是追求最高的配送服务水平，因为它需要企业为之付出很高的配送中心成本，当然也

不是用最低的配送中心成本来换取顾客的不满意。

公司配送服务水平的高低直接取决于企业的战略定位，所有企业都必须通过配送来达到其业务目标。从战略层面来看，配送的重要程度通常取决于企业是否积极利用配送的能力来获得竞争优势。所有企业都必须努力为顾客创造价值，这种价值是获得并维系顾客忠诚度的关键。创造顾客价值的方法就是为顾客提供满意的配送服务。

相 关 链 接

在美国电影《火拼时速 II》中，唠叨鬼詹姆斯·卡特有一个绰号叫 7-11，意思是他能从早上 7 点钟起床开始一刻不停地唠叨到晚上 11 点钟睡觉。其实 7-11 这个名字来自遍布全球的便利名店 7-11，之所以叫这个名字是因为这家便利店在建立初期的营业时间是从早上 7 点到晚上 11 点。后来，这家便利店改成了一星期七天全天候营业，但原来的店名却沿用了下来。

这家 70 多年前发源于美国的商店是全球最大的便利连锁店，在全球 20 多个国家拥有约 2.1 万家连锁店。截至 2016 年 1 月底，仅在中国台湾地区就有 2690 家 7-11 店，美国有 5756 家，泰国有 1521 家，日本是最多的，有 8478 家。

一家成功的便利店背后一定有一个高效的物流配送系统。7-11 从一开始采用的就是在特定区域高密度集中开店的策略，在物流管理上也采用集中的物流配送方案，这一方案每年大概能为 7-11 节约相当于商品原价 10% 的费用。

一间普通的 7-11 便利店一般只有 100～200 平方米大小，却要提供 2000～3000 种食品。不同的食品有可能来自不同的供应商，运送和保存的要求也各不相同。每一种食品不仅不能短缺或过剩，而且还要根据顾客的不同需要随时调整货物的品种，这些要求给连锁店的物流配送提出了很高的要求。一家便利店的成功，很大程度上取决于配送系统的成功。

7-11 的物流管理模式先后经历了三个阶段三种方式的变革。起初，7-11 并没有自己的配送中心，它的货物配送依靠批发商来完成。以日本的 7-11 为例，早期日本 7-11 的供应商都有自己特定的批发商，而且每个批发商一般都只代理一家生产商。这些批发商就是联系 7-11 和其供应商之间的纽带，也是 7-11 和供应商之间传递货物、信息和资金的通道。供应商把自己的产品交给批发商以后，对产品的销售就不再负责，所有的配送和销售都由批发商来完成。对于 7-11 而言，批发商就相当于自己的配送中心，它所要做的就是把供应商生产的产品迅速、有效地运送到 7-11 便利店。为了自身的发展，批发商需要最大限度地扩大自己的业务，尽力向更多的便利店送货，并且要对整个配送和订货系统做出规划，以满足 7-11 的需求。

渐渐地，这种分散化的由各个批发商分别送货的方式无法再满足规模日渐扩大的 7-11 便利店的需求。于是，7-11 开始和批发商及合作生产商构建统一的集约化的配送和进货系统。在这种系统之下，7-11 改变了以往由多家批发商分别向各个便利店送货的方式，改由一家在一定区域内的特定批发商统一管理该区域内的同类供应商，然后向 7-11 统一配货。这种方式称为集约化配送。集约化配送有效地降低了批发商的数量，减少了配送环节，为 7-11 节省了物流成本。

实训练习

任务发布：查询资料(如教材、期刊、网络等)，选取一家同城企业(有配送中心)进行调研。根据实际条件，可实地参观企业配送中心，或者通过电话访谈企业配送中心相关人员。调研结束之后，以小组的方式完成一份调查报告，并准备一份 PPT。

调研要求：

(1) 根据配送中心的功能分析其对生产销售的作用。

(2) 根据参观或走访结果，掌握配送业务的基本流程。

(3) 了解该配送中心成本控制的方式。

(4) 根据资料查阅、参观走访、电话调查的结果形成调查结论。

任务思考

1. 配送中心成本控制的作用是什么？

2. 配送中心成本控制不合理的现象有哪些？

3. 配送中心成本控制的内容有哪些？

4. 配送中心成本控制的策略有哪些？

5. 配送中心成本控制的措施有哪些？

项 目 小 结

本项目从两个方面介绍了电子商务物流配送中心成本控制的内容。电子商务物流配送活动的成本高低关系到配送活动组织的成功与否，也影响着企业的经济效益。因此，做好配送中心成本核算、控制配送中心成本及提升配送服务水平意义重大。

趋 势 篇

项目八　供应链管理

项目目标

(1) 掌握供应链管理内容。
(2) 能够运用供应链管理方法。
(3) 熟悉供应链实施策略。

任务一　供应链管理内容

导　读

20 世纪 90 年代以来，供应链管理(Supply Chain Management，SCM)已成为产业界和企业界关注的热点问题。

市场竞争不单单是企业之间的竞争，它已逐步拓展为整个供应链之间的竞争。供应链管理摒弃了局部管理的理念，采用系统的观点和方法对物流系统进行管理，这体现了整体优化的思想。供应链管理的基本思想包括新型合作型竞争理念的思想、系统观念的思想、共同目标的思想、开发核心竞争力的思想、以客户满意度作为目标的服务化管理思想、借助信息技术实现目标管理的思想。

一、供应链的定义

国家标准《物流术语》中对供应链的定义为：供应链是在生产及流通过程中，由涉及将产品或服务提供给最终用户活动的上游与下游企业所形成的网链结构。

供应链是由客户(或消费者)需求开始,贯通从产品设计到最初原材料供应、生产、批发、零售等过程(中间或经过运输和仓储),把产品送到最终用户的各项业务活动。

供应链是围绕核心企业,通过对信息流、物流、资金流的控制,从采购原材料开始,制成中间产品以及最终产品,最后由销售网络把产品送到消费者手中的将供应商、制造商、分销商、零售商与最终用户连成一个整体的功能网链结构。

在供应链中,企业之间是上、下游的关系,这些企业按商品流通的顺序形成的网络便是该商品的供应链。通常,一条完整的供应链包括供应商(原材料供应商和零配件供应商)、制造商(加工厂或装配厂)、分销商(代理商或批发商)、第三方物流公司(储运公司或配送中心)、零售商(百货商场、超市、专卖店、便利店和杂货店等)以及消费者。任何一个企业都必然处于某条供应链当中。以服装厂为例,它所处的供应链向上经过纺织厂而延伸到纤维制造厂,向下经过批发商和专卖店而延伸到客户。

供应链的概念是从扩大的生产概念发展来的,它将企业的生产活动进行了前伸和后延。例如,日本丰田公司的精益协作方式中就将供应商的活动视为生产活动的有机组成部分而加以控制和协调。哈理森(Harrison)将供应链定义为:"供应链是执行采购原材料,将它们转换为中间产品和成品,并且将成品销售到用户的功能网链。"美国的史蒂文斯(Stevens)认为:"通过增值过程和分销渠道控制从供应商到用户的流就是供应链,它开始于供应的源点,结束于消费的终点。"因此,供应链就是通过计划(Plan)、获得(Obtain)、存储(Store)、分销(Distribute)、服务(Serve)等这样一些活动而在顾客和供应商之间形成的一种衔接(Interface),从而使企业能满足内外部顾客的需求。

我们可以把供应链描绘成一棵枝叶茂盛的大树:生产企业是树根,独家代理商则是主干,分销商是树枝和树梢,满树的绿叶红花是最终用户。树根与主干、树枝与树干之间的一个个节点上蕴藏着一次次的流通,遍体相通的脉络便是信息管理系统。

供应链上各企业之间的关系与生物学中的食物链类似。在"草-兔子-狼-狮子"这样一个简单的食物链中(为便于论述,假设在这一自然环境中只生存这四种生物),如果我们把兔子全部杀掉,那么草就会疯长起来,狼也会因兔子的灭绝而饿死,连最厉害的狮子也因狼的死亡而慢慢饿死。可见,食物链中的每一种生物之间是相互依存的,破坏食物链中的任何一种生物,势必导致这条食物链失去平衡,最终破坏人类赖以生存的生态环境。

同样道理,在供应链"企业A-企业B-企业C"中,企业A是企业B的原材料供应商,企业C是企业B的产品销售商。如果企业B忽视了供应链中各要素的相互依存关系,而过分注重自身的内部发展,那么虽然其生产产品的能力不断提高,但如果企业A不能及时向企业B提供生产原材料,或者企业C的销售能力跟不上企业B产品生产能力的发展,那么企业B生产力的发展不适应这条供应链的整体效率。

快递服务成为电子商务不可或缺的"供应链"组成部分,每一单商品都要依赖快递业务的投送来完成"门对门"的服务。

二、供应链的发展阶段

供应链的发展包含以下几个阶段:

(1) 物流管理阶段。早期的观点认为供应链是指将采购的原材料和收到的零部件,通过生产转换和销售等活动传递到用户的一个过程。因此，供应链仅仅被视为企业内部的一个物流过程，它所涉及的主要是物料采购、库存、生产和分销等部门的职能协调问题，最终目的是优化企业内部的业务流程、降低物流成本，从而提高经营效率。

(2) 价值增值阶段。20世纪90年代，人们对供应链的理解又发生了新的变化。由于需求环境的变化，原来被排斥在供应链之外的最终用户、消费者的地位得到了前所未有的重视，从而被纳入了供应链的范围。这样，供应链就不再只是一条生产链，而是一个涵盖了整个产品运动过程的增值链。

(3) 网链阶段。随着信息技术的发展和产业不确定性的增加，当今的企业间关系正呈现日益明显的网络化趋势。与此同时，人们对供应链的认识也正在从线性的单链转向非线性的网链，供应链的概念更加注重围绕核心企业的网链关系，即核心企业与供应商、供应商的供应商及一切向前的关系，与用户、用户的用户及一切向后的关系。供应链的概念已经不同于传统的销售链，它跨越了企业界限，从扩展企业的新思维出发，并从全局和整体的角度考虑产品经营的竞争力，使供应链从一种运作工具上升为一种管理方法体系、一种运营管理思维和模式。

(4) 现代阶段。不同于过去企业自发的、分散的"走出去"策略，现代产能合作需要加强系统的顶层设计和长远的合作规划。这要求企业既要有全球产业链的视野和价值链的思维，又要运用现代供应链的管理和技术，从产业、区域、市场与平台等维度布局国际产能合作，形成集约式、包容式与可持续的高质量发展模式。

2022年10月，工业和信息化部正式确定杭州、武汉、成都等12个城市为首批产业链供应链生态体系建设试点，通过机制创新、政策支持等多种手段推动区域产业链供应链生态体系迭代升级。

三、供应链的构成要素

一般来说，构成供应链的基本要素包括供应商、生产商、分销商和消费者。如图8.1所示

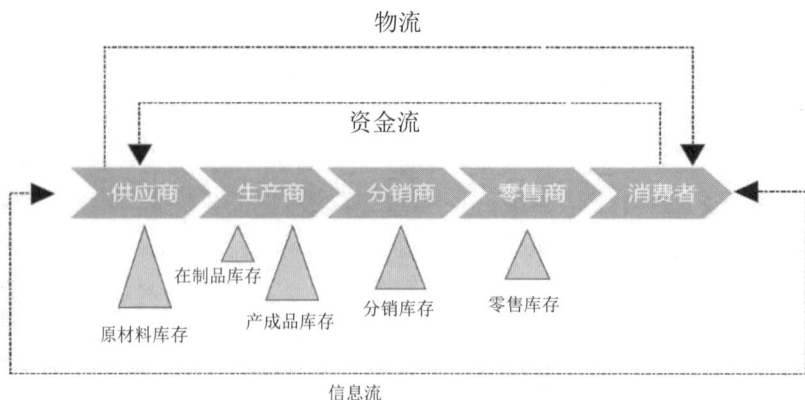

图8.1　供应链的构成要素

1. 供应商

供应商指给生产厂家提供原材料或零、部件的企业。

2. 生产商

生产商即厂家(或产品制造商)，是产品生产的主体，负责产品生产、开发和售后服务等。

3. 分销商

分销商包括代理商、批发商。

(1) 代理商。代理商又称为商务代理，是在其行业管理范围内接受他人委托，为他人促成或缔结交易的一般代理人。代理商所代理货物的所有权属于厂家，而不属于代理商。因为代理商不售卖自己的产品，而代表企业转手卖出产品。所以"代理商"一般是指赚取企业代理佣金的商业单位。

(2) 批发商。批发商指从生产企业购进产品，然后转售给零售商、产业用户或各种非营利组织，不直接服务于个人消费者的商业机构，位于商品流通的中间环节。批发商就是批量采购上一级供应商(如工厂、代理、经销)的货物，然后再批量卖给下一级需求者(如零售商)的经济实体。

4. 零售商

零售商指将产品销售给消费者的企业。

5. 消费者

消费者即顾客，是供应链的最后环节，也是整条供应链的唯一收入来源。

四、供应链管理

供应链管理的经营理念是从消费者的角度出发，通过企业间的协作，追求供应链整体的最佳化。成功的供应链管理能够协调并整合供应链中的所有活动，最终实现无缝连接的一体化过程。

(一) 供应链管理的定义

供应链管理就是把供应链最优化，以最少的成本，使供应链从采购开始，到满足最终顾客的所有流程，包括工作流程、实物流程、资金流程和信息流程，均有效率地操作，把合适的产品以合理的价格及时送到消费者手上。

(二) 供应链管理的层次

1. 企业内部供应链管理

企业内部供应链管理是指将企业内部经营的所有业务单元，如订单、采购、库存、计划、生产、质量、运输、市场销售、服务以及相应的财务活动、人事管理等均纳入一条供应链内进行统筹管理，即采购部门→生产部门→仓储部门→销售部门。这种供应链管理将企业各个业务环节连接在一起，使得各种业务和信息能够实现集成和共享。

2. 企业外部供应链管理

企业外部供应链管理即产业供应链和动态联盟供应链管理，它是将企业内部供应链管理延伸和拓展为面向全行业的产业链管理，管理范围从企业内部拓展到了外部，即供应商→生产商→储运商→零售商→消费者。在这种供应链管理过程中，首先要在整个行业中建立一个环环相扣的供应链,使多个企业能在统一的管理下实现协作经营和协调运作。把这些企业的分散计划纳入整个供应链的计划中,实现资源和信息共享,从而大大增强该供应链在大市场环境中的整体优势,同时也使每个企业均可以最小的个别成本和转换成本来获得成本优势。

3. 全球网络供应链管理

全球网络供应链管理是基于 Internet 的开放式供应链管理模式的。在全球网络供应链中,企业的形态和边界将产生根本性改变,整个供应链的协同运作将取代传统的电子订单模式,供应商与客户间信息的交流、沟通将采取交互、透明的方式。

(三) 供应链管理的内容

供应链管理包括计划、采购、制造、配送、退货五大基本内容。

1. 计划

计划是 SCM 的策略性部分,是指拟定策略来管理所有的资源,以满足客户对产品的需求。好的计划是建立一系列的方法来监控供应链,使它能够高效、低成本地为顾客提供高质量和高价值的产品或服务。

2. 采购

采购是指选择能为产品和服务提供货物和服务的供应商,并与供应商建立一套定价、配送和付款流程,同时创造方法以监控和改善管理,且将对供应商提供的货物和服务的管理流程进行整合,包括提货、核实货单、转送货物到制造部门以及批准对供应商的付款等。

3. 制造

制造是指安排生产、测试、打包和准备送货所需的活动,是供应链中测量内容最多的部分,包括质量水平、产品产量和工人的生产效率等的测量。

4. 配送

配送是物流的一个缩影或在某小范围中物流全部活动的体现,物流配送的主要工作有备货、储存、加工、分拣及配货、配装、配送运输、送达服务等。此外,物流配送活动还包括调整用户的订单收据、建立仓库网络、派递送人员提货并送货到顾客手中、建立货品计价系统、接收付款等。

5. 退货

退货供应链中的问题处理部分,是指建立网络接收客户退回的次品和多余产品,并在客户应用产品出问题时提供支持。

供应链管理能力是制造业企业核心竞争力的重要来源,健全的供应链体系是保障一国制造业安全的重要基础。加强供应链体系建设是我国更好地推进制造业转型升级的有效途径。高效的供应链体系将促进制造业与服务业突破传统边界,实现上下游企业的有效整合、制造业与服务业的深度融合,催生新业态、新模式、新产品、新服务。当前,全球制造业供应链正朝着敏捷化、短链化、智慧化、生态化、安全化、绿色化的方向发展。

相 关 链 接

供应链包括产品到达顾客手中之前所有参与供应、生产、分配和销售的公司和企业，因此其定义涵盖了销售渠道的概念。供应链对上游的供应者(供应活动)、中间的生产者(制造活动)和运输商(运输活动)以及下游的消费者(分销活动)同样重视。

密歇根大学既强调供应链是一个过程，同时认为，供应链是一个对多个公司"关系管理"的集成供应链，它包含从原材料的采购到产品和服务交付给最终消费者的全过程。

供应链是在相互关联的部门或业务伙伴之间所发生的物流、资金流、知识流、信息流和服务流，覆盖从产品(或服务)设计、原材料采购、制造、包装到交付给最终用户的全过程的功能网链。

实训练习

"6R"使总成本最小

供应链管理是以市场和客户需求为导向，在核心企业协调下，本着共赢原则，以提高竞争力、市场占有率、客户满意度和获取最大利润为目标，以协同商务、协同竞争为商业运作模式，通过运用现代企业管理技术、信息技术和集成技术，达到对整个供应链上的信息流、物流、资金流、业务流和价值流的有效规划和控制，从而将客户、供应商、制造商、销售商、服务商等合作伙伴连成一个完整的网状结构，形成一个极具竞争力的战略联盟。简单地说，供应链管理就是优化和改进供应链活动，其对象是供应链组织和他们之间的"流"，应用的方法是集成和协同，目标是满足客户的需求，最终提高供应链的整体竞争能力。供应链管理的实质是深入供应链的各个增值环节，将顾客所需的正确产品(Right Product)能够在正确的时间(Right Time)，按照正确的数量(Right Quantity)、正确的质量(Right Quality)和正确的状态(Right Status)送到正确的地点(Right Place)，即"6R"，并使总成本最小。

问题：举例说明"6R"如何使总成本最小。

任务思考

1. 什么是供应链？
2. 供应链的构成要素有哪些？
3. 供应链管理的内容是什么？

任务二　供应链管理方法

依照产品实体在价值链各环节的流转程序，企业的价值活动可分为上游环节和下游环节两大类。原材料供应、产品开发、生产运行可被称为"上游环节"；成品储运、市场营销和售后服务可称为"下游环节"，科学的管理方法在这一过程中很重要。

企业价值活动上游环节的中心是产品生产，与产品的技术特性密切相关；下游环节的中心是满足顾客需求，与市场紧密相连。任何企业都只能在"价值链"的某些环节上拥有优势，而不可能拥有全部的优势。在某些价值增值环节上本企业拥有优势，而在其余的环节上其他企业可能拥有优势。为达到"双赢"乃至"多赢"的协同效应，企业之间只有展开合作，才可以实现整体收益的最大化。

常见的供应链管理的方法包括快速反应(QR)、有效客户反应(ECR)、供应商管理库存(VMI)、企业资源计划(ERP)、数字化管理(DM)等。

一、快速反应(QR)

快速反应(Quick Response，QR)是指物流企业面对多品种、小批量的买方市场时，不是储备了"产品"，而是准备了各种"要素"。当用户提出要求时，当以最快速度抽取"要素"，及时"组装"，提供所需的服务或产品。QR 是美国纺织服装业发展起来的一种供应链管理方法。QR 的重点是对消费者需求做出快速反应，其具体策略有商品即时出售、自动物料搬运等。

二、有效客户反应(ECR)

有效客户反应(Efficient Consumer Response，ECR)是 1992 年从美国的食品杂货业发展起来的一种供应链管理策略，也是一个由生产厂家、批发商和零售商等供应链成员共同组成的，旨在通过各方相互协调和合作，更好、更快并以更低的成本满足消费者需求的供应链管理解决方案。有效客户反应是以满足顾客需求和最大限度降低物流过程费用为原则，能及时做出准确反应，使提供的物流供应或服务流程最佳化的一种供应管理战略。由供应链上生产、批发、零售等组成，各方协调和合作，更好、更快、更低的成本满足消费者需求。组成 ECR 系统的技术要素包括物流技术、销售技术、管理技术、信息技术四个部分。

(1) 物流技术。物流技术包括连续库存补充计划、自动订货、预先发货通知、供应商管理库存、交叉配送、店铺直送等。

(2) 销售技术。销售技术包括商品类别管理、店铺空间管理等。

(3) 管理技术。管理技术包括企业内部各部门的合作、供应链上节点企业间的合作等。

(4) 信息技术。信息技术包括识别、传输和处理技术，如 EDI、POS 等。

三、供应商管理库存(VMI)

供应商管理库存(Vendor Managed Inventory，VMI)的核心思想是零售商放弃商品库存的控制权，由上游供应商控制库存。VMI 目前主要应用于制造商与其分销商或代理商之间。

四、企业资源计划(ERP)

企业资源计划(Enterprise Resource Planning，ERP)的核心思想是实现对整个供应链的有效管理，整合企业内外部资源，实行动态控制、精益生产、业务流程重组等。

五、数字化管理(DM)

数字化管理(Digital Management，DM)指的是将信息和数据转化为数字形式进行处理，实现数字化、网络化、智能化的过程。在不同的领域中，数字化可以帮助企业和组织更加高效地管理和运营，并且提供更加优质、精准、个性化的服务。随着 3G、4G、5G 移动网络的不断迭代，供应链已经进入了数字化时代。数字化供应链利用无线网络技术实现供应链的优化，将原有供应链系统上的客户关系管理功能迁移到客户手机等终端，使业务摆脱时间和场所的局限，随时随地与公司进行业务平台沟通，从而有效提高管理效率，推动企业效益增长。数字化供应链系统是一个集 5G 移动技术、智能移动终端、VPN、身份认证、地理信息系统(GIS)、Webservice、商业智能等于一体的数字供应链产品。数字化已经成为当今经济、社会发展的重要方向，也是未来各行各业发展的必然趋势。为了提升供应链数字化管理水平，必须做到以下几点：

(1) 促进制造业企业生产装备与工艺智能化，推动智能装备及其零部件生产向数字化、网络化、智能化转变。

(2) 推进供应链全链条管理数字化，支持核心企业加强全链条数据管理，实现供应链透明管理，支持重点行业打造供应链数字创新中心，为行业提供监测分析、大数据管理、质量追溯、标准管理等公共服务。

(3) 推动供应链决策智慧化，推动一批能够参与全球竞争的跨行业跨领域工业互联网平台创新发展，建设一批面向特定行业的企业级工业互联网平台，并构建以工业互联网平台为核心的数字化供应链服务体系。

相 关 链 接

从供货商向制造工厂供货开始，每个工厂都可能负责生产不同型号的产品，或生产产品中的某一个部分，这些部分随后汇集到制造总部进行组装。制造总部完成组装后，产品会转交给行销总部。行销总部会将产品分发给分公司，分公司再通过经销商将产品卖给客户。供应链通常被分为两个部分，一个是制造，另一个是配销。这两个部分的管理方法不同，不能互换。另外，供应链还可以从另一个角度被分为"供应"和"需求"，这是供应链管理中两个非常重要的概念。此外，还有一个新的名词叫"需求链"，它与"供应链"在功能和重点上有明显的区别。

实训练习

供应链协同合作

供应链协同合作强调合作与信任。供应链合作伙伴指的是供应链中的供应商与制造商之间在一定时期内共享信息、共担风险、共同获利的协议关系。这种关系的目的是降低供应链总成本和库存水平，增强信息共享，从而形成更大的竞争优势，以实现供应链节点企业在财务状况、质量、产量、交货期、用户满意度和业绩方面的改善与提升。物流与供应链专家杨达卿在《供应链为王》一书中，根据东西方企业文化和商业模式的差异，将全球供应链协同模式分为以下三类：

(1) 美国和欧洲等西方国家的狮式供应链，这是一种以基金等金融资本为主导的企业群体所构建的"1+N"供应链模式。在此模式中，"1"代表基金和银团等金融资本链主(即资本化的自然人或法人)，而"N"则代表供应链上的各个环节。"1"的角色往往显得强势，冲在前面，因此被称为狮式企业，其供应链模式也被称为狮阵供应链模式。此类企业的典型代表包括微软公司、苹果公司和大众汽车等，其背后的基金分别是梅琳达-盖茨基金、伊坎合作基金和保时捷家族基金。

(2) 日本和韩国等东方国家的狼式供应链，这是由商社等商业资本主导的企业群所建立的"N+1"供应链模式。在这里，"N"代表供应链上的各个环节，而"1"则代表商社等商业资本链主。"1"的角色通常低调且隐身在后，群英主义特征较为明显。这类企业被称为狼式企业，其供应链模式也被称为狼阵供应链模式。典型的企业代表包括日本的三井财团、三菱财团、一劝财团(分别拥有商社三井物产、三菱商事、伊藤忠商事)以及韩国的三星财团和现代财团(分别拥有商社三星物产和现代商社)。

(3) 以中国为代表的羊式供应链，这是一种以国有资本主导的企业群所组成的"1+1+N"的供应链模式。其中，第一个"1"代表国有资本的代表党委书记，国有资本通常是企业真正的链主；第二个"1"则是国家聘请的高端职业经理人董事长；而"N"则代表供应链各环节的企业。此类企业的典型代表包括一汽集团、广汽集团、中储粮集团、中粮集团以及中石油集团等。

任务思考

1. 什么是 QR？
2. 什么是 ECR？
3. QR 与 ECR 的差异是什么？

任务三　供应链管理实施

一个供应链是动态的，它包括在不同阶段之间流动的产品流、信息流和资金流。

供应链管理的核心是在生产商、供应商、分销商、零售商和最终客户之间，通过实现供应链环节中各企业的信息沟通、数据互换和协同工作来改造和整合企业的内部和外部业务流程。供应链管理的目的是实现整体上更为高效的生产、分销、销售和服务活动，并通过缩短交货周期、降低周转库存、缩短客户响应时间来增加企业的盈利能力。

一、供应链管理实施要点

供应链管理实施要点如下：

(1) 完善体系。完善供应链体系，优化供应链结构。以重点制造业企业供应链为核心，认真梳理现有供应链体系、结构的实际情况，深入分析供应链的各类主体、战略资源、变革趋势等，针对核心问题与短板进行战略性系统设计与规划，不断完善和优化供应链体系与结构。

(2) 健全服务。健全制造业"物流、商流、信息流、资金流"服务体系。加快推进物流枢纽城市和物流枢纽体系建设，实现物流网络省际互通、市县互达、城乡兼顾，积极推动跨地区以及跨境的物流基础设施互联互通，形成内外互联、无缝衔接的物流服务体系，最大限度为制造业供应链创造时间与空间价值。

(3) 培育企业。加快培育一批全球和区域供应链"链主"企业。推动优势企业以核心技术、创新能力、自主知名品牌、标准制定、营销网络为依托，增强对供应链上下游资源的整合能力，加快成为全球供应链的"链主"企业。

(4) 人才引进。加强全球供应链管理人才的引进和培养。充分利用现有人才引进计划，引进、整合和培养一批具有战略性思维的供应链管理人才。加强对供应链基础人才发展的统筹规划和分类指导，鼓励企业与高校、科研机构、行业协会等联合培养供应链领域专业人才。

二、供应链管理实施流程

供应链一般包括物流、商流、信息流、资金流四个流程。四个流程有各自不同的功能以及不同的流通方向，应做到"四流合一"。

供应链上的
"四流合一"

1. 物流

这个流程主要是物资(商品)的流通过程，这是一个发送货物的流程。该流程的方向是由供货商经由厂家、批发与物流、零售商等指向消费者。由于长期以来企业理论都是围绕产品实物展开的，因此物流流程被人们广泛重视。许多物流理论都涉及如何在物资流通过程中，实现短时间内以低成本将货物送达目的地。

2. 商流

这个流程主要是买卖的流通过程，包括接受订货、签订合同等商业活动。该流程的方向是在供货商与消费者之间双向流动的。商业流通形式趋于多元化，既有传统的店铺销售、上门销售、邮购的方式，又有通过互联网等新兴媒体进行购物的电子商务形式。

3. 信息流

这个流程是商品及交易信息的流程。该流程的方向也是在供货商与消费者之间双向流动的。过去人们往往把重点放在看得到的实物上，因而信息流通曾一度被忽视。甚至有人认为，国家的物流落后与它们把资金过度投入物质流程而延误对信息的把握不无关系。

4. 资金流

这个流程就是货币的流通过程。为了保障企业的正常运作，必须确保资金的及时回收，否则企业就无法建立完善的经营体系。该流程的方向是由消费者经由零售商、批发与物流、厂家等指向供货商。

三、供应链管理实施策略

供应链管理实施策略如下：

(1) 物流一体化。在一条供应链上的两个或多个企业达成长期共识，在物流流程一体化和同步化的原则下彼此开展业务。

(2) 团队合作性。企业致力于发展高标准的信任与合作关系，目的是把买卖关系转变为合作的、团队型企业，彼此能够为对方着想。

(3) 数据共享化。实施物流一体化活动，一般包括即时、敏感的需求与销售、库存、货运状况等数据的共享。

(4) 方式灵活性。供应链管理方式产生的透明性和灵活性将促使传统的物流流程管理方式发生重大改变。

(5) 机制有效性。确定供应链中成员间的利益共享机制，以促使各层次成员企业的服务改善和成本降低。

四、供应链管理实施战略

打造成功的全球供应链，首先是要有正确的供应链战略。对于走出去的企业来说，有两种策略，即跟随策略和主动策略。基于入世后中国企业面临的挑战，中国企业唯有在全球供应链中采取主动策略，才能获得可持续的竞争能力。一套完整的供应链战略应该包括库存策略、运输策略、设施策略和信息策略。

(1) 库存策略。库存策略包括循环库存、安全库存、季节库存的部署策略。

(2) 运输策略。运输策略包括运输方式的选择、路径和网络的选择、自营还是外包、反应能力和盈利水平的权衡等。

　　(3) 设施策略。设施策略包括工厂和配送中心如何布局、设施能力(灵活性和盈利性)大小、如何选择生产方式(是按订单生产还是按库存生产)、如何选择仓储方式、反应能力和盈利水平的权衡等。

　　(4) 信息策略。信息策略包括如何搜集和加工信息、采用何种信息技术、如何应用和管理信息系统、如何保障信息安全等。

　　企业的根本目标在于追求自身利润的最大化，而这一目标是通过很好地满足下游企业的需求来实现的，在这一过程中，还必须依赖上游企业的供应。所以供需关系是连接企业与企业的最紧密的关系。对于供应链中的一个节点企业来说，它很关心来自上游的供应信息和下游的需求信息。如果能够充分了解这些信息，它就能有的放矢地进行生产、运输和销售等方面的安排。供应链管理要求信息化完成后，企业的管理人员能够通过信息系统有效地了解这些信息，而不是像传统的单企业信息化那样，只能形成掌控本企业中局部信息的能力。在确实需要而且条件允许的时候，企业应借助信息技术的支持，建立高效的供应链管理系统，提高供应链管理的效率和效益。同时，企业应该加强对信息系统的监督和管理，确保信息系统的稳定性和安全性。

五、供应链管理实施效益

　　亿博物流咨询数据库资料显示，通过供应链管理和优化，企业可以达到以下多方面的效益：

　　(1) 总供应链管理成本(占收入的百分比)降低超过 10%；
　　(2) 中型企业的准时交货率提高 15%；
　　(3) 订单满足提前期缩短 25%～35%；
　　(4) 中型企业的增值生产率提高超过 10%；
　　(5) 绩优企业资产运营业绩提高 15%～20%；
　　(6) 中型企业的库存降低 3%，绩优企业的库存降低 15%；
　　(7) 绩优企业在现金流周转周期上比一般企业保持 40～65 天的优势。

相 关 链 接

　　一条供应链的最终目的是满足客户需求，同时实现自己的利润。它包括所有与满足客户需求相关的环节，不仅仅是生产商和供应商，还有运输、仓储、零售和顾客本身。客户需求是供应链的驱动因素，一条供应链正是从客户需求开始，逐步向上游延伸的。例如，当一个顾客走进沃尔玛超市购买洗发水时，供应链就开始于这个顾客对洗发水的需求。这个供应链的下一阶段涉及沃尔玛超市、运输商、分销商、洗发水生产工厂。每一个阶段执行不同的过程并且与其他阶段互相作用。沃尔玛超市向顾客提供产品和价格信息，顾客付款获得产品，沃尔玛超市再将销售信息和补货需求传递给配送中心，配送中心据此为沃尔玛超市补货，分销商则向沃尔玛超市提供价格信息和补货到达日期。同样地，信息流、物流、资金流在整个供应链过程中发生。

实训练习

供应链的类型

一个企业同时拥有多条供应链的情况在企业中也不少见。上海通用汽车公司就拥有 3 条不同类型的供应链。首先我们来看看它的业务构成：最大的 1 块是整车业务，整车配送的供应链包括将成品车发送给全国各地的经销商；第 2 块是向经销商及维修中心发送汽车零配件；第 3 块则是它的泛亚汽车设计中心。

对于第 1 块业务，考虑到整车的库存、发送、运输等环节经过多年的发展已经比较成熟，而汽车制造的利润日趋降低，因此从提高效率、降低成本的角度出发，公司对整车物流采用了高效率的供应链，将这一块业务主要外包给安吉天地汽车物流有限公司；而在汽车维修零部件的配送方面，考虑到售后服务的质量不仅直接影响自己的品牌形象，而且也是可持续性提高营收的新渠道，对于客户要求一定要做出快速、准确的反应，因而将零部件的供应链设计为快速反应供应链；由于企业的设计中心是企业取得市场领先地位的灵魂，如何根据市场变化进行及时灵敏的反应是供应链的关键，因而需要创新型的供应链。

根据供应链的概念可知，供应链涵盖从原材料的供应商开始，经过工厂的开发、加工、生产至批发、零售等过程，最后到达用户之间有关最终产品或服务的形成和交付的每一项业务活动。

问题：为什么一个企业会同时拥有多条供应链？

任务思考

1. 供应链管理实施要点是什么？
2. 供应链管理实施策略是什么？
3. 供应链管理实施战略是什么？

项 目 小 结

本项目从三个方面阐述了供应链管理的内容、实施方法，并探讨了如何有效解决供应链管理的效率问题。

项目九　现代电子商务物流配送发展新趋势

项目目标

(1) 掌握家居配送。

(2) 能够进行快递配送操作。

(3) 熟悉绿色配送。

任务一　家居配送

导　读

目前国内家居行业正处于转型升级的关键时期，在新零售模式和精装房政策实施的影响下，全屋定制、家居电商迅速发展，对家居物流提出了更高的要求。

随着人们生活水平的提高，加上人口少型化的"小家庭"越来越多，家居配送行业前景广阔。家居行业的主要配送模式是企业物流外包，由第三方专业物流公司提供全程服务。然而，当前的配送模式较为单一，大多为经销商指定物流公司并自行安排车辆提货和组织运输，导致物流资源分散且物流费用高。

一、家居配送服务的概念

现在的家居建材市场，无论是线上电商还是线下门店，都面临着巨大的竞争压力。以前的"价格战"已经失去了往日的效力，随着人们生活水平的提升和购物观念的转变，越来越多的人开始关注服务领域。家居配送安装服务即家居售后落地服务，用通俗的话来说就是"最后一公里"服务，它通常涵盖了提货、配送、搬运、安装、拆旧、量尺、维修等一系列服务项目。

对于电商来说，由于其销售范围通常是全国性的(很少有电商只针对某一地区销售)，这使得他们的售后落地服务面临着巨大的挑战。哪里去找人提供服务呢？这时，一批整合全国师傅资源的互联网送装服务平台应运而生，家居商家们也纷纷加入这些平台，共同合作，实现互利共赢。"鲁班到家"家居售后服务平台就是从做好以下细节服务开始的。

(1) 提货：提货时间必须及时，提货时必须检查商品的完整性，查看是否有破损。

(2) 配送：提供专业且细心的配送服务，必须确保商品在运输过程中避免磕碰和破损。

(3) 安装：提供具备专业水准的安装服务，确保安装到位，无疏漏。

(4) 拆旧：在拆旧前，应明确是破坏性拆除还是非破坏性拆除。

(5) 量尺：不同场景下的产品量尺维度都有所不同，例如量窗帘和量衣柜，差别很大，需要精确测量。

(6) 维修：找准故障点，进行精准且有效的维修，确保问题得到妥善解决。

二、家居配送的难题

1. 家居产品的配送难度大、成本高

与普通商品相比，家居产品大多超大超重，且容易受损受潮，对物流配送的仓储和运输要求更高，难度更大。特别是面向消费者的"最后一公里"环节，大件物品的上门配送存在一些制约，如有的产品无法进入电梯，上楼困难，因此物流、安装人员都需要更专业，而且成本也更高。

2. 家居行业中小家居企业占据绝大多数

这些企业对第三方物流公司高度依赖，但由于自身规模较小，难以对物流公司提出过多要求。而物流公司中，中小公司数量众多，实力有限，在硬件和软件建设上往往跟不上家居行业的发展。几家中小物流公司以共同配送(联盟性质)的方式整体服务中小家居企业，但缺乏有效的管理和高效调度。家居产品从南到北的配送可能需要多家物流公司的合作。

3. 缺乏专业管理人才

不论是家居企业还是物流企业，都普遍存在专业物流管理人才不足的问题，这导致行业物流运作水平偏低。

4. 信息化建设水平不高

除像日日顺、德邦等少数大型综合物流公司外，许多专业家居物流公司的物流作业仍非常传统，甚至仓库管理主要依赖人工。这导致物流运作效率低，信息不透明、不及时，给企业的管理和销售带来影响。

5. 服务链不透明

在家居物流模式中,服务链不够透明,分段服务明显,物流和商流界限模糊,终端配送仓大多依赖经销商的小仓库。

随着近年来定制家居的兴起,尤其是全屋定制的迅速发展以及家居电商的崛起,家居行业产品定制化、营销全渠道和服务一体化成为大趋势,这对物流服务提出了新的要求。

三、家居配送是定制时代的物流变革

1. 更加注重拆装设计

虽然定制产品以个性化、非标化为主,但是事实上定制产品的一大特点是更加注重在拆装上的设计。定制产品的拆装性更好,在包装运输上多数是可以拆分的,因而在包装上也就更加标准和小件化,物流运输上也就更方便。

2. 专业性要求更高

定制化,尤其是全屋定制,对物流专业性要求更高。大型定制企业在生产时对每件产品都生成产品二维码,该二维码包含配送信息、安装信息,这更适用于智能信息化现代物流仓配中心。

3. 定制特点更加明显

极少数家居品牌企业的规模较大,而大量的定制企业的规模非常小。不同规模实力的定制企业在服务模式上有着明显差异,对物流的要求也不同。小型定制企业大多数存在于中心城市周边,生产和服务能力十分有限,主要客户都在当地城市,物流需求上基本上属于城市区域物流。而大型定制企业往往在全国有多个生产基地,可能一件产品的不同部件分属不同的产地,从各地分开直接配送至区域代理商,或者直接配送到消费者住址,对物流配送的信息透明度、时效性和安全性要求更高。

4. 信息化要求更高

从全渠道营销和售后服务方面而言,家居企业对物流的要求更需要信息化建设,以打造更高效、透明的物流配送服务链。面对来自实体门店、移动端、电商平台等的海量订单,企业需考虑如何将信息进行有效整合和及时处理,以及如何快速地分拣和出货。

5. 信息化智能配送中心呼之欲出

在家居电商方面,经销商单一品牌销量少,单次提货量减少,而且要求缩短提货周期和交货时间等,这都需要更加专业的信息化智能配送中心,以提升物流运作能力。企业需要专业的家居物流公司服务,以保证在搬运、配送、安装等方面做到最好。

四、"最后一公里"难题解决途径

现在消费者更注重的是购物过程的用户体验,良好的用户体验不仅可以为品牌积累好口碑,还可能得到可持续发展的后续动力。如何解决家居售后配送的"最后一公里"难题,成为制胜的关键点。解决"最后一公里"难题有以下三个途径。

(1) 厂家的服务体系要完善。明确自身的品牌定位，服务是品牌推广的重要手段，建立一个完善的配送服务体系，组建一支专业技术过硬的安装服务团队，提供送货上门、安装重组的售后配送服务。但建立这一服务体系需要厂家在原本的成本上再次增加资金投入，同时管理的难度也大幅增加，这也是厂家迟迟不愿有所行动的重要原因。但想要进一步赢得市场，赚取良好口碑，在"最后一公里"难题上，厂家必须要有所行动，有所突破。

(2) 经销商要发挥积极作用。家居电商的迅猛发展在一定程度上冲击了传统经销商，不少人认为，经销商转型为服务商将是解决"最后一公里"难题的重要突破点。这要求传统经销商要摒弃以往的经营模式，探索新的业务发展模式。

(3) 市场需求催生第三方服务商的兴起。市场需求总会催生新的解决方案，不少企业看到商机，第三方服务商因此应运而生。这些服务商以让家居服务更简单为目标，纷纷推出了一站式家居配送安装服务。他们在所处区域市场内承接短途物流、配送上门、现场安装等业务，为家居电商解决"最后一公里"难题提供了方向，同时也为想要转型的传统经销商展示了可行的操作模式，例如海尔旗下的日日顺物流官网。

相 关 链 接

未来新物流配送发展有以下三个发展趋势。

1. 同城即时配送

新零售时代，快递业进入新常态，同城即时配送成为新增长点。同城即时配送业务量增长迅猛。

2. 共同配送

共同配送也称为共享第三方物流服务，指两个以上的企业采取多种方式进行横向联合、集约协调、求同存异以及效益共享，共同由一个第三方物流服务公司来提供配送服务。共同配送的本质是通过物流作业活动的规模化降低作业成本，提高物流资源的利用效率。近年来，随着连锁商业的发展，配送中心的建设受到重视，特别是连锁企业自建配送中心的积极性很高。据不完全统计，目前全国共有各种类型的物流配送中心 1000 多家，其中又以上海和广东数量最多。此外，日本、美国、英国等国家的许多企业也在中国的北京、上海、南京等地建立了物流配送中心。

3. 供应配送

实体零售从店面转型到供应链转型。实体零售企业的物流和供应链进一步整合，实体零售供应链与电商供应链进一步融合改造，实现线上线下"一盘棋"。过去，企业通常将货物存放在仓库和供应链中，但如今，货物更多地处于流动状态。制造端的物流、库存逐渐转向批发商、零售商，最终直接到达消费者家中。许多人购买了大量商品存放在家中，但并非全部都能得到充分利用。今天的货物不再以静态的形式存放在仓库里，一个分拣中心的货物一两个小时必须出库，仓储库存周期越来越短。目前，货物可能正在快递员的车上，或在快递员的手中。随着智慧物流的进一步发展，一个非常重要的趋势就是——货物在路上。

实训练习

艾媒咨询 | 2023 年中国互联网家居售后服务市场研究报告

市场规模：全球家居市场发展稳中向好，预计 2025 年全球家居市场规模达 5546.6 亿美元，增长态势平稳。随着家居企业销售版图与用户覆盖范围的扩大，越来越多的企业采取轻资产运营模式，依靠第三方家居售后服务平台强化自身服务能力。

用户调研：超九成消费者愿意尝试平台推出的定制化服务，一站式个性化定制服务需求广泛。消费者在体验家居售后服务时遇到的主要问题包括服务水平、价格、人员资质等。消费者一个季度中对家居售后服务的需求频次集中在 1～6 次，占比超九成，市场需求广泛。99.2%的消费者对互联网家居服务平台推出的定制化服务具有极高的尝试意愿。家居市场需求日趋个性化，传统的标准化家居服务类别已无法满足消费者诉求，家居服务平台可定制小众化、个性化产品服务，以在市场上获得差异化竞争优势。

趋势分析："互联网+家居"业务不断拓展，互联网售后平台服务渐趋多元化、规范化、数智化。2023 年 7 月，商务部等 13 部门联合印发《关于促进家居消费若干措施的通知》，鼓励企业打造线上家居服务平台。近年来，随着智能家居技术的不断发展，家居行业数字化转型加快，线上线下渠道深度融合。家居售后服务平台需不断拓宽销售渠道，利用电商、社交媒体等网络工具强化品牌营销和商品推广，并通过多元化合作开展"互联网+家居"业务。

问题："互联网+家居"的发展趋势是什么？

任务思考

1. 什么是家居配送服务？
2. 家居配送的难题是什么？
3. 为什么说家居配送是定制时代的物流变革？
4. 解决"最后一公里"难题的途径有哪些？

任务二　即时配送

导　读

即时配送包括流量、运力和调度三个要素。

近年来，"懒人经济"和"生活快节奏"的兴起促进了即时配送物流市场的发展，中国即时配送市场用户规模不断扩大，越来越多的人开始享受各大平台提供的便捷到家服务。即时配送具有即时性和离散性的特点，因此流量、运力和调度系统成为整个配送环节的关键。

一、传统物流与即时配送的区别

即时配送是指依托社会化库存，配送平台在接到用户通过 PC 或者移动互联网渠道即时提出的配送到达时间、数量等方面的配送要求后，在短时间内响应并进行配送的方式。即时配送可满足 45 分钟内送达的配送要求，是应 O2O 而生的物流形态。

传统物流可以一天甚至三四天后送达，不一定需要人与人的直接交易。而即时配送面对的则是社会化分布的仓储，其需求更多样化、本地化，且具有离散性、突发性、社会化库存等特点。

二、即时配送行业的发展趋势

面向未来，即时配送行业将迎来以下六大发展趋势。

1. 配送效率大提升

由于即时配送具有需求不确定、受地域因素影响较大等特点，当前服务范围主要集中在一二线城市，需求相对密集，有利于规模扩张。随着即时配送服务进一步扩大服务范围，效率将成为关键问题，即时配送将迎来三公里生活圈的分钟级配送革命。

2. 渠道下沉空间拓展

随着物流行业的迅猛发展以及人们对互联网接受程度的加深，三四线及以下城市的即时配送市场将迎来较大的增长空间，这表明即时配送市场渠道的下沉空间巨大。

3. 消费场景全覆盖

随着各类电商平台、快递企业、第三方平台纷纷入局即时配送，服务边界不断扩展，各大平台通过更加精细、智能和高效的运作方式提升用户体验。同时，从外卖到商超日用、生鲜蔬果、个人物品取送，再到代买代办的跑腿业务，即时配送平台通过不断拓宽服务场景来满足用户更多元化的需求，将实现消费场景的全覆盖。

4. 与新零售同发展

即时配送是新零售不可或缺的物流环节，新零售也将为即时配送带来新的消费动力。新零售庞大的线上流量和逐渐完备的基础设施布局将为即时配送发展提供稳定动力。

5. 服务精细化

新零售推动即时配送行业发展，服务精细化成为重要趋势。零售业变革及发展促进即时配送向服务精细化发展，即时配送平台已经从简单的外卖领域逐步拓展到生鲜、医药、商超等配送领域，开始迈入新时代。

6. 产业智能化

人工智能和大数据的应用使即时配送的资源配置不断优化，提高配送效率并降低成本。同时，不断更新的优化算法和智能系统将精确定位用户属性，为用户提供定制化服务。为了提高即时配送的效率，抢占"最后一公里"市场，聚合配送应运而生。优闪速达作为一站式同城聚合配送服务平台，依托大数据和 AI 智能，采取聚合众模式，整合数十家头部配送公司，调动全城运力。

相 关 链 接

蜂鸟软件是一家致力于开发及推广储运物流管理软件的专业公司。用户点餐订单可直接推送至蜂鸟系统；订单信息通过蜂鸟系统直接发送给指定的本地第三方配送团队；配送团队接单后，由后台调度系统派单并规划最佳路线，团队送餐员前往商户取餐；最后完成整个配送链条中商品的物理转移，从而完成线上到线下的 O2O 闭环。蜂鸟系统的核心包括一个中央管理台和分散在各位配送员手机上的 APP。该系统具备人员管理、订单管理、账单管理等功能。管理者在蜂鸟系统上可以汇总配送员的业绩、建立专属于调度员的自动化调度方案，5 分钟内即可完成一天的账单结算。

实训练习

即时配送的魔力

在新一轮信息技术的催化下，即时配送又迸发出新一轮的增长空间，目前即时配送的赛道已经逐渐形成了美团、饿了么、达达三足鼎立的局面。尽管市场非常拥挤，但仍有新企业不断入场。

即时配送和本地生活相辅相成。随着互联网的发展，以及"懒人经济"的兴起，加之商家平台和第三方提供跑腿服务，即时配送应运而生。据艾瑞报告发布的《2019 年中国即时物流行业研究报告》显示，2018 年即时物流行业订单量达到 134.4 亿单，行业规模达到 981 亿元；2019 年订单量达到 185 亿单，规模突破 1312 亿元。

即时配送可以分为以下三个阵营:

(1) 以美团、饿了么为首的外卖平台。虽然他们的即时配送业务大多来自外卖,但是随着用户需求的增多,他们也开始拓展更多的服务配送。

(2) 专注 C2C 模式的即时配送企业,如闪送、UU 跑腿、达达等。他们服务的人群对价格敏感度较低。

(3) 以顺丰为代表的快递公司,他们提供以跑腿服务为主的服务。

就目前即时配送发展而言,绝大多数的业务来源还集中在一二线城市,而三四线等低线城市的即时配送行业还存在明显的上升空间。数据显示,2018 年,我国即时配送订单量一线、二线城市的市场占有率分别为 46%、37.8%。随着一二线城市的需求饱和,下沉市场逐渐成为新消费、新市场的代名词,而小城镇青年的消费能力也不容忽视,越来越多的企业开始重视这一市场。数据显示,截至 2019 年 3 月,下沉市场移动互联网用户规模超过 6 亿。在激烈的竞争下,即时配送已经进入差异化、精品化竞争阶段,品牌和用户经过长期的市场教育,对配送时长、履约时效、配送的安全要求也随之更高。

问题:即时配送市场究竟有着怎样的魔力?

任务思考

1. 简述即时配送的概念。
2. 传统物流与即时配送的区别是什么?
3. 即时配送行业的六大发展趋势是什么?

任务三　绿色配送

绿色配送的内容

导　读

绿色配送是指通过选择合理配送运输路线,有效利用车辆,科学配装,提高配送运输效率,降低物流成本和资源消耗,并减少尾气排放。

绿色配送运输是在配送运输过程中减少对环境造成危害的同时,实现对配送环境的优化,使配送资源得到最充分利用。它包括配送作业环节和配送管理全过程的绿色化。从配送运输管理过程来看,主要是从环境保护和节约资源的角度出发,实现配送运输全过程的绿色化。

一、绿色配送的内容

绿色配送作为当今经济可持续发展的重要组成部分，对经济的发展和人民生活质量的提升具有重要意义。无论政府相关部门还是企业界，都应加强绿色物流配送管理，共同构建绿色物流配送发展的框架。绿色配送包括以下两个方面：

(1) 对物流配送污染进行控制。在物流配送系统和物流活动的规划和决策中，尽量采用对环境污染小的方案，如使用排污量小的货车车型、实施近距离配送、优化夜间运货等。发达国家提倡基于绿色物流理念在污染发生源、交通量、交通流等三个方面制定相关政策。1989 年，日本中央公害对策协议会提出了 10 年内三项关于绿色物流系统中配送的推进目标。1992 年，日本政府公布了汽车二氧化碳限制法。

(2) 建立工业废料和生活垃圾处理的物流配送系统。低碳环保已成为全球性关注的焦点话题，物流行业尤其如此。物流行业不仅要追求经济发展，还需适应低碳经济的要求，为消费者提供低碳生活服务，并承担起企业应有的社会责任。从目前的形势看，物流行业已不再是脏乱差的代名词，在控制物流系统污染的同时，建立工业废料和生活垃圾处理的物流系统同样重要。

二、政府的绿色物流配送管理措施

(一) 对发生源的管理

对发生源的管理主要是对物流过程中产生环境问题的来源进行管理。物流活动的日益增加以及配送服务的发展使在途运输的车辆增加，必然导致大气污染加重。可以采取以下措施对发生源进行管理：

(1) 制定相应的环境法规，对废气排放量及车种进行限制；

(2) 采取措施鼓励使用符合限制条件的车辆；

(3) 普及使用低公害车辆；

(4) 对车辆产生的噪声进行限制。

我国自 20 世纪 90 年代末开始不断强化对污染源的控制。例如，北京市为治理大气污染发布了两阶段治理目标，不仅对新生产的车辆制定了严格的排污标准，而且对在用车辆进行治理改造，在鼓励提高更新车辆的同时，采取限制行驶路线、增加车辆检测频次、按排污量收取排污费等措施，经过治理的车辆，污染物排放量大为降低。

(二) 对交通量的管理

可以采取以下措施对交通量进行管理：

(1) 发挥政府的引导作用，推动企业从自用车运输向营业用货车运输转化；

(2) 鼓励企业选择合理的运输方式，发展共同配送；

(3) 政府统筹物流中心的建设；

(4) 建设现代化的物流管理信息网络等，从而最终实现物流效益化，特别是要提高中小企业的物流效率。

通过这些措施来减少货流，可有效地消除交错运输，缓解交通拥挤状况，提高货物运输效率。

(三) 对交通流的管理

可以采取以下措施对交通流进行管理:

(1) 政府投入相应的资金,建立都市中心部环状道路,制定并执行有关道路停车管理规定;

(2) 采取措施实现交通管制系统的现代化;

(3) 开展道路与铁路的立体交叉发展,以减少交通堵塞,提高配送效率,达到环保的目的。

推进绿色物流除加强政府管理外,还应倡导民间绿色物流,增强企业的绿色经营意识,发挥企业在环境保护方面的作用,从而形成一种自律型的物流管理体系。

三、企业绿色配送管理措施

企业绿色配送管理措施包含以下几方面。

(一) 绿色运输管理

绿色运输管理包括开展共同配送、采取复合一贯制运输方式和大力发展第三方物流。

1. 开展共同配送

共同配送指由多个企业联合组织实施的配送活动。几个中小型配送中心联合起来,分工合作对某一地区客户进行配送,主要针对的是某一地区的客户所需要物品数量较少而使用车辆不满载、配送车辆利用率不高等情况。共同配送可以分为以货主为主体的共同配送和以物流企业为主体的共同配送两种类型。从货主的角度来说,通过共同配送可以提高物流效率。例如,对于中小批发者,如果各自配送,则难以满足零售商多批次、小批量的配送要求,而采取共同配送,送货者可以实现少量配送,收货方可以进行统一验货,从而达到提高物流服务水平的目的。从物流企业的角度来说,特别是一些中小物流企业,由于受资金、人才、管理等方面制约,运量少、效率低、使用车辆多、独自承揽业务,在物流合理化及效率上受限制。如果彼此合作,采用共同配送,则筹集资金、大宗货物,通过信息网络提高车辆使用率等问题均可得到较好的解决。因此,共同配送可以最大限度地提高人员、物资、资金、时间等资源的利用效率,取得最大化的经济效益,同时,可以消除多余的交错运输,并取得缓解交通、保护环境等社会效益。

2. 采取复合一贯制运输方式

复合一贯制运输是指吸取铁路、汽车、船舶、飞机等基本运输方式的长处,把它们有机地结合起来,实行多环节、多区段、多运输工具相互衔接进行商品运输的一种方式。这种运输方式以集装箱作为连接各种工具的通用媒介,起到促进复合直达运输的作用。为此,要求装载工具及包装尺寸都要做到标准化。由于全程采用集装箱等包装形式,因此可以减少包装支出,降低运输过程中的货损、货差。复合一贯制运输方式的优势还表现在:一方面,它克服了单个运输方式固有的缺陷,从而在整体上保证了运输过程的最优化和效率化;另一方面,从物流渠道看,它有效地解决了由于地理、气候、基础设施建设等各种市场环境差异造成的商品在产销空间、时间上的分离，促进了产销之间紧密结合以及企业生产经营的有效运转。

3. 大力发展第三方物流

第三方物流是由供方与需方以外的物流企业提供物流服务的业务方式。发展第三方物流，由这些专门从事物流业务的企业为供方或需方提供物流服务，可以从更高的角度更全面地考虑物流合理化问题，简化配送环节，实现合理运输，有利于在更广泛的范围内对物流资源进行合理利用和配置。这样可以避免自有物流带来的资金占用、运输效率低、配送环节烦琐、企业负担加重、城市污染加剧等问题。当一些大城市的车辆配送达到饱和时，专业物流企业的介入使得大城市的运输车辆减少，从而缓解了物流对城市环境污染的压力。

(二) 绿色包装管理

绿色包装是指采用节约资源、保护环境的包装方式。绿色包装的途径有：促进生产部门采用尽量简化的以及由可降解材料制成的包装；在流通过程中，采取措施实现包装的合理化与现代化。实现包装的合理化与现代化的措施有以下几方面。

(1) 包装模数化。确定包装基础尺寸的标准，即包装模数化。包装模数标准确定以后，各种进入流通领域的产品便需要按模数规定的尺寸进行包装。模数化包装利于小包装的集合，利用集装箱及托盘装箱、装盘。包装模数若能和仓库设施、运输设施尺寸模数统一化，则有利于运输和保管，从而实现物流系统的合理化。

(2) 包装的大型化和集装化。若采用集装箱、集装袋、托盘等集装方式，则有利于物流系统在装卸、搬运、保管、运输等过程的机械化，加快这些环节的作业速度，减少单位包装数量，节约包装材料和包装费用，有利于保护商品等。

(3) 包装多次、反复使用和废弃包装的处理。采用通用包装，不用专门安排回返使用；采用周转包装数量，可多次反复使用，如饮料瓶、啤酒瓶等；梯级利用一次使用后的包装物，用毕转作他用或简单处理后转作他用；对废弃包装物经再生处理，转化为其他用途或制作新材料。

(4) 开发新的包装材料和包装器具。包装材料和器具高功能化是指用较少的材料实现多种包装功能。

(三) 绿色流通加工

流通加工指物品在从生产地到使用地过程中，根据需要施加包装、分割、计量、分拣、组装、价格贴附、标签贴附、商品检验等简单作业的总称。流通加工具有较强的生产性，也是流通部门在环境保护方面可以大有作为的领域。绿色流通加工可采用以下两个措施：

(1) 变消费者加工为专业集中加工，以规模作业方式提高资源利用效率，减少环境污染。例如，饮食服务业对食品进行集中加工，可减少家庭分散烹调所带来的能源浪费和空气污染。

(2) 集中处理消费品加工中产生的边角废料，以减少消费者分散加工所造成的废弃物的污染。例如，流通部门对蔬菜进行集中加工，可减少居民分散加工产生的垃圾丢放及相应的环境治理问题。

(四) 废弃物物流的管理

从环境的角度看，今后大量生产、大量消费的结果必然导致大量废弃物的产生。尽管政府已经采取了许多措施来加速废弃物的处理并控制废弃物物流，但从总体上看，大量废弃物的出现仍然对社会产生了严重的消极影响，不仅增加了废弃物处理的困难，而且会引发社会资源的浪费以及自然资源的恶化。因此，21世纪的物流活动必须有利于资源的有效利用和地球环境的维护。

废弃物物流指将经济活动中失去原有使用价值的物品，根据实际需要进行收集、分类、加工、包装、搬运、储存，并分送到专门处理场所时形成的物品实体流动。废弃物物流的作用在于，不论对象物是否具有再利用价值，都从环境保护的角度出发，对其进行适当处理，如焚化、运至特定地点堆放或掩埋。为了降低废弃物物流的负面影响，需要实现资源的再利用(回收处理后再使用)、再循环(处理后转化为新的原材料使用)。为此，应建立一个涵盖生产、流通、消费的废弃物回收利用系统。

要达到上述目标，企业就不能仅考虑自身的物流效率，而需要从整个产供销供应链的视角来组织物流。同时，随着这种供应链管理的深入发展，还必须考虑废弃物的循环物流。管理型物流追求与交易对手共同实现效益化，供应链型物流追求从生产到消费流通全过程的效益化，而循环型物流则追求从生产到废弃物处理全过程的效率化。这是21世纪绿色物流管理亟待解决的重大课题。

相 关 链 接

为实现绿色配送运输，使降低成本成为企业的"第三利润源"，连锁企业可通过节能减排措施，调整和优化配送运输网络，使用先进的车辆调度指挥系统，结合合理的配送运输路线优化方法，灵活应用于纵横交错的运输网络中，及时解决配送运输过程中因高耗能造成的资源浪费问题。实现配送系统的整体最优化和对环境的最低影响，将有利于提升企业的配送管理水平，保护环境和实现可持续发展，对连锁企业经济的发展具有重大意义。

实训练习

"壹配送"的"同配+互联网"模式

零售网络被互联网重塑，我们看到的不再是一级又一级的分销商，而更多的是点到点的信息连接，以及线下实体商品的流动。在线上线下结合的新零售模式下，物流尤为重要。但是对同城物流来说，尽管中国的干线物流、支线物流都很发达，涵盖了各种整担、零担、专线、支线，但这个领域确实非常传统又复杂，互联网时代需要企业建立相对完善的新零售配送体系以及同城配送体系。

"壹配送"同城供应链配送作为同城配送的领航者，致力于发展"同配+互联网"模式下的同城供应链配送。针对以往的行业痛点，"壹配送"进一步完善了线上平台的线下配送体系。

1. 完整的新零售配送体系

针对线上、线下融合的新零售，"壹配送"配套了全新的物流体系。线上订单发出配送需求，线下配送员即刻响应，保证在 30 分钟至 3 小时内送达。"壹配送"采用独创的大数据算法，根据物品种类、大小，智能匹配交通工具，智能识别并合并起点、终点相近的订单，实现了从零散配送到高时效集中配送的转变，有效降低了配送成本，提升了配送效率。

2. 高效配送体系

"壹配送"针对同城货运、供应链研发的配送体系，用先进的聚类算法取代了人工调度。"壹配送"的同城体系可快速计算出上百个订单的配送路线，同步规划导航路径，并实时监控配送流程，有效缩减了调度环节，减轻了人工调度的负担。"壹配送"不仅拥有完善的配送体系，而且还针对本地化生活服务市场，通过移动大数据收集与整合技术，搭建了立足于本地的生活服务类社交优惠平台——"壹配送"惠生活。该平台为用户提供精准、有趣、优惠的本地生活消费服务，满足商家日常营销、拓客等需求，构建中小城市消费、营销新生态，致力于打造中小城市特色"营销+生活消费"本地化服务平台。

问题：结合上述材料说明"壹配送"的"同配+互联网"模式的优势。

任务思考

1. 绿色配送的内容有哪些？
2. 政府的绿色物流配送管理措施是什么？
3. 企业绿色配送管理措施有哪些？

任务四 快递配送

导 读

快递又称为速递或快运，是指物流企业(含货运代理)通过自身的独立网络或以联营合作(即联网)的方式，将用户委托的文件或包裹，安全、快速地从发件人送达收件人的门到门(手递手)的新型运输方式。

快递有广义和狭义之分。广义的快递是指各类货物(包括大宗货件)的快递递送服务；而狭义的快递专指商务文件和小件物品的紧急递送服务。从服务的标准看，快递一般是指在 48 小时之内完成的快件运送服务。

一、快递业的特点

快递行业作为邮政业的重要组成部分，具有带动产业领域广、吸纳就业人数多、经济附加值高、技术特征显著等特点。它将信息传递、物品递送、资金流通和文化传播等多种功能融合在一起，并关联生产、流通、消费、投资和金融等多个领域，是现代社会中不可替代的基础产业。

二、隐私保护

随着快递业务量的持续增长以及快递实名制的推广，快递面单上的个人隐私泄露问题日益受到社会各界的重视。为防范个人信息泄露，市面上已有部分快递公司采用隐私面单的包装方式，在这种方式下，收货人的姓名和电话号码部分会以星号或马赛克形式显示，然而，这种隐私面单尚未得到普遍应用。虽然快递隐私面单技术实施起来并不复杂，但它会对快递员的投递效率产生一定影响。2023 年，国家市场监管总局颁布了《快递电子运单》和《通用寄递地址编码规则》两项国家标准。标准中明确要求，快递电子运单上不得显示收寄件人的完整姓名、联系电话和地址等私人信息，其中收寄件人的姓名需隐去至少 1 个汉字，联系电话需隐藏 6 位以上数字，地址则应隐去具体的单元户室号。

三、政策措施

(一) 实名制

2011 年杭州快递爆炸事件发生后，我国就开始酝酿实行寄件实名制。在上海世博会期间，该制度也在上海试行过一段时间。快递实名制是指客户在寄送快件时出示身份证，快递公司的业务员除进行开包检查、核实寄递物品外，还需将这些信息登记并输入计算机系统。同样地，收件人在接收快递时也需要出示身份证。业内人士认为，实名制在一定程度上提高了快递的安全性。

快递实名制不仅有助于保障收件人、快递人员以及快递公司的安全，还有助于规范快递市场。然而，由于实行实名制，快递公司可能面临成本增加的情况，这些增加的成本可能会转嫁给消费者。

2015 年 10 月 22 日，中央综治办、公安部、工信部、安监总局等 15 个部门召开的电视电话会议要求寄递物流行业全面落实寄运物品先验视后封箱、寄递物流活动实名登记、邮件快件 X 光机安检三项制度，以提升行业的规范管理水平。

(二) 签收新规

2012 年 5 月 1 日起实施的《快递服务》国家标准规定，快递公司收派员将快件交给收件人时，应告知收件人当面验收快件。对于代收货款快件，如网络购物、电视购物和邮购等，收件人可先验收内件再签收。验收时，可对内件外观和内件数量进行清点，但不能对内件进行试用或进行产品功能测试。快递公司将无权要求消费者"先签字后验货"。

(三) 延误索赔

2012年5月1日起,《快递服务》系列国家标准正式实施。该标准规定,同城3天、异地7天快递还未送达即为彻底延误,消费者可向快递企业索赔。

2012年5月28日起,针对网上购物送货难、节假日送货不准点等问题,若超过3天未送达,则每件快递最高赔偿额度为10元。由中国快递协会牵头,国内九大快递企业(EMS、顺丰、申通、圆通、中通、韵达、宅急送、百世汇通、海航天天)与电商网购平台天猫签署战略合作协议,共同打造电商社会化物流新标准。

签署战略协议的快递公司基本上全面涵盖了国内物流的一线阵营,其快递业务量占整个国内网购快递市场份额超过90%。协议包括即日起开通的超过5000多条城市间线路的"次日达"与近4000条的"1~3日限时达"服务。若快递未及时送达,则将补偿消费者5~10元快递费。

延误赔偿应包括免除本次服务费用(不含保价等附加费用),如因延误导致快件直接价值丧失,则应按快件丢失或损毁的标准进行赔偿。

消费者若遇快件延误、丢失及损毁,可先向快递企业投诉。若企业推诿或对处理结果不满意,消费者可向管理部门申诉。

(四) 野蛮分拣

交通运输部公布新的《快递市场管理办法》,2013年3月1日起正式实施。其中,"野蛮分拣"被新增纳入规管,最高可罚3万元。市民投诉快递企业后,邮政管理部门将及时处理,并在30日内做出答复。

(五) 智能快件箱

2019年7月19日,交通运输部对外发布了《智能快件箱寄递服务管理办法》(以下简称《管理办法》),该《管理办法》自2019年10月1日起施行。《管理办法》共35条,明确了智能快件箱的定义,即提供快件收寄、投递服务的智能末端服务设施,不包括自助存取非寄递物品的设施、设备。根据《管理办法》,使用快件箱投递快件应征得收件人同意,生鲜产品不得使用智能快件箱投递,智能快件箱未标明相关信息将受到处罚,并在保管期限内不得向收件人收费。

(六) 快递进村

2020年,中国国家邮政局印发了《快递进村三年行动方案(2020—2022年)》(以下简称《行动方案》)。《行动方案》明确指出,到2022年底,中国农村快递服务深度将显著增强,县、乡、村快递物流体系将逐步建立,城乡之间流通渠道将基本畅通,农村综合物流服务供给力度将明显加大,快递服务"三农"成果将更加丰硕,广大农民将能够享受到更加便捷高效的快递服务,符合条件的建制村将基本实现"村村通快递"。为实现此工作目标,《行动方案》提出了要坚持统筹规划、政策引领,市场配置、创新驱动,因地制宜、分类推进的原则,并鼓励邮快合作、快快合作、驻村设点、交快合作、快商合作及其他各种合作等多种方式推进。

相 关 链 接

在我国，快递行业有不同的运作规模，小至服务于特定市镇，大至提供区域、跨国甚至是全球服务。我国主要的快递公司包括跨越速运、顺丰速运、中国邮政速递、高铁速递、宅急送、中通快递、圆通速递、申通快递、极兔速递、韵达快递、德邦快递、京东快递等。现在主要的全球性快递公司包括 DHL 国际快递、UPS 快递、联邦快递(FedEx)等。

实训练习

2022 年，国家邮政局提出实施绿色发展"9917"工程，并将其列为邮政快递业更贴近民生七件实事之一。"9917"工程简而言之，即在全国范围内，到 2022 年底实现采购使用符合标准的包装材料比例达到 90%，规范包装操作比例达到 90%，投放可循环快递箱(盒)达到 1000 万个，回收复用瓦楞纸箱 7 亿个。到 2025 年底，全国范围内的邮政快递网点将禁止使用不可降解的塑料包装袋、塑料胶带、一次性塑料编织袋等。快递包装的要求如下：

(1) 包装的基本要求是箱子内要充实，不能有空隙。标准是确保无晃动声，并用力摁箱子的接缝口，胶带不至于脱落，同时需考虑到从 2 米高度自然坠地仍不至于损坏。

(2) 空运物品的包装需特别加固，因为与公路运输的 1~2 次装卸相比，空运可能会有多达 6~7 次的装卸过程。

(3) 单件重量不得超过 50 千克；标杆类货物的单件长度不得超过 180 厘米；板类货物长宽相加不得超过 150 厘米；对于过小的物品，最小包装不得小于运单大小。

(4) 严格禁止子母包发运(即 2 个独立的物品通过简单捆绑、缠绕方式组合到一起成为一件物品)。

(5) 对于一般不怕摔和软质的物品(如衣物、包、毛绒玩具)，可采用塑料袋(PAK 袋)包装方式以降低运输成本，但需注意封口。

(6) 所有的内件物品应先用塑料薄膜或塑料纸进行一层包装。

(7) 对于本来带有销售包装的物品，一般商家已考虑到运输风险，可在外面加包 1 层发泡薄膜后，再加 2~3 层牛皮纸并用胶带反复缠绕。

(8) 自己包装时可根据内件物品的不同情况选择 3~5 层纸箱，为降低成本可通过团购方式定制一批不同规格的纸箱。

(9) 对于自己包装的一般物品，可准备废旧报纸撕开揉碎后在箱内做垫充(当然使用海绵或泡沫塑料碎片效果更佳)。

(10) 圆桶状物品的外包装不得短于内件，尺寸较长且易折断的物品，应内衬坚实圆棍或硬质塑料的圆桶作为外包装物。

任务思考

1. 快递业的特点是什么？
2. 针对快递配送，政府采取了哪些措施？

项 目 小 结

本项目从四个方面介绍了现代电子商务物流配送发展的新趋势。为了完善物流配送体系和提高服务效率，物流配送中心要解决"最后一公里"家居配送、即时配送、快递配送等问题，并构筑绿色物流配送体系。

参 考 文 献

[1]   韦妙花. 仓储与配送实务[M]. 北京：电子工业出版社，2019.

[2]   关善勇. 连锁企业物流配送管理实务[M]. 武汉：华中科技大学出版社，2021.

[3]   郑克俊. 仓储与配送管理[M]. 4 版. 北京：科学出版社，2018.

[4]   王淑荣，李俊梅. 仓储与配送实务[M]. 北京：科学出版社，2018.

[5]   韩媛媛，孙颖苏. 供应链管理[M]. 2 版. 西安：西安电子科技大学出版社，2016.

[6]   汝宜红，宋伯慧. 配送管理[M]. 3 版. 北京：机械工业出版社，2016.